青蓝工程
专业能力必修系列

小学品德、生活与社会教师专业能力必修

xiaoxue pinde shenghuo yu shehui jiaoshi zhuanye nengli bixiu

教育部基础教育课程教材发展中心　组编

编委会主任：曹志祥　周安平
本 册 主 编：张茂聪　史德志　张新颜

西南师范大学 出版社
全国百佳图书出版单位 国家一级出版社

图书在版编目（CIP）数据

小学品德、生活与社会教师专业能力必修/张茂聪，史德志，张新颜主编. —重庆：西南师范大学出版社，2012.9
（青蓝工程系列丛书）
ISBN 978-7-5621-5953-7

Ⅰ.①小⋯　Ⅱ.①张⋯②史⋯③张⋯　Ⅲ.①思想品德课—教学研究—小学—师资培训—教材②劳动课—教学研究—小学—师资培训—教材③社会科学课—教学研究—小学—师资培训—教材　Ⅳ.①G623.102

中国版本图书馆 CIP 数据核字（2012）第 196160 号

青蓝工程系列丛书
编委会主任：曹志祥　周安平
策　　划：森科文化

小学品德、生活与社会教师专业能力必修
张茂聪　史德志　张新颜　主编

责任编辑：张昊越　陈冬梅
封面设计：红十月设计室
出版发行：西南师范大学出版社
　　　　　地址：重庆市北碚区天生路 2 号
　　　　　邮编：400715　市场营销部电话：023-68253705
　　　　　http：//www. xscbs. com/
经　　销：新华书店
印　　刷：重庆华林天美印务有限公司
开　　本：787mm×1092mm　1/16
印　　张：11.25
字　　数：233 千字
版　　次：2012 年 9 月　第 1 版
印　　次：2012 年 9 月　第 1 次印刷
书　　号：ISBN 978-7-5621-5953-7

定　　价：25.00 元

编者的话

在基础教育课程改革 10 周年之际，伴随着义务教育课程标准的再次修订与正式颁布，我们隆重推出这套"青蓝工程——学科教师专业能力必修系列"丛书。丛书立足于教师应该具备的最基本的教学专业知识与普适技能，为有效实施新修订的义务教育课程标准，深化基础教育课程改革，贯彻落实《国家中长期教育改革和发展规划纲要（2010－2020 年)》，助力素质教育高质量地推进提供了保证。

"教育大计，教师为本。"课程改革的有效实施和素质教育的贯彻落实需要一支高素质、专业化的教师队伍做支撑。教师的专业化发展在我国历来受到高度重视，但今天我国教师的专业化水平与社会的现实需求和时代的进步，特别是与教育改革发展的需要还存在着较大的差距。

以往，我们常常说教师要提高自身的专业水平或教学技能，但一个合格的教师究竟需要哪些最基本的专业知识与专业技能？教师的专业发展又该朝着哪个方向和目标去努力？这些问题，在教师专业化发展，尤其是在学科教师专业能力的提高上，一直以来并不是十分清晰。因此，我们聘请了当前活跃在基础教育学科领域的顶级专家，他们中的绝大多数是直接参与义务教育课程标准修订、审议或教材编写的资深学者，以担任相应学科的中小学教师应该（需要）了解（具备）的最基本的常识性知识和技能为出发点，总结了具有普适意义的学科教育教学知识和技能，力求推进教师教育教学能力的均衡发展，实现大多数教师教育教学能力的达标。从这个意义上，可以说这套丛书是教师专业化水平建设与发展的一个奠基工程，也是 10 年基础教育课程改革成果的结晶。我们希望青年教师不但能从书中充分汲取全国资深专家与优秀教师的经验、成果，更能"青出于蓝而胜于蓝"，在前辈的引领下，大胆创新，勇于超越，也因此，我们将丛书命名为"青蓝工程"。

丛书从"知识储备"和"技能修炼"两个维度展开论述（个别学科根据自身特点在目录形式上略有不同）。"知识储备"部分一般包括：①对学科课程价值的理解与认识；②修订后课标（义务教育）的主要精神；③针对该学段、该学科的教学所需的基本知识和内容等。"技能修炼"部分主要针对教学设计、目标把握、教学实施与教学评价等专题展开论述。每个专题下根据学科特点和当前教学实际设有几个小话题，以案例导入或结合案例的形式阐述教师教学所必需的技能以及形成这些技能所需要的方法和途径等。

本丛书具有权威性、系统性和普适性，希望对广大教师，特别是青年教师的专业成长能有实实在在的帮助。

丛书编委会

2012 年 1 月

目　录
Contents

小

学品德、生活与社会教师专业能力必修

Xiao Xue Pin De、Sheng Huo Yu She Hui Jiao Shi Zhuan Ye Neng Li Bi Xiu

上 篇

知 识 储 备

　　"知识储备"篇从小学品德学科课程入手,分别介绍了小学品德学科教师必须了解的品德学科课程理念、教科书编写及使用、课程教学等相关内容。

专题一　品德学科课程基本概述

多年来，我们一直把"避免灌输"作为道德教育的核心问题，把建立一种"无灌输的道德教育"作为教育的首要任务，那是因为我们的教育一直存在对学生现实生活根基以及道德基础遗忘的问题，即教育对社会生活的疏离。品德学科课程的标志性要求是学习要沟通生活、联系社会。从这个意义上讲，新课程正在使那些以思想品德教育为核心，按照一定的道德认知顺序编排的品德课程销声匿迹。

我国正在进行的基础教育课程改革的亮点之一就是促进课程综合化。特别是《基础教育课程改革纲要（试行）》（以下简称《纲要》）提出的小学课程应以综合课程为主，课程应当密切贴近儿童的生活，符合儿童的年龄特征和身心发展特点，也是基于学生发展需要的价值选择。因此，在小学阶段设置、开发并实施经过系统整合的、与儿童生活密切联系的综合课程便成为一项具有理论性和现实性的选择。

从课程的整体价值取向上看，《品德与生活》《品德与社会》课程的综合化符合小学阶段儿童的认知、行为、情感等多方面的特点，有利于儿童更多地自主参与与自己生活相关的活动，对自己的生活进行整理、反思和拓展；有利于儿童获得多方面的直接体验，发展解决实际问题的能力；有利于教师更多地发现和利用隐藏在儿童生活中的、对其现实和未来的发展均有重要意义的教育资源；有利于把一定的教育手段、方法、形式，特别是儿童的游戏、活动等充分地体现在教育与教学之中，从而实现学生全面、智慧的成长。

一、《品德与生活》《品德与社会》课程的价值追求

鲁洁教授曾经说过这样的话："道德教育要成为最有魅力的教育。"这话说得铿锵有力。德育面对的是一个个有血有肉的人，而不是抽象的概念化的人和冷冰冰的理性；德育彰显的是人的向善之心，展示的是人对美好生活的向往和对美丽人生的追求。世间还有什么比这些更有魅力？但是，长期以来，我们的德育通常把道德从人们的生活中剥离出来，割裂了德育与生活的联系。其实，生活是人的生命存在形式，生活的世界是人的世界，是由人的活动展开的世界，是人通过自身活动生成的世界。道德是人的道德，人是道德的主体，人的道德是根据个体生命的经历、经验、感受和体验不断生成的。因此，道德教育必须在生活世界中进行，道德教育是一种生活，道德教育为了生活，道德教育存在于学生的全部生活中，道德教育就是引导学生从当下的现实生活正确地走向未来的可能生活。人们是为了生活而提升社会的道德水平，培养发展个

体的品德，并不是"为道德而道德"。同样，社会道德的水平和个体品德的提高也是通过人们的生活实现的。总之，品德的培养所遵循的是一种生活的逻辑，而不是一种纯学科的逻辑，品德课程与社会课程的综合就体现了人的品德与人的生活的内在联系。这种教育的综合既是生活中各种自然、社会因素的内在的综合，也是学生与这种种因素的内在联结。我们的努力方向是让学生丰富、多样的，原本综合在一起的生活，不为学科体系的课程所分割，尝试去营造和展示一种与生活本身一致的综合的课程形态。而《品德与生活》《品德与社会》课程设置、设计和实施的主旨就是使我们的德育回归到人本身、回到学生的生活，重新赋予道德教育应有的魅力。

（一）课程的价值审视

学生是具有完整生命表现的人，面对他们所参与的生活世界，他们的生命表现既有认知，也有情感、意志和行为。在现实生活中，这些因素也总是在交互作用中同时发生并作用于生活。当一个儿童在生活中遇到某件事、某个人时，他不仅在感知：这是一件什么事？这是一个什么人？同时也会产生这是件好事还是坏事、这人是好人还是坏人的疑问，随之就会萌发相应的情意、态度，然后是一定的行为。但以往的课程往往割裂了人的各种心理因素之间的联系；或是片面强调认知，割裂了认知与情感、态度的联系，在课程教学中只有认知而无体验；或是片面强调行为习惯的养成，割裂其与一定认知、情感倾向之间的联系。进入课程学习之中本应具有完整生命表现、心理结构的人，往往被人为肢解，学生作为一个人，未能完整地进入课程学习过程，学习的结果当然也不可能是完整的人的发展。因此，课程呈现在学生面前的世界就成为一个事实世界与价值世界二元对立的世界。

《品德与生活》《品德与社会》课程标准力求使学习过程成为师生完整生命投入的过程，成为师生完整的心理体验过程。学生在学习过程中不仅要经受认知的挑战，从中获得理智上的满足，还同样在情感、心灵的充盈中获得精神的体验。课程学习的结果对于学生来说不仅是知识的获得、认知水平的提高，还应是正确态度、价值观的形成和行为规范的养成。课程应使学生既学会做人，又学会做事，在做事中学做人，在做人的关照下学做事。

从课程发展的基本取向看，课程价值概括地体现为"整体"和"一贯"。"整体"是指将各类课程按横向关系组织起来，通过课程的横向组织，各门课程在差异得以尊重的前提下互相整合起来，消除以往学科本位所造成的学科之间彼此孤立的局面，使各门课程、各个学科产生合力，使学习者的学习产生整体效应，从而促进学生人格的整体发展。"一贯"是指将各类课程按纵向的发展序列组织起来。就一门课程而言，要强调"连续性"，使课程内容在循环中加深、拓展，并不断得到强化、巩固；就各门课程关系而言，要强调"顺序性"，不同课程要有序地开设，前后相互连贯，同时课程门类由低年级到高年级逐渐增加，从而使学习者的学习产生累积效应，促进学生的可持

小

学品德、生活与社会教师专业能力必修

Xiao Xue Pin De、Sheng Huo Yu She Hui Jiao Shi Zhuan Ye Neng Li Bi Xiu

续发展。实际上，这也是新课程结构的均衡性、综合性和选择性的体现。① 这些特征为课程综合化提供了可能性，《品德与生活》《品德与社会》课程在这样的背景之下应运而生，并进一步拓展了小学课程的价值空间。

（二）课程的价值魅力②

1. 让课程扎根于学生的生活

课程以学生的生活为基本内容。学生在课程中遇到的人是他自己、他的伙伴们以及其他和他有关联的人；说的是他自己的事、他的生活以及他所关心和感兴趣并想了解的事和物。课程和教科书中的人就是他的伙伴和朋友，他们和他一起学习、一起思考和探索、一起感受喜怒哀乐、一起交谈所关心的人和事。这些人和事不让学生感到有心理距离，因为它只是将学生自己的生活内容展现在他们面前，其中有他们可以体会到的苦和乐，有他们曾经经验过的喜悦和烦恼，有他们能够理解的道理和知识，也有他们的期望和追求。为此，学生会把课程和教科书看做"自己的"，是一个"自己人"。当学生消除了以往对课程和教科书的疏离感，课程和教科书在学生眼中就有了亲和力、感染力，其魅力自然而生。

课程和教科书既以生活为内容取向，说明它所追寻的是一种真实的教育。它以生活为出发点，就是拒绝以某种教条、空洞的理论、个别人的指示为出发点，拒绝以不符合实际的事和人为出发点。在我们的课程中，生活不再是处处"莺歌燕舞"，生活有快乐也有烦恼，有美好也有丑恶，有成功也有挫折；生活中的人不都是"高大全"的英雄，他们有优点也有缺点，有可爱的地方也有可恼之处。生活化的课程反对的是一切不真实的"假大空"。真实，是一切教育的灵魂，对于这两门课程来说更是如此。只有真的才是可信的，才是有教育意义的，才会是能被学生认同的。在学生率真的心灵中本来就容不得半点虚假，更何况是用以示范和进行道德教育的课程。把实实在在的生活展现给学生，才能使他们在课程中找到真实，他们才会把课程和教科书看做是他们的真心朋友，愿意跟它讲真心话。这样，我们的课程才能真正具有魅力。

生活是感性的生命活动。德育课程应向学生展现他们的生活，而不是向他们灌输那些抽象、空洞的说教和道理。因为在那些抽象的道理中，具体的人和事往往都是被蒸发掉了的，成为一种干巴巴的符号和话语。面向生活，就是要使学生感受到生活中有血有肉的人和鲜活的事。这些人和事与学生的生命"同构"，当它们与学生的生命"遭遇"时，就有了沟通，有了共鸣，有了理解，有了体验。回归生活，就是使课程成为学生自己的，使课程成为真实可信的，使课程成为有生命的。

2. 创造愉悦的课程生活

对于学生来说，他们受教育的历程本身就是生活。学生在与老师、同伴、教科书、

5

---

① 教育部基础教育司. 走进新课程 [M]. 北京：北京师范大学出版社，2002.
② 鲁洁. 《品德与生活》《品德与社会》：最有魅力的课程 [J]. 试教通讯，2006，(6).

教育环境等的相互作用中建构自己的教育与课程。品德学科所倡导的课程文化是一种学生文化，所建构的课程生活是一种快乐、积极、有意义的生活。这将促使学生在这种生活中发展，在发展中生活，并从这种生活中得到身体的、精神的满足。

学生能从感性活动中得到快乐和喜悦。课程中的感性活动包括游戏、角色扮演、竞赛等。在这些感性活动中，学生的身体、感官、心理因素都处在积极活动的状态之中，活动满足了学生好动的天性。

学生能从主动作业中获得快乐和喜悦。新课程、新教科书有许多内容要学生自己去发现、去思考、去辨析，并且由他们自己作出表达等的主动作业。这一切都会使学生感到某种程度上自我价值的实现，得到某种成就感，获得快乐和喜悦。这种自我价值的实现在一个充满相互交往、沟通的课堂生活中，也易于得到他人（老师、同学）的肯定和赞许。

新的课程生活中的合作学习等，也能满足学生个体与他人交往的需要。在这种交往中学生又能感受人与人之间达成的融合、沟通的快乐，得到集体、小组的认同，看到自己在小组合作中的力量，找到了自己与他人之间许多共同感受。这些都是令学生快乐的事。

3. 课程倡导人性化道德观

当社会进入到一个新的、以"和平与发展"为主题的历史时期时，以人为本的、人性化的道德观必然要成为新课程的一种历史选择。无论是课程标准的制定，还是教科书的编写，都贯彻了这种基本的观念。

此外，课程重视和关注人与自然关系中的伦理道德，改变以往人们形成的对待自然的奴役、征服的态度，形成对待自然的新的伦理道德，那就是关爱自然、保护生态、呵护地球。这些伦理道德都是更具有人性魅力的，它们更多关注的是人与人、人与自然之间的和谐与合作、融合与协调，它们更符合人的求善求美的本性。《品德与生活》《品德与社会》课程倡导这些富有人性美的道德，它也必然具有更加迷人的魅力！

二、《品德与生活》《品德与社会》课程倡导的基本理念

20世纪带给我们的一个重要启示，就是人类在走向经济与社会现代化的同时，必须充分关注自身的道德品质，道德建设的进展应当与物质文明的进步平衡，而且尤其要重视青少年道德教育。现阶段，青少年道德问题日益突出，青少年犯罪现象层出不穷，现实告诉我们，造就知识丰富且心灵美好的下一代是十分重要的。教育应该是人类一项杰出的道德养成的事业。从总体上看，教育概念首先应当是一个道德概念，因为教育的实践具有道德性质，教育不应也不能在道德上保持中立。古今中外的教育史都已表明，向受教育者明确表述对某种目的或价值观的正确取向，是教育工作者的神圣职责。品德教育必须在回归生活的过程中选择更好的发展途径。学生良好品德的形成只有扎根于他们的生活世界，才具有深厚的基础和强大的生命力。由课程标准可见，

《品德与生活》《品德与社会》课程倡导的是生活的理念和以儿童为本的理念。

（一）从促进儿童的发展出发

《儿童权利公约》指出，每一个儿童都是有自己的发展需要、学习方式、家庭背景以及个人的成长类型和进度的独特的个体，每一个儿童都有学习的权利、发展的权利、参与的权利、游戏的权利等。随着《儿童权利公约》日益深入人心，基础教育的焦点越来越集中在如何实现儿童的权利上，尊重并保障每个儿童的权利成为教育的重要职能。联合国儿童基金会教育顾问吉姆·欧文指出，过去对儿童的支持"侧重于提供机会，而较少注意质量和可持续性"，过去实行"从需要着眼的方针"，而现在实行"从权利着眼的方针"，二者的主要区别是前者中"儿童是被动的接受者"，后者中"儿童是积极的参与者"。这一转变"对实现发展目标的许多传统方法提出了新的挑战"。"儿童的权利应该被认识，而不仅仅只是关注他们的需要"；教师的作用是"针对儿童去做"（doing to children），而不是"给儿童做"（doing for children）。依据并借助儿童的现实发展和未来发展需要来组织课程与教学是品德学科课程的理论前提。

《品德与生活》《品德与社会》课程遵循这样的精神：承认每个学生都是处在成长与发展过程中的具有独立人格的人，尊重他们不同于成人的生存状态、生命特征和生活方式，承认他们的生活与成人生活的等价性，尊重他们现实的生活及其兴趣、需要、游戏等的独特价值，而不仅仅只将其视为一般意义上的手段或工具；从多元智力的角度，欣赏每个孩子不同于他人的个性、兴趣爱好、能力倾向、性格特征、思考和解决问题的方式等，努力让每一个学生能在愉快、自信、有尊严的学校生活中发挥特长、健康成长。

（二）让道德的培养回归生活

《品德与生活》《品德与社会》教学是以学生的生活为基础的。在长期的教育实践中，由于应试教育的影响，学校、老师把孩子带入知识世界的唯一目的是应试，不是生活。多数知识在生活中没有应用价值，学生更没有学会在生活中学习知识。生活世界和知识世界相脱离，许多内容学生在生活世界中感受不到，体验不到，也用不到。这样的学习还有什么意义呢？所以"只有联系学生现实生活的德育才会有针对性，才是有效的，必须克服脱离生活实际、说教式的教育方式"。①

在长期的德育实践中，我们认识到学生思想品德形成的过程是知、情、意、行的培养过程。在活动和交往中，外界的教育影响反映到教育对象的主观世界中，受教育者通过心理矛盾运动，形成行为动机并作出行为方式的选择，然后通过活动和交往表现出来，行动动机变成实际的言行。在多次反复的活动中，其行为变成习惯，其个性得到发展。简单地说，品德形成过程是在活动和交往的基础上，不断积累起新的品质

① 吴慧珠.《品德与社会》课程设计的背景、课程性质、课程理念和设计思路［J］. 人民教育，2002，(S).

的过程。活动和交往是生活的主要内容，所以学生品德形成和社会性发展要从他们对生活的认识、体验和感悟开始。尊重学生不仅是有效教育的必要条件，应当说也是教育的本质观点。

但是，尊重学生绝不是对学生听之任之。学生作为发展中的人，他们自身具有接受教育的需要，接受引导的需要。课程内容要反映学生的生活，还要积极地引导学生的生活。学生品德形成和社会性发展过程是有一定规律的，所以课程要特别强调受教育者心理内部矛盾运动的规律，特别强调学生内心感受、自身的体验和认识；课程必须贴近学生的生活，反映他们的需要，让他们从自己的世界出发，用自己的眼睛观察社会，用自己的心灵感受社会，用自己的方式研究社会，并以此为基础提升他们的生活。学生品德形成和社会性发展是受家庭、学校、社会多方面影响的，其中有正面影响也有负面影响，有积极作用也有消极作用。学生少儿时期由于认识、知识、经验等方面的限制，往往对一些社会行为、社会现象和社会事物的认识产生片面、模糊甚至错误的看法。教育者在引导学生生活方面负有道义上的责任，学生只有在教育的引导下才能不断地发展和提高。

学生都是一个具有完整生命意义的人，面对生活世界，他们的生命表现既有认知，也有情感、意志和行为。在现实生活中，这些因素也总是在交互作用中同时发生，同时作用于生活的。割裂这些因素的联系或单独强调某一方面都不会实现学生完整的生命表现，学生的心理结构也不会完善，学生的学习过程也仅仅是知识接受、技能训练的过程，丧失了生命的意义，从而使学习造成缺憾。只有实现情感、态度、行为习惯、知识技能培养的内在统一，才能真正为学习赋予生命的意义和价值，学习的过程才能变为学生经受认知的挑战，获得理智上的满足，并在情感、心灵的充盈中获得精神体验的过程，实现人的全面发展、主动发展。

《品德与生活》《品德与社会》课程并不追求思想品德教学科目或道德规范知识的严密体系，而是从原本就综合在一起的儿童生活出发，以儿童的经验为起点，在对儿童进行生活教育的同时对其自然地进行品德教育。在生活中展开的品德教育以儿童的生活世界为坚实依托，利用蕴藏于儿童自己生活中的社会性、道德性事件和问题，以儿童在生活中所遇到的社会性、道德性问题为活动的依据，通过与儿童有限的认识和行动能力相匹配的、他们想做又能做的、丰富而有意义的活动，把爱国主义教育、社会主义教育、集体主义教育渗透其中，用正确的价值观引导儿童的生活，让儿童的生活经验和生命体验得到尊重。这样，就做到了课程与学生生活的综合性交融，使得品德学科教学更具有道德建构的实际功能。

当然，儿童在课程中的经历和所获得的经验是不能代表其生活的全部的，进入课程文本的生活也是经过加工整合的生活。尽管如此，这门课程将通过密切贴近儿童生活的各种活动，帮助儿童对自己的生活经验进行整理、反思和拓展，并在此基础上逐步积累、发展对自己、对他人、对社会的认识，逐步养成良好的生活习惯和行为习惯，

小学品德、生活与社会教师专业能力必修

Xiao Xue Pin De、Sheng Huo Yu She Hui Jiao Shi Zhuan Ye Neng Li Bi Xiu

在学习、感受生活的过程中初步产生社会责任感，逐步成长为热爱生活、身心健康发展的人。

（三）承认并尊重学生学习的多样性

学习方式的转变是新一轮课程改革的显著特征。改变原有的单一、被动接受的学习方式，建立和形成旨在充分调动、发挥学生主体性的多样化的学习方式，促进学生在教师指导下主动地、富有个性地学习，自然地成为这场改革的核心任务。《国家中长期教育改革和发展规划纲要（2010—2020）》明确指出，要"创新人才培养模式，倡导启发式、探究式、讨论式、参与式教学，帮助学生学会学习。激发学生的好奇心，培养学生的兴趣爱好，营造独立思考、自由探索的良好环境"。学生学习方式的转变，必然要求教师的教学方式、教科书作出相应的变革。

儿童的发展是其怀着对生活的热爱，在生活中通过实际地参与、探究而逐步实现的。课程只有尊重儿童的生活才会对其有意义，教学必须与儿童的生活世界相联系，才能真正促进儿童的学习，实现儿童生活、教学与发展的"三位一体"。这就需要从多个层次上呵护儿童的学习需要，实现儿童学习的多样性。

同时，《品德与生活》《品德与社会》课程属于经验课程、活动课程之列，这类课程的定位侧重于儿童的发展，力求让儿童在活动中获得经验和形成体验。《品德与生活》《品德与社会》课程最大的特点就是让课程回归儿童生活的同时教学也同样回归生活，尤其是要使课程变得对儿童有意义。

《品德与生活》《品德与社会》课程不是以教授书本上的系统知识为目的的课程，课程的实施主要通过教师指导下的各种教学活动来实现。因此，那种唯书本学习至上，轻视其他学习对象、学习内容和学习方式的狭隘学习观显然就不适合了。新课程倡导新的学习观，引导学生热爱生活、学习做人。而旧的狭隘的学习观在我国有漫长的历史、牢固的文化根基，"读书"从来就是学习的代名词。在应试教育体系中，这一学习观更是不断地得到强化，即使在推进素质教育的今天，这种学习观仍然有很大的市场。长期以来，一提到儿童的学习，不少教师、家长的大脑里立刻出现的就是与书本学习关系密切的读、写、算活动，尽管也说动手操作、实践活动是学习，但在教师、家长意识深处，这种"学习"并不是学习，至少抵不上那种书本学习。

因此，李季湄教授主张的转变学习观，承认儿童学习的多样性、不同类型学习的等价性，对推进品德学科课程是有很大意义的。在呼唤创新精神和实践能力的今天，狭义的学习观不仅不利于儿童的个体发展，也不利于社会的进步。广义学习观对教师素质、教育过程、教育方法和策略等，都提出了新的、更高的要求。教师只有转变观念，才能对儿童新的学习的产生保持高度的敏感，才能深入研究和发现儿童学习的特点和规律，深刻地认识和保障儿童学习的权利，创造更多的、适合儿童的、高质量的学习机会和条件；才能让学习活动在丰富儿童知识的同时，也积极地影响他们的观念和看待世界的方法。

（四）为学生成长为社会主义合格公民奠定基础

公民教育指国家根据社会发展的要求，培养其所属成员忠诚地履行公民权利和义务的品质以及能力的教育。将基础教育定位于公民教育是教育思想的一大解放、一大进步。课程目标是基础教育培养学生的标准，是否适当关系到基础教育是否能体现其宗旨。脱离学生实际的要求造成教育程式倒挂，小学进行共产主义理想信念教育，而到大学却在进行行为习惯的养成教育，其结果是错过品德和行为习惯养成的关键时期，想育"才"，结果没教会学生做人。品德学科课程的核心价值是培养具有良好品德与行为习惯，乐于探究、热爱生活的儿童，从而让课程对儿童具有实际意义。品德学科课程是以学生生活为基础、以学生良好品德形成为核心、促进学生社会性发展的课程。课程力图要使学生感受、领会到这门课程的实际意义，让课程有助于学生现在和将来的成长并在成长中积极主动地建构对自己有意义的人生。德育课程目标定位于公民教育，绝不是在淡化共产主义教育，而是为共产主义教育奠定基础。让学生首先成长为合格的社会主义公民，其中的优秀分子再成长为共产主义事业的接班人。

三、《品德与生活》《品德与社会》课程的性质

《义务教育品德与生活课程标准（2011 年版）》（以下简称《品德与生活课程标准》）指出："品德与生活课程是一门以小学低年级儿童生活为基础，以培养具有良好品德与行为习惯、乐于探究、热爱生活的儿童为目标的活动型综合课程。"

《义务教育品德与社会课程标准（2011 年版）》（以下简称《品德与社会课程标准》）指出："品德与社会课程是在小学中高年级开设的一门以学生生活为基础、以学生良好品德形成为核心、促进学生社会性发展的综合课程。"

（一）课程具有综合性

自 20 世纪八九十年代以来，世界课程改革的一个重要走向就是课程的综合化。综合课程就是把若干相邻学科内容加以筛选充实后，按照新的课程体系，根据基础教育的特殊功能、现代素质教育要求以及学生的认知特点将多学科整合为一的课程形态。《品德与生活》《品德与社会》课程以儿童的生活为基础，课程设计体现儿童与生活各个领域的密切联系；目标体现情感态度与价值观、知识与技能、过程与方法三维目标的综合；内容充分体现品德教育与生活教育、社会性发展的有机融合；教学采用丰富的、直观的、灵活的、开放的学习形式，全方位促进学生发展。

（二）课程具有生活性

童年是个体充满活力、蕴藏着巨大发展潜力的生命阶段，童年生活具有完全不同于成人生活的需要与特点，蕴藏着丰富的教育内涵与发展价值，不从这种需要与特点出发，教育几乎是无效的。生活于人之重要，哲学家胡塞尔有深刻的见解：生活世界是一个根本问题，具有中心的意义。现代社会面临着人生与具体生活分裂的巨大危机，

人生的意义成为需要重新思考的问题。胡塞尔把人生的意义定位在生活世界中，主张人要重返生活世界。生活世界是日常的、知觉的、给予的世界，在人的背后，而不是人所面对的，因而它没有被有意识地纳入人们的视野中，但它确是人生的支持力量，是人生之"源"。教育的价值就在于把陌生的外在世界转换成人的生活世界，建构起人与世界的活泼生动、富有意义的联系，改善人的生活品质，丰富生活和人生。因此，只有重视课程与学生生活世界、与学生本身的联系，才可能使课程变得对学生有意义。

新的课程理念下，学习背景是生活化的。也就是说《品德与生活》《品德与社会》教学是以学生的生活为基础的。学生最终要走向社会、走向生活，课程唯有反映社会及生活的需要，帮助学生了解社会生活，使学校成为社会生活的一部分，才能体现课程的本质功能。传统的课程设置及授课方式把一个普通人以自然或社会学家的标准来培养，课程脱离学生的生活和经验，课程标准学术化、理性化，结果导致基础教育不是公民的基本素质的教育，而成为少数精英的教育。人接受教育是为了自身的发展，也就是为了将来更好地生活，生活对人而言是最根本的、首位的。对每个个体而言，生活世界是第一位的，知识世界是从生活世界分化出来的，是为生活服务的。在长期的教育实践中，由于应试教育的影响，学校、老师把孩子带入知识世界的唯一目的是应试，不是为了生活。应试教育体制下，多数知识在生活中没有应用价值，学生更没有学会在生活中学习知识；传统教学生活世界和知识世界相脱离，知识世界许多内容在学生的生活世界中感受不到，学生找不到感觉，体验不到也用不到。这样的学习还有什么意义呢？所以，课程标准中提出"以学生生活为基础"具有深远的现实意义。

（三）课程具有活动性和实践性

活动性和实践性是《品德与生活》《品德与社会》课程的重要特点。课程倡导在实践中鼓励学生在教师的指导下进行自主探究和体验，即在教学中教师要促进学生学习方式的转变，组织好各种主题活动和游戏，让学生在活动、游戏中学习，在感悟、体验中提高能力。

（四）课程要求教师生成教材、拓展教学

《品德与生活》《品德与社会》关注儿童生活，重视生活的教育价值，特别关注儿童正在进行着的现实生活。教学中，教师首先要做到准确理解教材、恰当运用教材；其次，要注重教学中对教材的生成。教师要密切联系学生的生活实际，联系儿童正在进行着的生活，有针对性地生成教材，改进教学。华东师范大学张华博士认为，自然即课程、生活即课程、自我即课程；"教育不是向儿童强加些什么，而是为儿童的自由发展提供机会。儿童有价值的自发性、真实的理智与情感的自然流露具有无尽的教育价值"；教师要拓展教学空间，"为儿童的自由发展提供机会"，加强品德教育的针对性、有效性和实效性，促进学科教学目标的实现。

（五）课程注重多元化评价，促进学生的主体性发展

评价不仅是激励每个学生发展的手段，更是课程的内容资源。《品德与生活》《品德与社会》引导学生学会鼓励、尊重、欣赏，通过自评、互评、教师评、家长评，进一步促进他们的发展。课程的评价建立在关注学生发展的基础上，强调关注学生在活动过程中的表现，加强人文性教育引导，促进学生情感、态度、行为习惯、知识技能的和谐发展。

学生是具有完整生命表现的人，面对自身参与的生活世界，他们的生命表现既有认知，也有情感、意志和行为。一方面，教师在教学中要关注学生的整体，使学生的学习过程成为完整心理的全面参与过程，使学生既能获得知识上的满足，又能获得精神上的体验；另一方面，要特别关注儿童正确态度、价值观的形成和行为习惯的养成，使他们作为教育主体的自然性、社会性、自主性获得健全发展、和谐发展。

四、《品德与生活》《品德与社会》课程的内容

道德存在于人的整个生活中，世上不会有脱离生活的道德。人们是为了生活而改善、提升社会的道德，培养、发展个体的品德，同样，社会道德和个体品德的提高与发展也只有通过人们自己的生活才能实现。脱离生活必将使这种道德抽象化、客体化；脱离了生活去培养人的品德，也必将使这种培养因为失去了生活的依托和生活的确证而流于形式。总之，品德的培养所遵循的应当是一种生活的逻辑，而不是一种纯学科的逻辑。生活本身是综合的，综合课程的设置也要使学生在课程学习中找到一条通向生活的道路，综合体现人的品德与人的生活的内在联系。

《品德与生活》《品德与社会》课程努力将各种教育融合起来进行。《品德与生活》内容体现品德教育和生活教育的有机融合；《品德与社会》课程内容有机融合品德和规则教育，爱国主义和社会主义教育，历史、文化和国情教育，地理和环境教育，生命与安全教育，民族团结教育等。这种教育的综合既是生活中各种自然、社会因素本身所具有的内在的综合，也体现了儿童与这种种因素的内在联系。这种教育让原本具有丰富、多样关联的儿童和原本综合在一起的生活不被自成体系的课程割裂，尝试去营造和展示一种与生活本身一致的综合课程形态。

（一）《品德与生活》课程的内容

《品德与生活》课程以儿童的生活为基础，用三条轴线和四个方面组成了课程的基本框架，也交织构成了儿童生活的基本层面。课程的内容的四个方面都是以儿童的生活为基础，分别围绕"健康、安全地生活""愉快、积极地生活""负责任、有爱心地生活""动手动脑、有创意地生活"展开，指向具体的生活领域或生活事件，提出应达到的具体要求。因此，《品德与生活》课程的内容标准，也可以理解为课程目标的具体化与生活化，为教科书编写和教师教学提供了具体的指导。

小

学品德、生活与社会教师专业能力必修

Xiao Xue Pin De, Sheng Huo Yu She Hui Jiao Shi Zhuan Ye Neng Li Bi Xiu

1．"健康、安全地生活"内容分析

"健康、安全地生活"主要是针对学生基本生活能力和安全保障的获得而设置的。它旨在使儿童从小懂得珍爱生命，养成良好的生活习惯，获得基本的健康意识和生活能力，初步了解环境与人生存的关系，为其一生身心健康发展打下基础。"健康、安全地生活"是学生生活的前提和基础，教学目标定位于学生的生活实际和需要。

课程标准所要求的内容标准是：

初步养成良好的生活、卫生习惯：①按时作息，生活有规律。②养成良好的饮食和个人卫生习惯。③生活中自己能做的事情自己做。④爱护家庭和公共环境卫生。⑤知道初步的保健常识并在生活中运用。

有初步的自我保护意识和能力：⑥了解天气、季节变化对生活的影响，学会照顾自己。⑦了解儿童易发疾病的有关知识，积极参加预防疾病的活动。⑧使用玩具、设备进行活动时，遵守规则，注意安全。⑨认识常见的交通标志和安全标志，遵守交通规则。不到危险的地方去玩，避免意外伤害。⑩了解当地多发的自然灾害的有关知识，知道在紧急情况下的逃生或求助方法。

适应并喜欢学校生活：⑪在学校里情绪安定，心情愉快。⑫熟悉学校环境，能利用学校中的卫生保健设施。

（1）初步养成良好的生活、卫生习惯

学习这一项内容的目的在于让学生学会管理自己的生活，其中所涉及的都是最基本的生活习惯与劳动习惯。小学生入学后开始进入制度化的生活，几乎事事都会有制度的约束，如按时作息、集体就餐、生活小事自理、公共卫生维护等。这些制度都要求儿童在一定程度上克制与约束自己的行为，为长远发展的需要养成自我管理生活的习惯。小学低年级是养成良好习惯的最佳时期，如果错过了这一时期，一方面，学生的健康、安全生活得不到保障；另一方面，他们长大后打破已有的不良习惯建立新的正确的习惯将更为困难。再者，生活能力低下将直接导致其社会生存能力低下。

"养成良好的生活、卫生习惯"是以提高学生生存能力为着眼点提出的。内容标准①②⑤主要要求学生学会健康地生活，养成良好的生活习惯，具备基本的健康意识，远离不健康的生活习惯和生活方式。内容标准③是从自理能力方面提出的基本要求，小学低年级学生要在日常生活劳动中学会料理自己的生活，如穿衣、洗脸、洗脚、端菜、盛饭等，凡是自己能做的事，应该自己动手做，要克服事事依赖别人的坏习惯。内容标准④是让学生初步了解环境与人的生存的关系，注意爱护家庭和公共环境卫生。

（2）有初步的自我保护意识和能力

这一项是要培养学生面对自然、社会等有伤害性可能的因素时的自我保护的意识与能力。儿童的健康和安全从法律上讲是由成年人监护的，但儿童学会自我保护和自我照顾的重要性也是毋庸置疑的。对于低年级儿童来说，了解天气、季节的变化，认识常见的交通与安全警示标志，遵守交通规则是必要的，是可以做到的。在特殊情况下，儿童还应学会自我救助与求救的方法。

在我国的中小学中，因各种非正常原因死亡的学生数量较大。这些原因包括自杀、车祸、校园安全事故、食物中毒、针对少年儿童的犯罪等。学生的非正常死亡大都是因安全常识缺乏和安全意识淡薄造成的。

教育学生关注自己的健康与安全，学会照顾自己、保护自己，是现代教育人文主义精神的一种体现。它体现了对人的高度尊重，尤其是对儿童这一尚处在发展中的主体的高度尊重。我们过去的教育较多地强调在危急关头救助别人，而忽视了自我保护。其实，缺乏自我照顾能力的儿童去帮助他人会制造更多的麻烦，缺乏自我保护意识与能力的未成年人参与救助他人会酿成悲剧。对于小学生来说，当陷入险境时，妥善地、恰当地保护自己，就是对别人最大的帮助。

小学低年级儿童缺乏生活经验，当天气骤然变化时，容易生病。内容标准⑥⑦要求学生了解天气、季节变化对生活的影响，了解重大疾病及常见传染病的预防知识，学会保护自己。内容标准⑧⑨⑩是从安全角度提出的要求。小学低年级学生思想单纯，好奇心强，缺乏自我控制能力，容易出现意外事故。据资料介绍，意外伤害已成为世界各国 0～12 岁儿童的第一死亡原因。因此，尽早地教给儿童一些生活常识，让他们树立自我保护意识，学会自护自救的本领显得十分必要。

（3）适应并喜欢学校生活

对小学新环境的适应，是小学一年级学生特有的生活事件，也是小学生必须面对的第一个重大生活转折。儿童从幼儿园进入小学后要面对很多变化，表面上看，至少生活环境发生了变化。学校是一个新环境，而且里边的人、事、物比幼儿园都复杂得多，会给学生带来陌生感。这种陌生感给小学生带来的压力有时会超过学校新鲜事物带来的吸引力，所以虽然几乎每个孩子都是高高兴兴地去上学，但并不是每个孩子都能把这种新奇和愉快维持到第一学月结束。对此，老师们常做的就是让孩子尽快熟悉学校，最起码知道学校各种生活设施与学习场所在哪里，让学生产生得到一个"新家"的感觉。

儿童从幼儿园进入小学后，在情绪、行为和思维方式等方面要与小学教育的要求相适应。如果这个问题解决不好，儿童从上一年级起就会产生厌学、畏惧等负面心理。因此，安排"适应并喜欢学校生活"的内容很有针对性，其目的是让学生在学校里情绪安定、心情愉快，能利用学校中的设施解决自己的问题，为其一生身心健康地发展打下基础。（内容标准⑪⑫）

健康、安全地生活是学生生活的前提和基础，在这一部分的教学中，应当侧重于学生基本行为习惯的养成和其个体精神层面的发展。因此，教师要特别注意这些方面的培育和引导。

2. "愉快、积极地生活"内容分析

这一模块的目标构成儿童生活的主调，主要指向积极的生活态度和愉快的生活体验。它旨在使儿童获得对社会、对生活的积极体验，懂得和谐的集体生活的重要性，发展主体意识，形成开朗、进取的个性品质，为儿童形成乐观向上的生活态度奠定基础。其课程内容设置与基本教学行为符合"愉快、积极"这一主调。

"愉快、积极地生活"将更多地涉及学生的精神和心理层面，这是学生的感受性目标。在教学中，教师要不断地激励学生认识自我、改善自我、发展自我，以学生的主观能动性的发挥来促进其愉快、积极的生活品质的生成。

课程标准所要求的内容标准是：

愉快、开朗：①喜欢和同学、老师交往，高兴地学，愉快地玩。②亲近自然，喜欢在大自然中活动，感受自然的美。③在成人帮助下能较快地化解自己的消极情绪。

积极向上：④能看到自己的成长和进步，并为此而高兴。⑤在成人的引导下学会正确地对待自己的学习成绩。⑥在成人帮助下能定出自己可行的目标，并努力去实现。⑦能欣赏自己和别人的优点与长处，并以此激励自己不断进步。

有应对挑战的信心和勇气：⑧学习与生活中遇到问题时愿意想办法解决。⑨敢于尝试有一定难度的任务或活动。

（1）愉快、开朗

愉快、开朗是一种积极的生活体验。心理学研究告诉我们，积极的情感体验来自需要的满足，积极的生活体验来自生活中的满足感。这种满足感至少要针对两个对象，一是生活的环境，二是主体自己。因此，心理学为人的愉快和开朗定义了至少两个内涵：悦纳环境（包括人际环境和自然环境）与悦纳自己（包括自己优点和不足）。

小学生天性是喜欢亲近自然、亲近人的，他们喜欢在大自然中活动，感受大自然的美。但小学生观察能力不足，对大自然中的美缺乏足够的敏感度。因此，各种版本的《品德与生活》教科书都设计了让学生亲近大自然、了解大自然的内容。教师要给学生创造亲近自然的机会，并指导他们以欣赏与享受的眼光看待大自然中的每一个自然现象（也包括社会生活中的每一个美好瞬间），去感受自然的美，进而感悟到生活的趣味与快乐。

在悦纳自己这一问题上，小学生有区别于成人的特点。悦纳自己意味着正确评价自己的优点和缺点，进行这种评价时往往要与其他人的优缺点进行比较。对于小学生来说，常见的情况是自我评价过高而盲目乐观与自信，要做到正确的自我评价，需要教师的指导。

愉快、开朗主要是强调培养学生愉快、开朗的个性品质。内容标准①是从人际关系、学和玩方面提出的要求。儿童非常重视同学间的友谊，也渴望得到老师的喜爱，我们应当满足学生的需要，让他们获得和同学、老师交往的积极体验。对于学龄初期的儿童来说，一方面，学习活动已成为他们的主导活动，所以我们要培养、激发、维持其学习的内在动力，让他们高兴地学；另一方面，好玩好动又是他们的天性，教师要让他们玩得愉快，在玩中开发其潜能。

内容标准②是从儿童与自然和谐相处的角度提出的，强调让儿童体验和欣赏自然美，开展栽培花草树木、饲养小动物以及利用自然物增添生活乐趣的活动。

内容标准③是从情感素养方面提出的要求。一个人的情感是构成人格稳定而独特的心理因素。小学生的情绪、情感带有很大的情境性，一旦触发，容易激起共鸣；如果情绪受挫，则马上低落消沉，悲观失望。因此，要注意激发儿童积极的情感体验，培养儿童良好的情绪自制力，使他们能在成人的帮助下控制和调整自己的情绪。

（2）积极向上

从理论上看，这一内容涉及学生的主体性的发展，即通过自我肯定获得成功感，有初步的自我激励与自我监控能力，形成一种自我教育或自我发展的雏形。从表现上看，这一内容针对学生对进步的主动追求以及追求过程中的自律，通俗地说就是上进心和自觉性。

说到自我教育，其过程包括自我设计、自我监督、自我反馈和自我发展几个阶段。对小学一、二年级学生来说，自我设计即心中有榜样"并以此激励自己不断进步"，自我监督即有计划、有目标地安排自己的生活，自我反馈即"能看到自己的成长与变化，并为此而高兴"。培养自我教育的方法可以从三个方面来考虑：一是磨炼毅力与意志；二是反复体验成功的快乐；三是形成心理自我调节机制，掌握自我调节技巧，养成自控习惯，保持不断向上的开朗个性。只有保持良好的、积极向上的心态，学生才能从自我教育中受益。由于自我教育是个体自我的行为，不可能有普遍通用的方法。掌握上述三个方面，每位学生都可以形成适合自己的一整套自我教育方法。教师应根据学生各自先天、后天的身心特征，帮助每个学生找到最有利于自我发展的个性化的自我教育方法。

"教是为了不教"，培养学生积极向上的心态并最终达成自我教育与自我发展，是每一个教育者心中的理想。因此，小学一、二年级的《品德与生活》课程不能期望解决所有问题，而只是为此打基础。内容标准强调"愿意"有计划、有目标地安排自己的活动，而不是"能够"有计划、有目标地安排自己的活动，正是表达这个意思。

内容标准④～⑦是针对学生的自我发展而设计的，强调学生能看到自己的成长和变化，从中获得积极的体验；愿意有计划、有目标地安排自己的生活；在认识自我的基础上建立自信。每个人都既有优点也有缺点，要知道自己的所长，善于发挥自己的优势，也要学会欣赏他人的优点和长处。这些内容和要求，旨在发展学生的主体意识，培养他们积极向上的个性品质。

（3）有应对挑战的信心与勇气

这是一个非常情境化的内容，它针对孩子面对挑战性任务时的态度与行为方式而设计。我们知道，困难与挑战是生活态度与勇气的试金石，在学习与生活中遭遇问题时的态度与做法，最能说明一个人的生活态度。

中国的学生缺乏面对困难时去挑战的勇气与方法，这历来是我们质疑传统教育的一个重要理由。许多成年人在问题面前也显得保守，甚至退缩、回避，究其根源，在于我们的早期教育给了儿童太多的失败体验和太少的成功体验。在传统教育中，考试是激励学生学习最常用的武器，但考试带给大多数学生的都是失败体验，即使那些几乎从未在考试中失败的"优生"，真正促进他们努力学习的并非对考试成功的追求，而是对考试失败的恐惧。当学生无法从困难与挑战中获得成功体验时，自然就不可能有应对挑战的积极态度。

遭受挫折，面临挑战，是每个学生都会碰到的。是否愿意解决遇到的问题，有没有勇气去迎接挑战，不仅关系到学生的学习成绩的好坏，而且也会影响到他们今后的生活态度。我们的课程要通过丰富多彩的学习活动，教会学生以平和的心态面对困难，以积极的态度解决问题，以不胆怯的姿态去迎接挑战。（内容标准⑧⑨）

3."负责任、有爱心地生活"内容分析

这一部分内容旨在使儿童形成对集体和社会生活的正确态度，学会关心、学会爱、学会负责任，养成良好的品德和行为习惯，为其成为爱祖国、爱人民、爱劳动、爱科学、爱社会主义的公民奠定基础。

培养热爱生活的、具有积极向上的情感的儿童无疑是这一模块教学的根本价值追求。新的教学理念将突出学生基于现实生活的体验、探究、反思与主动建构，强调选取学生可知、可感的学习材料，让学生在活动中自主参与、自主建构。这与旧的品德教育模块在教学要求上是有区别的，最主要地体现在新的教学要求变革了传统的主观说教式品德教育方式，也摒弃了远离学生情感和现实生活的品德教育内容。学生的"有责任心""有爱心""诚实"等品质都是学生的基础性道德。回归基础，关注实效，这是本模块教学的根本价值追求。

课程标准所提出的内容标准是：

学会做事，学会关心：①做事认真负责，有始有终，不拖拉。②爱父母长辈，体贴家人，主动分担力所能及的家务劳动。③关心他人，友爱同伴，乐于分享与合作。④认真完成自己承担的任务。

遵守社会道德规范：⑤懂礼貌，守秩序，爱护公物，行为文明。⑥能初步分辨是非，做了错事勇于承认和改正，诚实不说谎。⑦尊重社会各行各业的劳动者，爱惜他们的劳动成果。⑧爱护动植物，节约资源，为保护环境做力所能及的事。

爱集体、爱家乡、爱祖国：⑨喜欢集体生活，爱护班级荣誉。⑩了解家乡的风景名胜、主要物产等有关知识，关心家乡的发展变化。⑪热爱革命领袖，了解英雄模范人物的光荣事迹。⑫尊敬国旗、国徽，学唱国歌。为自己是中国人感到自豪。

"负责任、有爱心地生活"板块是《品德与生活》课程内容标准中品德教育色彩最浓厚的一部分，其内容包括诚实友爱的情感态度教育、遵守社会规范的行为习惯教育和初步的爱国主义教育。教学中，教师应注重对学生情感、态度、价值观的教育，并向学生良好的行为习惯培养方面倾斜，使学生热爱生活并积极愉快地成长。

教师要准确地把握这一部分内容标准，不仅要研读小学德育纲要，还要熟悉小学生的心理发展特点，尤其是品德心理发展特点。了解了学生现实的品德水平和道德生活状况，才能设计出好的主题教育活动，提高《品德与生活》课程的教学实效性。

（1）学会做事，学会关心

这是情感态度方面的内容，主要涉及做事情有责任心和对他人的尊重与关爱（如关心同伴、关心父母等）。这两方面是我们对儿童进行品德教育的最基本的切入点，因为我们对一个"好孩子"，乃至一个"好人"，最起码的要求就是诚实负责、关爱他人。关于儿童的诚实问题近年来越来越多地受到关注，小学生生活中存在的各种虚伪和敷衍现象也常见诸报端，最开始时的原因可能很多，如成人或大龄儿童的示范、本能的自我保护等，但造成习惯性撒谎的原因都是儿童通过撒谎获得的某种利益的不断强化。在家庭中，如果父母对儿童的需要和自尊采取过分专断的方式，对儿童的不适当行为滥施惩罚，儿童就会习惯性地通过撒谎来逃避惩罚，学校中也有类似的现象。父母、老师与儿童间缺乏民主、信任基础上的沟通，是造成儿童撒谎最常见的原因。

本部分涉及的另一个态度是关爱他人。关爱他人是现代人文教育的一个重要命题。现代社会要求人能够理解更多的人、关爱更多的人。从大范围看，今天的地球被人形象地比做"地球村"，不同国家、民族、地区间的交流与合作增多了，麻烦与冲突也随之而来，人类成员间能否相互理解、宽容、关爱是减少冲突、和平发展的前提条件。从小范围看，现代社会的关系日益复杂，个体在社会生活中不仅要面临各种利益带来的竞争和冲突，也要面临和处理各种思想价值观的矛盾和冲突。理解、关心、爱护代表不同利益和不同价值观的他人，是现代人的基本素养。

《学会关心：21世纪的教育》的报告对"学会关心"的解释是：关心自己和自己的健康，关心他人、关心家庭、关心朋友，关心真理、知识和学习，学会相互尊重、友好相处，学会"理解别人"而不是"强加于人"，学会"说服别人"而不是"教训别人"。要求人们反思人与他人、自我与自然的关系，承担起对未来的责任，促进人类社会的可持续发展。

（2）遵守社会道德规范

这是品德与行为习惯方面的内容。从外部表现上看，这是要求学生通过必要的行为规则（包括个人文明行为规范、学校纪律规范、社会公德规范等）的学习，培养良

小学品德、生活与社会教师专业能力必修 Xiao Xue Pin De、Sheng Huo Yu She Hui Jiao Shi Zhuan Ye Neng Li Bi Xiu

好的品德和行为习惯。从学生内在的变化看，"遵守社会道德规范"的背后是一个社会责任感的学习过程，它是一个儿童逐步认知并认同自己对社会和集体应负的责任，并把这些责任和自己的情感体验联系到一起的过程。

儿童的良好道德行为习惯的形成有其自身的规律。与道德判断从他律向自律发展相对应，儿童道德行为的发展，也表现为从以外部控制为主到以内部控制为主。小学低年级儿童遵守社会规范，一般是在教师和父母的要求下并仿效他人实现的。例如，说话有礼貌、专心听讲、爱护公物等习惯的形成，主要是依靠外力的监督调节作用，很少出自儿童内心的需要。因此，小学低年级段在培养行为习惯时向来强调"养成教育"，即通过严格的纪律要求和行为习惯进行巩固。

儿童研究表明，小学儿童道德行为习惯的发展出现一个低年级和高年级高、中年级低的"马鞍形"的现象。造成这种情况的原因是低年级儿童的道德行为处于外力调节阶段，行为习惯缺乏自觉性且不巩固，但受到一定控制；高年级儿童道德习惯水平上升，已具备初步的自我约束力；而中年级正是外部控制力被打破而内部控制力尚未建立的时期，故导致行为习惯水平的下降。

因此，小学生道德行为习惯的培养实际是一个道德要求与控制逐步内化的过程，内化的动力源自在社会规范的有效学习中形成的社会责任感。社会责任感是一种与个人对自己应承担的社会责任的认同程度相关的情感，其具体表现为个体在承担社会责任时的积极的情感体验。社会责任感的形成，需要儿童从较大的范畴来认识和体验个体行为给他人和社会带来的后果和影响，进而自觉约束自己的行为，服从公众利益。由此可见，社会责任感的形成，既是儿童品德发展到较高水平的标志，也是推动儿童遵守社会规范，负责任、有爱心地生活的最稳定的推动力之一。比如，"爱护动植物，节约资源，为保护环境做力所能及的事"，光靠行为训练是不够的。因为训练只能针对个别的生活情景（如用完水关好水龙头），但不可能覆盖生活中所有相关的事件，更不可能形成可泛化的、指导一切行为的普遍观念。那么，为什么要节约资源呢？学生至少要在所在地区范围上懂得资源总量是有限的，甚至是不足的，个人使用过多的资源，会使其他人得不到足够的资源，即使他付了钱也不能解决这个问题。只有这个观念才能支撑学生对节约资源的责任感，也才能稳定、有效地推动儿童遵守相关的社会规范并形成良好的行为习惯。

（3）爱集体、爱家乡、爱祖国

这里提到的都是初步的爱国主义教育。爱国主义教育是小学德育的首要内容，热爱祖国也是小学生"负责任、有爱心地生活"的必要内容。问题是，我们应该怎样对小学生，尤其是小学低年级学生，实施爱国主义教育呢？儿童的思维特点和认识能力决定了小学爱国主义教育必须有一个直观形象的切入点。那么，在儿童心目中，国家在哪里呢？其实，即使是在低龄儿童大脑中，国家也至少以两种直观的形态存在着，一是国家的标志，如国旗、国徽、国歌等；二是他们生活的家乡，这是他们实际看得到的国家、以他们的经验能理解的国家。因此，小学低年级段的爱国主义教育，首先是爱家乡、了解家乡、为家乡做力所能及的事；其次是认识国家的标志，知道为国家作过重大贡献的英雄模范，为自己是中国人而感到自豪。

爱家乡是最现实的爱国主义教育。要使学生知道家乡值得骄傲的风景名胜和资源，关心家乡的发展变化，有初步的生态意识，为保护家乡环境做力所能及的事情。爱家乡在主题活动设计上有极大的空间，而且又切合学生的生活实际，是小学低年级段综合实践活动的主要领域之一。

教学生尊敬国家的标志是最直观的爱国主义教育。要让儿童为自己是中国人感到自豪，除了情感的强化以外，更重要的是让儿童了解代表祖国荣耀的标志性人物和事件。在儿童可认知的范围内，有大量可以激发其国家民族自豪感的事件和信息，这是小学低年级段综合实践活动的另一个主要领域。

4. "动手动脑、有创意地生活" 内容分析

这一教育内容旨在发展儿童的学习品质、创新精神和实践能力，让儿童能利用自己的聪明才智去探究或解决问题，增添生活的色彩和情趣，并在此过程中充分地展现并提升自己的智慧，享受创造带来的快乐。

据国家 2010 年国民基本科学素养调查显示，我国国民中具备基本科学素养者仅占 3.27％，各职业人群的具体比例明显不同，学生中具备基本科学素养者的比例最高，专业技术人员次之。让学生勤学习、有创意地生活是为学生打下科学素养的基础，是培养学生成长为具有创新精神和实践能力的未来人才的必然选择。

"动手动脑、有创意地生活" 反映出现代科学教育的精髓。在现代教育的观念体系中，科学教育是和人文教育相对应的一种教育思潮，其最终目的是要提高学生的科学素养，促进学生全面发展，改善学生的生存能力和生活质量。所谓科学素养，是指人们身上与科学活动有关的综合素养，它包括科学知识与技能、科学方法与能力、科学行为与习惯以及科学态度与精神等。其中科学知识与技能是科学素养的基础，科学方法与能力是科学素养的核心，科学行为与习惯是科学素养的外部行为表现，科学态度与精神是科学素养的灵魂。本部分 "动手动脑、有创意地生活" 内容标准典型地体现了上述的科学素养四要素，并且根据小学低年级段儿童的特点，把科学态度与兴趣放在第一位。具体内容标准为：

有好奇心和多样的兴趣：①喜欢提问和探寻问题的答案。②对周围环境充满兴趣，喜欢接触新鲜事物。

设计与制作：③喜欢利用身边的材料自制小玩具、小礼物或布置环境等来丰富和美化生活。④能根据需要动手做简单的道具、小模型、小物品等来开展活动。

勤于思考，学习探究：⑤能积极地出主意、想办法来扩展游戏或推进活动。⑥学习用观察、比较、调查等方法进行简单的生活和社会探究活动。⑦能与同伴交流、分享、反思探究的过程或成果。⑧能对问题提出自己的想法与看法。⑨学习利用图书、

电视、网络等多种方式收集需要的资料。⑩在成人的帮助下，能总结、提升获得的经验或信息。

（1）有好奇心和多样的兴趣

儿童有创造的愿望与乐趣，最突出的表现就是好奇心。好奇是人的天性，更是儿童的一大心理特点。儿童对生活中的未知现象总是充满着好奇，他们喜欢问各种问题，有些甚至是很古怪或很"愚蠢"的问题。好奇心驱使儿童去探究那些未知的事物或现象，对儿童的学习、发展、创造性生活有着特殊的意义，所以我们常说，儿童的好奇心是教育的一笔宝贵的财富。遗憾的是，现实中儿童的创造性和好奇心常常破坏成人预设的生活程序，给成人世界带来麻烦。因此，许多教师在教育中并不欢迎学生的好奇心。传统教育注重标准化统一答案，强调学生集中精力学习指定范围的知识，致使孩子年龄越大越缺乏质疑的意识，越相信教师的绝对正确，越缺乏对问题的探究欲望。

（2）设计与制作

儿童要学会"动手动脑、有创意地生活"，就得学会利用身边的小材料设计制作小物品，培养动手能力。由于长期的知识中心的课程观念和应试教育的影响，教育只重视学习成绩而忽视学生的动手过程，忽略学生在学习中所能体会到的乐趣。在这方面，美国的中小学教育和我们完全不同，我们应该重视对美国教育的研究，学习他们一些科学、有效的做法。

（3）勤于思考，学习探究

这是有关过程与方法目标的内容，我们可以把它看做是实现儿童"动手动脑、有创意地生活"的过程。学生在生活中每一次探究与思考活动，都可以使他获得更多的科学常识并积累经验。从小学生科学教育的目标和可行性来看，强调思考与探究也是合理而必然的。

本模块的内容设计在很大程度上与其他模块有相互交叉之处，原因在于学生"动手动脑、有创意地生活"是体现在学生的各种活动之中的。因此，教师设计学生的创意活动就要在日常的所有活动中挖掘思维因素，体现创新性。

（二）《品德与社会》课程的内容

《品德与社会》课程以学生的生活为基础。家庭、学校、社区、国家、世界是学生生活的不同领域；自然与社会环境、社会活动与关系、人文文化与规范等是存在于这些领域中的几个主要的互动要素。学生的品德与社会性发展是在逐步扩大的生活领域中，通过与各种互动要素的交互作用而实现的。因此，课程的内容根据学生生活的不同领域和学生与自然、社会的关联与互动，从"我的健康成长""我的家庭生活""我们的学校生活""我们的社区生活""我们的国家""我们共同的世界"这几个方面出发选择并设计。

《品德与社会》课程内容基本上是沿着学生生活范围不断扩大的思路展开的。这样的构建改变了多年来品德学科课程依据"德目"构建内容的方式，也较好地解决了原社会学科课程按学科板块组织的问题。这样的内容构建优势在于它符合一般状态下的学生生活和认知发展的特点，有利于从学生的生活切入，基于他们的经验开展教学，帮助学生逐步地从身边的事物开始，学习关注周围和更广泛领域的社会现象、事物，形成社会理解和认识；有利于打破学科界限，整合、丰富内容；同时也有利于突破学生学习方式的单一性，改变单纯灌输、说教的教育方式，促进学生参与教学活动，进而指导学生在基于自身的社会生活中形成良好的品德，促进学生的社会性发展。

学生的品德形成和社会性发展离不开他们所生活的社会，当今，由于国家的改革开放、信息传播、媒体发展给社会带来开放性以及社会流动性的不断增强，使得大多数学生的生活范畴不再是一个封闭的空间。他们在日常生活中所能获得的直接经验和间接经验都涉及更开放的空间，在各个主题下的学习，实际上都可能是"跨范畴"的。因此，品德学科课程实施过程应体现内容之间的交融性和相互渗透的特点。例如，"我的健康成长"这一板块对学生的自我认识、行为习惯以及生活态度、法律意识等提出了多方面的要求。这些品质不可能只在家庭或学校生活中形成，学生也不是仅仅懂得道理就可以养成习惯、形成能力的，这些品质涉及学生其他领域的生活体验，需要对学生进行综合、立体的教育和培养。因此，教学时应当注意不同生活领域课程内容的融会贯通。

另外，为体现课程的综合性，有机整合各门课程的内容，课程内容的组织不是按照学科体系和知识点呈现的，每一条内容标准中，都尽可能地体现出知识学习、情感态度和行为能力养成融为一体的课程理念。

1."我的健康成长"内容分析

(1)《品德与社会课程标准》在本模块所要求的具体内容（见下表）

课程内容
1. 了解自己的特点，发扬自己的优势，有自信心。知道人各有所长，要取长补短。（中） 2. 懂得做人要自尊、自爱，有荣誉感和知耻心。愿意反思自己的生活和行为。（中、高） 3. 能够面对学习和生活中遇到的困难和问题，尝试自己解决问题，体验克服困难、取得成功的乐趣。（中、高） 4. 理解做人要诚实守信，学习做有诚信的人。（中、高） 5. 懂得感恩和基本的礼仪常识；学会欣赏、宽容和尊重他人。（中、高） 6. 体会生命来之不易。知道应该爱护自己的身体和健康。知道日常生活中有关安全的常识，有安全意识和基本的自护自救能力。（中） 7. 了解迷恋网络和电子游戏等不良嗜好的危害，抵制不健康的生活方式。（中、高） 8. 知道吸毒是违法行为，远离毒品，珍爱生命，过积极、健康的生活。（高）

小

学品德、生活与社会教师专业能力必修

Xiao Xue Pin De、Sheng Huo Yu She Hui Jiao Shi Zhuan Ye Neng Li Bi Xiu

（2）内容标准分析

"我的健康成长"模块主要是围绕着学生的自我发展设计的。根据中高年级学生的认知和发展特点，这部分设置了认识自我与他人的优缺点，自信、自尊、自爱，勇于克服困难，正确对待冲突、压力和挫折，为人诚实守信，尊重他人，懂得感恩，形成健康的生活方式等方面内容。

①认识自我是建立自信的基础。教师要引导学生全面看待自己和他人，不能以单一的标准评价人，特别是不能把学习好坏当做评价人的唯一标准。教师还要引导学生正确看待自己和他人，懂得"人无完人"的道理。每个人既有优点也有缺点，对自己，要了解自己的优点，善于发挥自己的优势；对待他人，首先要看到他人的优点，同时包容他人的缺点。（第1条）

②通过实际的体验和实践，教师帮助学生建立基本的是非观念，让学生懂得做人和做事的基本道理——"自尊、自爱，有荣誉感"；要以事实引导学生将"自尊、自爱，有荣誉感"等良好的意志品质与日常生活联系起来，使其产生体验、加深理解；不能无视学生是一个正在成长的孩子这样的事实，要允许学生犯错误，但更要注意引导孩子形成反思和自省的习惯，并不断修正自己的行为；要给予学生以表现和实践的机会，使其在实践中强化体验。（第2条）

③学生在生活和学习中会碰到问题、遇到困难、遭受挫折，乃至成年后也会反复碰到许多困难、遭受挫折，对待困难、挫折的态度直接影响他们的生活和学习。能否解决好这样的问题，不仅关系到学生学习成绩的好坏，而且也会影响到他们今后的生活态度。我们课程要通过丰富多彩的学习活动，帮助学生体会学习的乐趣；同时教会学生以平和的心态面对困难，以积极的态度解决问题，以顽强的意志力克服困难。（第3条）

④诚实守信是为人处世的根本，是公民教育的重要内容，是社会主义精神文明的重要组成部分。这里要强调的是学生的"理解"和"体验"，理解做人要诚实守信，并且通过一定的方式体验诚实守信的重要性，学会尊重他人。（第4条）

⑤现在的孩子多为独生子女，"饭来张口，衣来伸手"的生活环境和习惯使他们无视他人的付出和关爱，不懂得感恩；长期以自我为中心的心理状态也导致他们很难包容和理解、尊重他人。我们课程要通过生活中具有典型性的素材帮助学生体会和感恩他人的关爱，并通过换位思考理解、尊重他人，在与他人的相处与交往过程中感受宽容的重要性。（第5条）

⑥当今社会，青少年因不良生活习惯而受伤害等一些现实问题日趋突出，鉴于此，我们要提醒学生发现生活中的危险和隐患，懂得健康的生命来之不易，了解吸烟、酗酒、迷恋游戏机等不良生活习惯的危害。这不仅是提高学生辨别能力、自我保护能力的需要，也是我们国家培养新一代遵纪守法公民的需要。因此，这部分内容既着眼于满足学生自身发展的需要，也体现了国家对公民道德教育的要求。有关

自我保护和安全的内容可以和家庭、学校相关内容结合起来学习。（第6条、第7条、第8条）

2. "我的家庭生活"内容分析

（1）《品德与社会课程标准》在本模块所要求的具体内容（见下表）

课程内容
1. 知道自己的成长离不开家庭，感受父母长辈的养育之恩，以恰当的方式表达对他们的感激、尊敬和关心。（中）
2. 学习料理自己的生活，养成良好的生活习惯。关心家庭生活，主动分担家务，有一定的家庭责任感。（中）
3. 懂得邻里生活中要讲道德、守规则，与邻里要和睦相处，爱护家庭周边环境。（中）
4. 了解家庭经济来源和生活必要的开支。学习合理消费、勤俭节约的途径和方法。（中、高）
5. 知道家庭成员之间应该相互沟通和谅解，学习化解家庭成员之间矛盾的方法。（高）

（2）内容标准分析

①家庭是个小社会，特别是对小学阶段的学生来说，家庭与他们的生活态度、生活能力的形成有着最直接、最密切的关系。面对独生子女的家庭越来越多而产生的一系列问题，如学生缺乏伙伴交往、自我中心、任性、自理能力差，父母教育方法不当，单亲家庭给学生心理带来的影响等，我们将教育的着眼点放在通过课程学习使学生进一步体会家庭亲情，感受父母的关爱、抚育的辛劳，学会初步的自立，具有初步的家庭责任感。在此，激发和深化情感是第一位的。有了充分的情感提议，尊敬、关心和孝敬父母就会成为一种自觉自愿的行为，而不仅仅是走形式或是为了做给别人看。在行为要求上，为了更好地体现基本要求而不是少数人能够做到的水平，我们将承担家务劳动具体化为"学习料理自己的生活"（自己的事情自己做），少给父母添麻烦。不同地区、不同家庭都有不同的生活方式和习惯，其中有一些是不健康和不文明的，为了体现"学会生活"这一义务教育课程的基本目标，并引导学生学会健康地生活，远离不健康的和不文明的生活习惯、方式，本部分我们还将"养成良好的生活习惯"作为内容标准之一提了出来。（第1条、第2条）

②家庭作为社会的细胞，不能独立于周边的人与环境。家庭生活的幸福、家庭成员身心的健康等都与邻里关系、周边的生活环境密切相关。在与邻居交往时，不仅要求学生学会友好相处、以礼待人，还要引导学生力所能及地爱护家庭的周边环境。这也是体现中华美德、社会公德的基本内容。（第3条）

③将有关家庭的内容纳入课程，也是本课程内容设计中的一次突破。其目的在于通过让学生了解家庭经济的来源和开支，一方面，帮助学生懂得合理开支，树立节俭的意识，尊重父母劳动；另一方面，为学生将来进一步学习相关社会经济常识奠定基

础。（第4条）

④学习与人交往和处理人际关系是发展学生社会性的重要内容。随着年龄的增长和自我意识、独立意识的增强，学生与父母的意见不一或产生矛盾是一种普遍现象。因此，帮助学生与父母沟通，让学生学习处理与父母关系的具体方法，不仅是密切感情的需要，也是学生正确理解自身在家庭中的社会角色的需要。虽然在家庭生活中形成新型的平等关系，其主要责任在父母，但在法制意识、民主平等意识越来越深入家庭的今天，也不可忽视学生的作用。使学生从小就懂得以平等、平和的态度解决与父母之间的矛盾，对于家庭和睦和学生的适应能力的提高都是有积极作用的。（第5条）

（3）课程教学要注意的问题

在进行这一部分内容的活动设计和教学时，一定要注意以下几个问题：

①不伤害单亲家庭的学生，保护孩子的自尊心。当今社会，随着离婚率的不断上升，单亲家庭不断增多，单亲孩子也越来越多。劳燕分飞，对于离婚的夫妻双方或者某一方而言，可能是一种解脱，但对于孩子来说，无疑是个灾难。温馨的家轰然坍塌，孩子们应当获得的关心、爱护和教育也随之烟消云散了。在同一片天空下，幸福家庭的孩子在父母的教育呵护下，享受着童年的快乐时光；单亲家庭的孩子在成长的过程中，却因为缺少了父爱或者母爱，而有着诸多的无奈。单亲家庭给孩子造成许多负面影响，由于社会偏见，单亲子女可能要承受来自生活、学习各方面的歧视、偏见和嘲弄，不少单亲子女因此变得十分内向、忧郁、自卑，甚至孤僻；再加上单亲家庭的生活比较单调，孩子容易感到精神上的空虚与寂寞。因此，教师不仅自己要多与孩子进行交流沟通，还要注意帮助孩子充实生活，特别注意保护孩子的自尊心。

②避免学生因家庭收入水平的差异产生攀比心理。消费学习既是知识方法的学习，也是观念和行为习惯的学习。通过消费学习要让学生学会合理安排个人开支，了解和学会计划家庭开支，养成良好的消费习惯。在此过程中，教师应该注意不要随意公开学生的家庭收入状况。学生中的高消费现象，扭曲了学生间的人际关系，加重了家长的经济负担，不利于学生的健康成长。让孩子了解家庭的收入和支出，有助于孩子克服攀比心理和乱花钱的毛病。现代社会商品信息多、变化快，处于生长发展中的少年儿童分辨力差、自制力弱，容易养成不良习惯，所以让他们适当接受一些理财教育十分有必要。在市场经济条件下，投资理财是人生的重要内容，少年儿童从小接触投资理财知识能为其走向社会、服务社会打下基础。

另外有些调查内容，可能会让家长觉得侵犯了个人和家庭的隐私。教师应该明确，有些内容学生可以填也可以不填，不要像过去布置作业一样，要求必须完成。

3. "我们的学校生活"内容分析

(1)《品德与社会课程标准》在本模块所要求的具体内容（见下表）

课程内容
1. 能看懂学校和学校周边的平面图。能利用简单的图形画出学校平面图以及上学路线图。（中）
2. 了解学校主要部门的工作和发展变化，增强对学校的亲切感，尊敬老师，尊重学校工作人员的劳动。（中）
3. 珍惜时间，学习合理安排时间，养成良好的学习习惯，独立完成学习任务，不抄袭、不作弊。（中）
4. 体会同学之间真诚相待、互相帮助的友爱之情；学会和同学平等相处。知道同学之间要相互尊重，友好交往。（中、高）
5. 知道自己是集体中的一员，关心集体，参加集体活动，维护集体荣誉，对自己承担的任务负责。（中）
6. 知道班级和学校中的有关规则，并感受集体生活中规则的作用，初步形成规则意识，遵守活动规则和学校纪律。（中）
7. 通过学校和班级等集体生活，体会民主、平等在学校生活中的现实意义。（高）

(2) 内容标准分析

①学生对学校的认识主要从空间和时间两个方面展开。在空间上主要是通过地图学习，认识学校的位置、环境，建立初步的空间概念并学习简单的识图技能。在教学过程中，教师可以引导学生通过观察以及认识方向（实地、图上）、认识简单图例的基础性地图学习，学会"利用简单的图形画出学校平面图以及上学路线图"。由于这是地图学习的第一步，所以不能要求学生达到精确的程度，只要正确、明了就可以了。在图例上，可以鼓励学生设计和使用具有个性化色彩的图例，以发展学生丰富的想象力和创造力。在时间上，学生通过对学校的发展变化历史的了解，知道不同年代中学校和学生学习的状况，建立初步的历史感，加深对学校的情感。另外，学生通过对教师和其他工作人员的了解，一方面，可以加深师生之间的情感、尊重他们的劳动；另一方面，也可以从一个方面了解人们的工作意义及相互之间的配合关系。（第1条、第2条）

②具有时间观念，会合理利用和安排时间，在学习中学会自律、讲求科学的学习方法、养成良好的学习习惯，对学生形成终身学习能力是非常重要的。其中，学习品质的养成尤为突出，如珍惜时间、合理安排时间、独立思考、不抄袭、不作弊等，这些是对每一个学生学习品质的最基本要求，教师要结合各种学习活动，帮助他们养成习惯。（第3条）

③在学校生活中，学会与同学友好交往，建立良好的伙伴关系，是使学生能够获得愉快学校生活体验的重要条件。特别是大多数独生子女以自我为中心，愿意交友又不会沟通，所以教师要引导同学之间建立相互友爱、互相帮助、相互理解、平等相待的关系。同时还要让学生明白，要建立真正的友谊，就必须诚信待人。通过讨论或事

例分析，学生能学会怎样面对矛盾和冲突，积极寻求解决矛盾的方法。这部分内容可以和"我的健康成长"中的第 1 条和第 5 条结合起来学习。（第 4 条）

④在个人与集体关系的认识与理解方面，要注意三个要点：在活动中体会自己在集体中的角色和责任，学会与人交流、合作；形成集体生活中的规则意识；学会民主地、平等地参与集体生活。这三个方面的学习以班集体生活为重点，可以进一步扩大到其他范畴的社会生活中，如参与学校和社区的活动，增强主人翁意识；在社会生活中，遵守公共场所的规则；在国家和世界生活中，懂得尊重不同地区、不同民族、不同信仰人群的选择和权利等。所以，个人与集体关系的学习，不但有利于帮助学生过愉快的学校生活，更可以为他们今天和将来参与集体和社会生活奠定基础。（第 5 条、第 6 条、第 7 条）。

4. "我们的社区生活"内容分析

（1）《品德与社会课程标准》在本模块所要求的具体内容（见下表）

课程内容
1. 能够识读本地区（区、县、市等）、旅游景区等小区域的平面示意图。正确辨认区域地图上的简单图例、方向、比例尺。（中、高）
2. 了解本地区的自然环境和经济特点及其与人们生活的关系；感受本地区的变化和发展；了解对本地区发展有贡献、有影响的人物，萌发对家乡的热爱之情。（中）
3. 关心了解周围不同行业的劳动者，感受并感激他们的劳动给人们生活带来的方便，尊重并珍惜他们的劳动成果。（中）
4. 学习选购商品的初步知识，能够独立地购买简单物品，文明购物。具备初步的消费者自我保护意识。（中）
5. 了解本地区交通情况，知道有关的交通常识，自觉遵守交通法规，注意安全。（中）
6. 体验公共设施给人们生活带来的便利。形成爱护公共设施人人有责的意识，能够自觉爱护公共设施。（中）
7. 自觉遵守公共秩序，注意公共安全。做讲文明有教养的人。（中、高）
8. 体会社会对老年人和残疾人等弱势人群的关怀。对弱势人群有同情心和爱心，要有尊重和平等的观念，并愿意尽力帮助他们。积极参加力所能及的社会公益活动。（中、高）
9. 了解在公共生活中存在不同的社会群体，各种群体享有同等的公民权利，应相互尊重，平等相待，不歧视，不抱有偏见。
10. 了解本地区的民风、民俗和文化活动，体会其对人们生活的影响。能够识别不良的社会风气，不参与迷信活动。（中、高）

（2）内容标准分析

本模块的内容涉及关于社区、家乡的知识。社区部分的学习旨在指导和帮助学生在已有生活经验的基础上，认识和了解自己所在社区的基本特点，包括设施、环境、商业活动以及社区中人们的生活，增强学生作为社区一员的归属感和责任感。家乡部分的内容旨在引导学生从多角度开展有效的学习活动，认识自己的家乡，了解家乡的历史与文化，从而产生热爱家乡、愿为家乡作贡献的想法。

①通过地图学习，学生可以更好地认识家乡的地理环境和人们的生活。这里的地图学习首先要掌握一些基本要素，在学校部分中学习方向、简单图例的基础上，要进一步学习正规图例、比例尺，了解地图颜色的作用等。进而利用这些工具学会看地图（包括政区图和地形图），并利用地图、实地考察、查阅资料等多种方式获取相关信息，认识家乡在祖国的地理位置，了解家乡的自然环境、资源、物产，在自然环境影响下人们生产和生活方式以及家乡人是怎样为家乡的进步和发展作出贡献的。（第1条、第2条）

②可以让学生根据自己的关注和兴趣，观察和访问生活在自己身边的不同行业劳动者（包括脑力劳动者和体力劳动者），通过对人们工作和劳动的方式、时间、过程、成果（产品）等的了解，懂得"劳动创造财富，劳动维系着人们的生活"的道理，知道自己的生活离不开人们的劳动和提供的服务，知道任何物品都是来之不易的，学会感恩，懂得尊重人们的劳动成果。（第3条）

③有关商业和商品知识的学习是指导学生认识社会经济的重要切入点。小学生对经济的认识不能是抽象的，必须是十分具体的。学生只有通过对和自身生活直接联系在一起的、具体的商店或市场的观察、了解，才有可能在日常经验的基础上，形成一些初步的对商品、价格、购物、交易等与"经济""商业"有关的认识。这部分内容不仅仅要帮助学生认识事物和现象，还应当着眼于人们的工作和劳动，使学生懂得商业和商业工作者的劳动和自己的生活密不可分的道理，懂得一些基本的商品常识，学会选择商品，具备初步的独立购物的生活能力；帮助学生了解有关消费法规，使其具备初步的消费者自我保护意识。这些对于增强学生初中以后的学习能力和参与生活的能力，都是非常重要的。应当注意的是，由于各地发展水平不同，特别是城乡之间的差异较大，在学习过程中教师特别要注意尽可能以本地区或附近的商业设施作为研究对象，而不能仅靠让学生认识教科书上的商业设施来让他们获得体验和认识。（第4条）

④交通的发展与社会发展、文明程度以及人们的生活、交流、沟通有着十分密切的联系。有关交通的学习，既涉及地理环境，又涉及历史发展、科技进步。现实生活中，无论城乡，交通都是人们日常生活中不可缺少的组成部分。交通的发展和进步，极大地改变了人们的生活方式，同时也给人们的生活带来了一系列的问题，如环境污染问题。在学习中教师要特别引导学生从生活中的实际感受出发，认识这些问题并思考解决问题的方法。交通安全是与学生密切相关的一个现实问题，教师不仅要帮助学生了解基本的交通规则和交通工具常识，更重要的是要引导学生养成交通安全意识和行为习惯。我们应当认识到，在当今社会，交通安全的问题对于城乡学生都是十分重要的。（第5条）

⑤随着社会的发展，越来越多的公共设施出现在人们的生活中，给人们带来了极大的便利，但是社会中不文明、不道德的现象随处可见，公共设施经常遭到毁坏，这些问题不仅存在于成人世界，也存在于少年儿童世界中。这些都表明，人们的公共意

小

学品德、生活与社会教师专业能力必修

Xiao Xue Pin De、Sheng Huo Yu She Hui Jiao Shi Zhuan Ye Neng Li Bi Xiu

识、文明水平亟待提高。教师要通过对实际现象的分析，帮助学生形成基本的善恶美丑的是非观，懂得在公共场所爱护公共设施、遵守秩序。公德，不光是写在纸上的，更是每个公民应具备的、体现在行动中的。实际上，遵守社会公德的行为要求对于小学生来说并不是抽象的，小学生能学会自觉排队，不随处乱丢杂物，不毁坏公物，不乱写乱画，就可以说是基本上做到文明了。社会文明靠大家，通过学习可以进一步引导学生向有关部门提建议，倡导文明健康的风气，这也是小学生参与社会生活的一种好的方式。（第 6 条、第 7 条）

⑥每个人的身边都有各种各样的弱势群体，但是很多小学生缺乏对这些人的了解，不懂得如何尊重这些人。这主要有两方面的原因：一方面可能是受到成年人的不良思想和行为的影响，不能平等地看待和尊重这些人；而另一方面是缺乏对这些人的了解和认识，不懂得怎样"平等"地对待他们，也不知道怎样合理"尊重"他们。体验产生情感，我们可以开展模拟体验活动，帮助学生理解残疾人、老年人等弱势人群的情感、心理，使"对弱势人群有同情心和爱心，要有尊重和平等的观念，并愿意尽力帮助他们"，"相互尊重，平等相待，不歧视，不抱有偏见"的认识和观念建立在理解和产生真实情感的基础上。还可以通过实例，让学生了解残疾人是怎样以积极乐观的生活态度面对困难并克服困难的。在这项内容的学习中，要强调学生的体验，引起学生的关注，不可形式主义地为做好事而做好事。另外，还要引导学生全面认识社会公益事业。一方面，社会福利设施的逐步完善和社会公益事业的发展，体现了我国社会文明的程度，体现了政府对人民群众的关怀。这个问题对于小学生来说有些抽象，要变抽象为具体，可以立足于本地现有的社会资源，让学生通过对一些福利设施、机构的观察、调查和了解，认识我国公益事业的发展和进步。另一方面，使学生懂得社会福利、公益事业的发展离不开每一个社会成员的努力，从而培养参与公益活动的意识。（第 8 条、第 9 条）

⑦了解家乡的民风民俗是"认识家乡"的另一项重要内容。各地的文化不同，风土人情、习俗均各有特色，教师要特别重视利用当地的课程资源，要善于捕捉有代表性的事物，充实教材内容，引起学生的关注和探究的兴趣。一方面，帮助学生从根植于民间的家乡文化和风俗中理解和认识祖国文化的丰富性和多样性，从中汲取营养；另一方面，要引导学生发现问题，特别是对一些低俗文化、封建迷信提高识别能力。（第 10 条）

上述⑥⑦两项内容均可以通过讨论、辩论等多种学习活动，帮助学生提高辨析和批判思维的水平，并引导他们身体力行，走向社会开展宣传等活动。

社区和家乡的学习应紧密结合地方特色进行，内容标准的宽泛性实际上已为各地结合地方资源开展学习提供了空间。要防止仅从教科书上认识家乡，更不能仅仅是对别人家乡的认识。

5. "我们的国家"内容分析

(1)《品德与社会课程标准》在本模块所要求的具体内容（见下表）

课程内容
1. 知道我国的地理位置、领土面积、海陆疆域、行政区划。知道台湾是我国不可分割的一部分，祖国的领土神圣不可侵犯。（高）
2. 知道我国是一个统一的多民族国家，各民族共同创造了中华民族的历史和文化。了解不同民族的生活习惯和风土人情，理解和尊重不同民族的文化。（中、高）
3. 了解我国不同地区自然环境的差异，知道并理解这些差异对人们的生产和生活方式的影响。（中、高）
4. 知道我国是一个地域辽阔、有着许多名山大川和名胜古迹的国家，体验热爱国土的情感。（高）
5. 了解我国曾经发生过的地震、洪水等重大自然灾害，知道大自然有不可抗拒的一面。感受人们在灾害中团结互助的可贵精神。学习在自然灾害中自护与互助的方法。（高）
6. 初步了解我国的工农业生产，以及工农业生产与人们生活的关系，知道工人、农民付出的辛勤劳动与智慧，尊重他们的劳动。（中、高）
7. 了解我国的交通发展状况，感受交通在人们生活中的重要作用，关注城乡交通存在的问题。（中、高）
8. 知道现代通信的种类和方式，体会现代传媒，尤其是网络与人们生活的关系。在有效获取信息的同时，增强对信息的辨别能力，遵守通信的基本礼貌和网络道德、法律规范，做到文明上网。（中、高）
9. 知道我国是有几千年历史的文明古国，掌握应有的历史常识，了解中华民族对世界文明的重大贡献。珍爱我国的文化遗产。（高）
10. 知道近代我国遭受过列强的侵略以及中华民族的抗争史。敬仰民族英雄和革命先辈，树立奋发图强的爱国志向。（高）
11. 知道中国共产党的成立，知道新中国成立和改革开放以来取得的成就，加深对社会主义祖国和中国共产党的热爱之情。（高）
12. 知道人民解放军是保卫祖国、维护和平的重要力量，热爱中国人民解放军。（高）
13. 知道自己是中华人民共和国的公民，初步了解自己拥有的基本权利和义务。知道我国颁布的与少年儿童有关的法律、法规，学习运用法律保护自己，初步形成民主与法律意识。（中、高）

(2) 内容标准分析

作为一个国家的公民，了解并热爱自己的祖国是最根本的知识和道德要求。随着学生学习内容的逐步增加和范围的扩大，在《品德与社会课程标准》中，这一部分内容将学生的视野进一步扩大到了对祖国和社会生活的深入了解和全面认识。学生通过对有关祖国的地理、历史文化、民族、国情、法律法规以及生产生活等方面知识的学习，初步同时也是多方面地认识和了解祖国，增进对祖国的亲近感和作为一个中国人的自豪感；通过对当今社会发展变化以及诸多的新问题的了解和探究，提高辨析能力，增强道德的自觉性和自我保护意识。

"我们的国家"这一模块的设计思路是以爱国主义和社会主义教育，历史与文化、国情、地理和环境教育为主线，引导学生了解生产与生活的关系、新中国的成就与发展，知道科学技术对人类生存与发展的重要影响。学生通过与自己生活密切相关的自然与社会环境、社会活动与关系、人文文化等的交互作用，丰富文化知识和社会生活经验，从而珍视祖国的历史和文化传统，产生民族自豪感和对中华民族的归属感，尊重不同国家和人民的文化差异；形成从不同的角度观察、认识、分析社会事物和现象的能力，能够利用法律和相关知识保护自身权益的习惯与能力，合理探究和解决生活中的问题的能力，对生活中遇到的道德问题作出正确的判断和选择的能力。本模块在内容的选择上遵循几下几个原则：

其一，以"回归学生生活"的理念构建模块内容。本模块在内容选择上以学生为主体、以生活为主题、以生活逻辑为主线，坚决杜绝用学科逻辑干扰生活逻辑，使学科内容疏离生活主题。模块所涉及的教育内容都是遵循"源于学生生活"的理念与前提，着眼于学生的实际参与，以学生的社会生活为主线，由近到远、由浅入深地引导学生通过观察与研究历史和现实生活中的事件与现象，在深入思考和探究的过程中学会对一些道德问题作出正确的判断和选择；学会处理个体与社会的关系，个人与祖国的关系，不同群体、民族之间的关系。例如，课程设计中交通、通信、生产、法律法规、自然与灾害以及科技等内容，都是学生身边的生活主题，生活化的意味浓厚。每个内容单元都以学科知识作为载体，以研修与探究的方式引导学生解决实际生活中的问题，使课程内容贴近学生、贴近实际、贴近生活，增强课程内容的亲和力和感染力，提高了教育的针对性和实效性。

其二，准确把握知识、能力、情感态度与学生发展的关系，立足于学生已有的经验，着眼于学生的发展。本模块内容选择的出发点和落脚点都是为了提高学生分析和解决问题的能力，满足学生发展的需要，促进学生对社会的深入了解。因此，本模块在涉及的历史、地理、法律法规、自然环境、科技、生产等方面的内容中，均与学生实际的社会生活紧密联系，突出学生发展的需求，并将这种需求与社会发展的需求紧密结合，减少学科体系的痕迹，使学生通过这一部分的学习，一方面增加知识积累，一方面发展综合能力。

其三，坚持鲜明的爱国主义和社会主义教育，合理处理学科知识与品德培养之间的关系。模块在内容的选择和安排上都注意对学生进行品德培养和爱国主义情感的渗透。例如，模块利用相关的地理、历史、民族、文化等知识引导学生体会祖国的辽阔、中华文明的博大精深，引导学生珍视祖国的历史、文化传统，形成对中华民族的归属感；引导学生探究交通、通信、传媒、科技以及新中国的一系列成就，使学生充分感受祖国的发展与进步，产生民族自豪感等。总之，知识点的选择充分服从和服务于课程品德教育的要求。

其四，以新的课程观统筹模块内容，努力实现知识、技能、态度和价值观的完整体现和有机结合。本模块的学习目标既涵盖了历史、地理、文化、法律法规、科技等方面的知识；也强调了多角度观察、认识、分析社会事物和现象的能力，自护自救能力和合理维护自身合法权益能力的提高；同时强调学生法治观念的形成和尊重各民族文化差异价值观的培养。这样的学习目标明确地反映出，课程由以往过于注重知识传授和学科体系到目前更为注重学生能力发展和情感、态度、价值观的转变。

下面就具体条目的内容和侧重点进行具体分析：

①有关祖国地理的学习，应当在认识家乡地理位置、环境特征、物产资源的基础上，从祖国疆域、地形地貌、江河山岳、行政区划等多角度展开。通过这部分内容的学习，让地图成为学生认识祖国的基本工具，使学生懂得领土疆域和祖国的历史、民族、文化是紧密联系在一起的，懂得领土也是祖国的象征且神圣不可侵犯。（第1条）

②我国是个多民族国家，长久以来大家都为各民族的团结不断努力，而团结的基础就是了解、理解和尊重，进而达到欣赏和热爱。要真正做到这一点，一是要让学生了解民族的生活习惯和风土人情形成的特殊必然性；二是要让学生发现不同民族文化的美；三是要让学生知道不同民族文化交流的作用。因此，组织此条教学内容时，要尽可能地将我国主要民族文化实例与学生身边的不同民族文化实例结合起来，要用模拟的方法，让学生直接感受到不同民族文化的美。（第2条）

③"一方水土养一方人"，地理环境的差异造成不同的生产、生活方式和民风民俗。差异有很多种，有地理环境差异、民族差异、城乡差异等，但无论何种差异造成的不同，都应该得到理解和认同。学生要通过感受和了解由于我国地理环境、气候环境等差异而造成的民族生活差异，达到理解和尊重不同地区人们生活方式的目的。（第3条）

④在宏观认识祖国疆域的基础上，从较微观的角度感觉祖国名山大川、名胜古迹的美丽。通过观看祖国的风光影视片，收集诗文、图片，阅读旅游观感，帮助学生由内心深处产生热爱祖国的情感。（第4条）

⑤我国地形丰富，环境多样，自然灾害多发。尤其是近几年，地震、洪涝、暴雪、干旱、冰雹等灾害频发，且危害严重。如何防灾抗灾、保护生命安全、减轻灾害造成的生命财产损失，已成为全国乃至全世界共同关注的问题。我们要借助身边的资源，从家乡多发的灾害入手，解读灾害知识，传授自救、互救方法和技能，让学生冷静应对灾害，保障自己和他人的生命安全。（第5条）

⑥工农业生产是维系国家经济命脉的基础性产业，直接地影响着人们的日常生活。可以以学生日常生活中经常接触的物品或食品为切入点，帮助他们理解工农业生产及其与人们生活的关系，了解现代工业、现代农业发展的状况，在亲身劳动中感受劳动者的辛苦。（第6条）

⑦没有高度发达的交通，社会经济与文化的现代化是不可能实现的，这一点我们可以从古今到同一目的地使用的工具和时间的巨大差异中看出来。另外，交通的现代化发展也相应带来了一些环境、社会等问题。通过课程学习，学生从上述两个方面了解交通的发展，既增强"发展交通"的意识，又增强"交通环保"的意识。（第7条）

小 学 品 德 、 生 活 与 社 会 教 师 专 业 能 力 必 修 Xiao Xue Pin De、Sheng Huo Yu She Hui Jiao Shi Zhuan Ye Neng Li Bi Xiu

⑧通信既是拥有悠久的历史，又是今天还在蓬勃发展的并与现代科学技术和人们生活关系密切的事业。现代通信技术的迅速发展，极大地影响着人们的生活、交往方式。我们可以通过模拟或实践的活动，帮助学生认识和体会这种影响。在现代社会中，信息的快捷和渠道的多样化给人们交流、学习、娱乐等生活的各个方面带来了前所未有的变化，但与此同时也产生了一系列社会道德和法律方面的问题，特别是信息的泛滥和商业化运作，在很大程度上对青少年的身心健康和成长产生了负面影响甚至伤害。因此，帮助学生安全地利用和获取信息，就成为教育的当务之急，特别是在利用网络的过程中，应提高学生辨别是非的能力，使其知道现实世界和虚拟世界的区别，知道上网可能产生的危害，从而学会保护自己，并遵守网络道德规范。（第 8 条）

⑨我国古代人民创造了灿烂的文明和成就，但是中国的近代史，则既是一部屈辱史，又是一部抗争史，还是一部探索史。中国共产党成立之后，带领中国人民建立新中国，从此中国走向繁荣富强。在组织近代史的内容时，上述"三史"应该综合，否则学生就不会产生因果联系的立体感，但重点应放在中国人民的抗争和探索上。通过参观历史博物馆、看影视片、仿演历史剧、讲革命英雄故事等途径，让学生知道民族的独立、国家的富强、和平安定的今天，是中国共产党领导全国各族人民前仆后继、英勇抗争的结果。在此，不需要追求整个近代史的完整性和系统性。（第 9 条、第 10 条、第 11 条、第 12 条）

⑩懂得保护自己、懂得与少年儿童有关的法律法规，不仅是提高学生辨别能力、学会自我保护的需要，也是我们国家培养新一代遵纪守法公民的需要。因此，这部分内容既着眼于满足学生自身发展的需要，也体现了国家对公民道德教育的要求。这一专题的学习和活动开展可以穿插在不同主题中，如在学校教育、交通安全、传媒安全等内容中进行。（第 13 条）

（3）课程教学要注意的问题

在进行这一部分的活动设计和教学时，一定要注意以下几个问题：

①加强学生读图能力的培养与训练。了解祖国离不开对祖国地理和历史的了解，地图是学习地理和历史知识的好帮手。对于学生来说，养成利用地图学习的习惯并掌握熟练读图的能力非常重要。因此，教师在教学中首先要让学生体会到地图的重要性，然后引导学生掌握正确的读图方法，进而使学生在学习过程中养成使用地图这种工具的习惯。

②避免教学过程中的"知识堆砌"。课标在这一部分中涉及很多知识性的内容，教师要注意避免将课堂变成知识堆砌的工厂，要通过内容和活动设计使学生背记各种数据名称，激发学生的学习兴趣。另一方面，要引导学生利用身边的社会资源获得最直接、最丰富的学习资料，举一反三，将周围与身边、历史与现实联系起来，发现事物发展的一般特点，掌握一些正确的学习方法。

③注意事物间的关联，对事物进行全面的认识和分析。一切事物的产生、发展都有一定的背景，无论是古代中国灿烂的文化、近代中国那段屈辱的历史，还是新中国一系列伟大的成就。教师要注意避免"一刀切"的认识，引导学生结合当时的环境和社会背景，并与自己的生活实际相联系，进行横向和纵向的对比和立体分析，使学生既看到近代中国的社会弊端，又不忽略当时人民的抗争与探索；既为古代和现代中国的辉煌成就而自豪，又能客观对待发展带来的种种问题。同时帮助学生建立起看到困难不气馁、看到成就不骄傲的自信、自强的科学发展观，认识到中国的发展历程体现了人类社会发展的必然规律，将热爱祖国、热爱中国共产党、热爱中国人民解放军的情感建立在对历史的客观认识和理解的基础上。

人类社会已经进入信息时代，任何事物都存在利与弊，作为信息社会产物的网络亦如此。对于少年儿童来讲，网络就像一把"双刃剑"，虽然丰富了他们的信息来源，但其中不健康信息的侵害又无法避免，这已经成为全社会关注的问题。教育中我们一定要避免"谈网色变"的片面认识、处理方式，注意全面分析、正确引导，提高学生辨别是非的能力，使其学会保护自己，并遵守网络道德规范，充分发挥网络的积极作用。

④结合年龄特征，进行符合学生能力实际的教育。由于大自然不可抗拒的特征以及人类发展过程中的破坏行为，自然灾害时常发生。当灾害发生的时候，学会自救和互救非常重要。我们应当教育学生懂得在危难之中人们的互助是一种高尚的人道主义精神。但是，教师一定要结合学生的年龄特征和实际能力进行教育，区别"勇敢"和"蛮干"，帮助学生正确认识自己的能力，根据自己的实际能力和面临的实际情况采取正确有效的解决方法。

6."我们共同的世界"内容分析

(1)《品德与社会课程标准》在本模块所要求的具体内容（见下表）

课程内容
1. 知道世界的大洲、大洋的位置，能在地图或地球仪上找到相应的国家或地区。（高）
2. 比较不同国家、地区、民族不同的生活习俗、传统节日、服饰、建筑、饮食等状况，从不同的角度，尝试探究差异产生的原因，尊重文化的多样性。（中、高）
3. 初步了解一些人类的文化遗产，激发对世界历史文化的兴趣。（高）
4. 初步了解我国与世界各国的经济相互依存关系，及其给人们生活带来的影响。（中、高）
5. 初步了解科学技术与人们生产、生活及社会发展的关系，认识科技要为人类造福，崇尚科学，反对迷信。（高）
6. 初步了解全球的环境恶化、人口急剧增长、资源匮乏等状况，以及各个国家和地区采取的相关对策，体会"人类只有一个地球"的含义。（高）
7. 知道我国所加入的一些国际组织和国际公约，了解这些国际组织的作用。知道我国在国际事务中的影响日益增强。（高）
8. 感受和平的美好，了解战争给人类带来的影响，热爱和平。（高）

（2）内容标准分析

"我们共同的世界"是内容标准的最后一个模块，承接"我们的国家"模块。按照整个内容标准的逻辑设计，此部分将学生视野逐步扩大至世界范围，带领学生了解世界、认识世界，掌握世界历史发展的脉络，感受不同历史和文化背景下人们的生活方式、风俗习惯，使学生逐步形成开放的国际意识。课程将看似距离学生遥远、实际上已与学生的生活不可分割的当今世界，从地理环境、文化遗产、节日风俗、民族习惯、科学技术、战争与和平等不同侧面，展示在学生面前；启发并引导学生走近世界、关心并初步了解世界，将自己的生活、自己的家乡、自己的国家与世界的发展联系在一起，增进对世界的亲近感，愿意成为一个自立于世界的中国人。本部分内容旨在拓展学生的视野，为他们不久之后的中学学习奠定基础。

本模块的设计思路是以全面了解和认识世界、感受丰富的各国文化、了解国际交流的方式与规则、形成开放的国际意识为主线，引导学生利用已有的知识和学习方法了解世界地理和环境面貌；体验世界不同国家、民族和人种丰富多彩的历史文化与风土人情；体会在当今世界发展过程中，国际交流与合作的重要性；探究周围的环境状况和各种生物的生活状态，理解人与自然、环境的相互依存关系，了解当今人类社会面临的一些共同问题；在生活体验中感受科学技术对世界进步和人类生存与发展的重要影响。学生在整个学习、思考、探究、发现、体验与感悟的过程中，形成基本的道德观、价值观，具备一定的道德判断能力，从而树立起关爱自然、保护生态环境的意识，形成爱好和平的情感态度以及开放的国际意识，理解并尊重不同国家和人民的文化及生活差异，与不同群体、民族、国家人民和睦相处。通过这部分内容的学习，学生养成从更全面的角度分析国际事务的思维习惯；具备自主解决学习问题的能力；能够对一些国际事务及国际矛盾与冲突进行综合分析，并通过与他人的交流与沟通作出比较客观和全面的判断。

本模块在内容选择和建构上具有以下几个特点：

其一，以培养"世界公民"的理念构建模块内容。本模块内容设计的基本理念是以世界地理和历史知识为基本背景，以学生逐步了解、适应并最终融入世界为主线，以树立学生的国际意识为归宿，以实现学生更大范围的生存与适应能力的目标为支撑。

从世界发展的趋势和各国的发展需求来看，国际广泛交流与合作已经成为各国共识。国家以一种什么样的姿态与面貌出现在国际舞台，其公民素养和意识水平是重要的体现之一，也直接决定了一个国家应对这种交流与合作的态度和结果。因此，具备国际意识，能够从容地应对越来越多、越来越广泛的国际交流，能适应国际化的生活和发展状态，也成为各国对公民的基本要求。当我们的孩子在不久的将来走出国门、踏入世界的时候，他们是否已经做好充足的准备？是否有应对一切问题与挑战的底气与信心？本模块的设计就是以解决这一问题为目标，以世界的地理、文化、经济、科技、发展等问题为素材，引领学生从了解到认识世界，感受并探究世界，理解并接纳世界，最终适应而后融入世界。

其二，以开放的视角和发散、立体的思维方式构建模块体系。本模块内容的设计逻辑严密、视野开阔，由大洲和大洋、国家和地区到世界地域文化的丰富多样性，由各个国家和民族的文化习俗到逐步国际化的生活方式，从冲突与战争到合作与和平，从对地球环境的破坏与漠视到关注与保护，从我国与世界的沟通与交流到对世界的参与和贡献，诸多因素交互作用，或从小到大，或从过去到现在、到未来，或从学生的身边到国家、到世界，其体系体现了开放的视角和发散、立体的思维方式。这样的设计有利于使学生多角度、全方位地了解和认识世界，产生对世界自然科学知识、历史文化和国际事务等的探究兴趣，有利于学生情感态度与价值观、知识与能力的和谐发展。

其三，模块内容的选择和设计充分体现了对问题解决式学习和探究式学习的倡导，注重对学生思维方式的引导。让学生自主地学习，引导学生有个性、充分地发展，是课程努力倡导的理念；教会学生学习，为学生终身学习打下基础，是基础教育的根本目标。鉴于此，本模块选择了大量有利于学生"亲历""体验"和"探究"的学习内容，如了解和体验周围的环境状况，感受科技发展给生活带来的变化，从身边的生活用品感受祖国与世界的发展和国际日益密切的联系等。学生在这些体验过程中展开探究与分析，分析环境恶化、人口急剧增长、资源匮乏的原因，探究合理利用科技促进发展的途径，思考发展与合作交流的关系等。这些内容就是为了让学生掌握学习方法、学会分析和思考，为其后续学习搭建平台。

国际事务的复杂性和多样性是众所周知的，在本模块中有很多对国际事务的分析和判断的内容，如战争与和平的历史与发展，资源消耗与发展的矛盾冲突等。对这些问题的判断过程就是对学生思维方式的引导过程。学生在多角度分析这些事物的利与弊、矛盾与冲突，寻找合理解决这些问题的方法的过程中，就逐步形成了科学、合理的思维方式，同时也提高了思维和判断能力。

其四，模块内容的设置和目标定位对教学提出了开展多样化的学习活动的要求。本模块的学习目标既涵盖了地理、历史、文化、科技等诸多方面的知识，引导学生从身边一个小小的变化感受世界共同面临的问题或关注的话题，从习以为常的生活方式和状态中发现交流与合作的重要作用，从战争的历史中感悟和平的珍贵等。同时这部分内容也强调学生能够多角度认识和分析事物现象，全面、深入地探究事物本质；在观察、调查、访问、分析资料等学习和探究过程中提高观察与思考的敏感度，对事物形成科学的判断和全面的认识；能够从了解到理解不同国家和民族的差异，直至悦纳丰富多样的世界民俗和文化；能够从对世界的陌生、新奇到熟悉、认同，从祖国走向世界，成为一个有普遍生存能力和适应能力的人……这些内容的实现和目标的达成都需要教师在教学中采用丰富多彩的教学方式和教学途径，因此《品德与社会课程标准》在活动建议中也有意识地提供了多种学习方式，但其呈现的不过是众多学习活动中的一部分，相对于某一项内容标准来说，它们不是唯一的。教师只有根据具体的背景、区域、学校特点和条件，将多种学习活动有机结合起来，才能更好地体现本模块所规定的内容标准。

下面就具体条目的内容和侧重点进行具体分析：

①地形是自然环境的组成要素，也是影响自然环境及人们生活、生产活动的重要因素。了解人类生存的星球是拓展学生视野，协助学生认识和了解自己的生活环境，深入探究人类生存方式、状态的重要切入点。地图是了解世界的一个最好窗口，要帮助学生初步了解世界海陆分布及主要地形，指导学生学会利用地图。通过地图，指导教师可以直观地向学生展示世界各大洲、大洋的位置，各自地理环境的基本特点以及这些不同的基本特点与各自不同的文明可能存在的关系。（第1条）

②世界是多样化的，文化也是多样性的。由于不同民族的人们居住的环境不同，需要面对的气候、地形和水源条件不同，就决定了他们的人口规模、生产活动和社会组织会存在差异，并且影响到了他们的人生态度、习俗、艺术等方面，使他们逐渐形成了各具特色的文化传统。不同的地域，有地域文化的差异。就世界范围而言，有中国儒家文化、欧洲基督教文化、美洲印第安文化、中东阿拉伯文化等。文化的多样性体现在多种多样的语言、深邃超凡的宗教信仰、形形色色的礼仪禁忌、风格迥异的民居建筑、丰富多彩的风俗习惯、绚丽多姿的传统节日、异彩纷呈的文学艺术、鲜明独特的思想理论等各个方面。本模块就从世界文化的各个层面为学生展示各国、各民族独具特色的文化和习俗，使学生感受世界文化的多样性。

世界文化是由不同民族、不同国家的文化共同构成的，文化是世界性与民族性的统一。各国、各民族间经济、政治、历史和地理等多种因素的不同，决定了各国、各民族文化之间存在着的差异，理解和尊重这种差异是学习这部分内容的重要目标。我们通过分析和探究造成文化差异的诸多因素，引导学生明确差异产生的原因，理解和尊重各民族的文化。

没有不同民族、不同国家各具特色的文化，就不会有世界文化百花争艳、五彩缤纷的景象。文化是民族的，各民族都有自己的文化个性和特征，只有保持自己的民族文化特色，民族文化才会更具有生命力。没有民族文化就无所谓世界文化，世界文化的多元趋势不可逆转，多元的世界文化使人类的精神领域显得更加丰富多彩。文化又是世界的，各民族文化都是世界文化中不可缺少的一笔色彩，千万条小溪汇入河流，奔腾入海，成就了海洋的丰富。我们从东方走到西方，从远古走到今天，对人类社会来说，丰富多彩的世界文化，就像生物多样性对于维持生态平衡那样必不可少。因此，引导学生在感受世界丰富性的同时，要明确创造这个丰富多彩世界的就是来自世界各地的人们，人类的存在与发展少不了任何一个国家与民族的贡献。学生通过学习这部分内容，了解世界多种文化的差异性和丰富性，能对不同民族和不同文化的创造持尊重和欣赏的态度。（第2条）

③文化遗产是指在历史、艺术、科学、神学、人类学等方面有着重要意义的纪念物、建筑物、遗迹等。这些人类的文化遗产具有非常宝贵的价值，首先它代表一种独特的艺术成就，是一种创造性的杰作。比如，雅典的卫城代表了当时希腊最高的艺术成就，反映了希腊人的创造力和智慧。其次文化遗产可以从一定角度体现人类观念的转变。还有，这些文化遗产能够见证一种已经消失的文明或文化传统，比如，耶路撒的存在证明了曾经有这样的一种文明，或者这样的一种文化，虽然今天已经消失了，但是曾经在这里发展存在过。另外，保留下来的文化遗产可以作为人类历史上一个重要阶段的典型代表，是这个时代的建筑或者景观的杰出范例。还有一些文化遗产则体现了人类活动的发展与变迁，体现人类生产、生活、文化艺术、政治、经济等方面的变化。这些文化遗产是每一个国家和民族历史文化成就的重要标志，是人类共同的文化财富，对于研究人类文明的演进、展现世界文化的多样性具有独特的作用。由于这些为历史所创造的遗产无法再造，因而成为不可替代的珍品。

了解和认识人类文化的遗产，对学生了解和认识不同历史阶段的人类活动、发展和文化等具有非常重要的作用。可以说，这些文化遗产就是学习人类历史和文明史的现实教材。本模块通过展示人类历史上重要的文化遗产，引导学生在了解和研究过程中感受世界文化遗产的丰富性和多样性，激发学生对不同国家、不同地区、不同民族文化的兴趣，理解其内在意义，形成尊重不同文化成果的态度。这也是本条内容标准的价值追求。在展示人类历史上重大文化遗产的形式方面，《品德与社会标准课程》并不追求其类别的系统性和完整性，但其中"知识性"含量的内容一定是比较多的，同时"看"在了解和认识人类文化遗产中的作用是非常重要和突出的。因此，对于这一部分的知识目标，应该充分利用影视、图片、模型等直观手法，让学生通过实践性学习达成。（第3条）

④20世纪90年代以来，整个世界的政治、经济格局发生了巨大而深刻的变化，经济全球化的进程逐步加快。所谓经济全球化，通俗地讲，是指世界各国在生产、分配、流通、消费等领域内的经济联系比以往任何时候都更为广泛和密切；在资源开发、配置以及各类生产要素的流动和应用方面，国际的分工和协作达到高层次水平。国际资本跨国流动越来越大，各国经济相互交织、相互融合、相互依赖、相互渗透，使全球经济发展为一个不可分割、分解、分离的整体。当代经济全球化的趋势，是生产力发展、社会进步的必然产物，是人类文明的共同成果。全球化不仅在经济领域使商品和资金快速流动，也使科技日新月异，它使人们改善生活和增加财富的机会增多。经济全球化的效应是在全球范围内优化资源配置，无论是发达国家，还是发展中国家，无疑都能从中获益。对于发达国家来说，经济全球化使其有了发展空间，有利于其降低成本、提高竞争力；对于发展中国家来说，经济全球化可为它们的经济发展带来资金、技术、管理经验及人才，并创造就业机会。随着世界经济的发展，国际经济合作与交流日渐频繁与密切，且这种合作与交流早已经渗透到学生的生活中。我们的教学

小

学品德、生活与社会教师专业能力必修

Xiao Yue Pin De 、Sheng Huo Yu She Hui Jiao Shi Zhuan Ye Neng Li Bi Xiu

要立足于学生的实际生活，将每个国家、每个人都应该了解和认识的国际交流问题以一种通俗的、生活化的方式呈现出来，使学生了解经济全球化的含义和必然趋势。

从积极的角度分析，由于经济全球化是一个超越社会制度，超越意识形态，超越民族、宗教的国际合作运动，所以它促进了各国的交流与合作，符合"和平与发展"这一当代世界发展主题，非常有利于国际大家庭的和睦。由于国际合作的日益紧密，各国之间的相互影响、融合与渗透也越来越多、深、广，不同的国家"我中有你、你中有我"，促进了各国经济、政治、社会等领域以及体制、观念、生活、消费、行为等各方面的巨大变化。这些变化总的趋势是：国家之间差异越来越小，共同性越来越多，方式、方法越来越一致。因此，引导学生认识和体会经济全球化的积极作用是另一个重要目标。

全球经济一体化似乎距离小学生的生活十分遥远，学生很难理解。但实际上，这种发展态势已经在很大程度上影响着我国经济的发展，并深深影响着学生的生活。不管是城市还是乡村，从具体的生活用品（包括食物、服装、鞋帽等）流通开始，人们无时无刻不在感受着这种变化和由此带来的影响。因此，通过一些日常生活用品来引导学生体会和感受世界经济的发展是最好的方式。在这里，模块没有要求讲解经济原理或世界经济格局、我国的经济地位等，而提倡主要是通过日常生活中的具体事物加深学生的感受，进而使其理解我国改革开放对生活带来的深远影响。（第4条）

⑤科学技术是人类文明进步的阶梯和标志。在当今世界，科学技术为世界带来了一个又一个发展机遇，日新月异的科学技术深刻地改变了并将继续改变当代社会的生活和面貌，尤其是信息技术的发展，使信息资源成为与物质资源同等重要的资源，其重要作用正在与日俱增。高速、广泛传送的信息，使世界形成了一个没有边界的信息空间，使人们的生产和生活方式发生着深刻的变化。大量历史实践都充分证明，人类社会每前进一步，具有决定意义的因素就是科学技术。人类社会就是这样伴随着科学技术的不断进步，一步步从农业社会发展到工业社会，再发展到信息社会的。科学技术是第一生产力，是经济社会发展的重要推动力量。当今世界全球性科技革命蓬勃发展，高新技术成果向现实生产力的转化越来越快，特别是一些战略高新技术越来越成为经济社会发展的决定性力量。当今世界的经济竞争不仅取决于资金、管理制度、地理环境、社会人文背景，更倚重于科学技术，经济竞争的实质是科学技术的竞争。从世界经济发展趋势看，越来越多的国家和地区，把加速科技进步作为保持市场竞争力、提高国民收入、取得国际贸易优势、促进经济增长、增强综合国力和提高人民生活水平的重要措施。在体验科技对社会发展的重要作用过程中，本模块在这里强调科技发展所发挥的积极作用，明确科技推动社会发展、国家进步、国际交往与合作以及人们生活水平提高的作用。

科学技术是推动人类社会发展的革命力量，而科技革命对于社会发展的推动作用尤其显著。近代的科学技术革命，在使社会生产力迅速发展的同时，也带来了生产关系的根本性变革。当今时代，科学技术革命正在极大地改变着人类社会生活的全貌，了解人类发展的历史不了解科技发展的历史是不行的。因此，《品德与社会课程标准》在这里明确要求通过引导学生探究生活质量的提高和社会的进步，了解科技发展的历史和进程。

现在，人们已经清楚地意识到，科学技术已经深深影响了我们的日常生活，并在经济社会发展的过程中扮演着重要的角色。21世纪以来，科学技术，尤其是计算机网络技术、电子信息技术的飞速发展，使得手机、电脑这些昂贵的奢侈品步入寻常百姓家，成为我们生活的必需品。想象一下，如果没有手机，我们如何随心所欲地与亲人保持联系呢？如果没有网络，我们又如何与远在异国他乡的朋友谈天说地呢？如果没有高清晰的电视，我们又如何在家欣赏华丽的好莱坞电影呢？另外，科学技术在一定程度上也改变着我们的生活方式，改变着我们的文化，同时也给社会、生活带来了一定的负面影响。因此，在学习中，教师要通过事实帮助学生懂得"科学技术是一把双刃剑"的含义。

让学生认识科学技术的发展与人们生活、社会发展的关系，主要任务不是讲解科学技术本身或科技发展史，而必须围绕它和人们生活、文明进步的关系展开。

科学和迷信从来是对立的，对社会的作用截然相反。在人类历史上，凡是科学昌明的时代，社会就会加快发展；而在迷信盛行的时代，社会则陷入停滞和愚昧的黑暗。一个人对待科学和迷信的态度，决定了其在社会发展中的影响和作用。然而，自人类文明诞生以来，迷信就始终存在并影响着人们的思想和生活。中世纪及其以前，迷信流行并不为怪，奇怪的是在科学迅速发展的资本主义时代迷信依然存在，甚至一些著名的科学家也相信一些荒唐的东西。恩格斯在《自然辩证法》中就举过培根、牛顿、华莱士的例子。英国大科学家弗朗西斯·培根期盼人能"延年益寿，在某种程度上返老还童，改形换貌，易身变体，创造新种，腾云驾雾，呼风唤雨。他抱怨这种研究无人问津，他在他的自然史中开出了制造黄金和创造种种奇迹的煞有介事的丹方"。大科学家牛顿在晚年也颇热衷注释《约翰启示录》。功勋卓著的动物学家兼植物学家华莱士也迷恋于招魂术和降神术。在当代，即使科学如此发达，人们早就可以上太空入海底，甚至连人都能"克隆"，迷信却仍然时有流行。迷信在民间仍有极深的生长土壤，算命看相生意兴旺；有病不求医，以香灰、塘水治病的事也不少见。面对成功，人们并不把成功归于自己的努力拼搏，而是感叹运气好，一顺百顺；面对失败，人们不认真查找失败的原因，而是不断感叹运气差。更加荒唐的是，有些领导干部居然因为风水先生一句话就把好端端的新建楼房推倒重建。这些情况表明，在社会主义精神文明建设中，应该加强马克思主义世界观教育，宣传无神论，提倡科学，反对迷信。本条内容标准就是针对社会中仍然普遍存在的迷信活动和迷信思想，引导学生树立科学的世界观和价值观，避免迷信思想的侵蚀和迷信活动的蛊惑。

宗教是伴随着人类文化发展而产生和存在的。它有成文的教义、严密的组织、严格的宗教仪式以及宗教学校和各种教职人员。在我国，宗教信徒的正常宗教活动是受法律保护的。迷信不同于宗教，它不具有文化积累和一定的道德教化功能，尽管它也可能使用某些道德化的语言，但其目的不是道德教化而是宣传迷信。迷信的兴起和蔓延容易搅乱人心，不利于社会的安定，我们要帮助学生分清迷信与宗教，坚决反对封建迷信。

　　一些迷信活动以所谓振兴传统文化为旗帜，这当然是一种借口。《周易》是最古老的占卜书，但逐步演变为一部具有丰富辩证法的哲学著作。内容标准在这里倡导通过类似的事实和例证，使学生明确继承和发扬中国文化传统，就应该发扬唯物主义传统、无神论传统、理性主义传统。

　　科学以事实为依据，以规律为对象，它不相信那些未经证实的荒诞不经的东西。哥白尼以后，科学在对迷信的斗争中取得了伟大胜利，通过揭示宇宙中一个又一个秘密，逐步破除人们心中的迷信。教师应当注意在这方面对学生进行引导，针对一些迷信行为和看似玄幻的现象，从科学角度进行分析和解释，揭露迷信活动的真面目。（第5条）

　　⑥环境危机的表现形式主要为环境污染和生态破坏。所谓环境污染，是指因人为的活动向环境排入了超过环境自净能力的物质，导致环境发生危害人类生存和发展的事实。它通常包括大气污染、陆地水污染、海洋污染、噪音污染、固体废物污染、放射性污染、有毒化学品污染等。而所谓环境破坏，则是指人类不适当地开发利用环境，致使环境效能受到破坏或降低，从而危及人类的生存和发展的事实。它通常包括土地资源的破坏、森林资源的破坏、草原资源的破坏、水资源的破坏、矿产资源的破坏、物种资源的破坏、自然景观的破坏、风景名胜地和文化遗迹地的破坏等。针对全球共同关注的环境危机，《品德与社会课程标准》在这一条首先让学生明确当今世界所面临的环境问题有哪些，会造成怎样的影响和危害。

　　环境问题自19世纪中期就开始萌芽，随着人类活动范围的不断扩大和对环境破坏程度的加剧而越来越严重。当今的地球环境问题，已经成为全世界共同面临和关注的难题。一些科学家认为，当前人类生存的环境已达到地球支持生命能力的极限。环境问题表现为环境污染加剧，它既包括常见的由于各种有害化学物质排放造成的对大气、水体、土壤、植物的污染及其对人体造成的健康影响，也包括一些本身并非有毒，如二氧化碳等物质，但它们的存在会对全球气候及环境造成温室效应、臭氧层破坏等严重的全球性环境危机；还表现为可再生资源的破坏，它既包括生物类（森林、生物物种）和非生物类资源（土地、水）的破坏，也包括不可再生资源的过度使用，还包括各种化石燃料及矿物的耗损；还表现为其他一些人类尚未发现的环境危机。鉴于此，科学家特别强调，目前人类经济直接或间接使用的光合作用的初级净产量已达40%，这已是一个危险的水平。在由各种原因引起的全球土地退化面积中，目前人类农业用地中的土地退化面积（包括沙漠化、侵蚀和盐渍化）已达到35%。事实上，当前的环境危机，都从不同层次，通过不同途径，并互相促进着形成一股推进环境恶化的合力，把人类推向环境承载容量的边沿。当今天全球性的环境危机再次将人类推到生死存亡的关头，人类只有对造成环境危机的原因进行深刻的反思，方能探寻到解决环境危机的出路。体会环境危机的严重性、探究问题原因、寻找解决问题的方法是本条标准学习的重点目标。

针对环境问题设计此部分课程的主要目的是引导学生关注现状、思考原因，以积极的态度寻求解决问题的方法。一些涉及全球环境所面临的普遍问题应当让学生了解，如水资源短缺、荒漠化、臭氧层破坏、全球气候变暖等；除了课程标准中已提及的问题，如人口急剧增长、资源匮乏外，为拓展学生的视野，与此相关的其他一些问题，如人口老龄化、贫困、粮食问题、战争等，也可以根据实际情况适当纳入教学范围。通过对这些问题的研究，引导学生体会地球对生命的重要意义，形成危机意识，树立珍爱生命、热爱地球的情感；了解与大自然和谐相处，懂得"可持续发展"的意义，探究各种途径保护环境、拯救地球。（第6条）

⑦当今世界，除了经济全球一体化的趋势强化了各国之间的联系外，各国之间在其他如文化、体育、意识形态等方面的沟通和交流也越来越频繁，随之成立的国际组织也越来越多，如联合国、亚洲及太平洋经济社会委员会、联合国人口基金会、联合国环境规划署、联合国开发计划署、世界粮食计划署、联合国儿童基金会、世界卫生组织、世界贸易组织等名称经常出现在新闻、报纸当中，为学生所了解和熟悉。

一般来讲，国际组织可以分为两类，一类是政府间国际组织，一类是非政府间国际组织。不同的国际组织具有不同的作用，基本可以概括为：为成员国展开各种层次的对话与合作提供场所，管理全球化所带来的国际社会公共问题，在成员国之间分配经济发展的成果和收益，组织国际社会各领域的活动，调解国际政治和经济争端，维持国际和平。概述国际组织在当今世界的作用，可以引用前国际法院大法官拉克斯的一段话："不可否认，国际组织的建立导致国际舞台产生了前所未有的稳定。今天，各种国际组织在行使对所有成员国和整个人类都至关重要的职权。它们已经深深地融入成员国的有序运作之中，以至于这些成员国想要恢复某种行动自由而放弃国际合作成为几乎不可能的事了。"对于这些国际组织发挥的作用，本条标准引导学生对新闻报道中的国际时事进行分析和探讨，并根据现实生活中的经验和感受明确国际组织在当今世界发挥的重要作用。

针对我们国家参加的一些国际组织，可以结合我国参与的国际活动来了解。我国越来越多地参与体育、文化、医疗卫生、经济等国际事务，在解决国际冲突和争端、维护和平方面正发挥着越来越重要的作用。了解一些国际组织相关的基本常识，对于培养学生开放的国际意识，理解世界各国人民之间相互依存的关系是不可缺少的。（第7条）

⑧战争是一种特殊的社会历史现象，是人类社会集团之间为了一定的政治、经济

目的而进行的武装斗争。战争自出现以来就使人类带来了深重的灾难，给人民的生命和财产造成重大损失。20世纪是人类历史上战争最多的世纪，战争所造成的或者与战争有关的死亡总人数估计为1.87亿，约等于1913年世界人口的10%。从1914年开始，这个世纪战争几乎没有间断，其中某地没有发生有组织的武装冲突的时期很少，也很短暂。占据20世纪主导地位的是世界大战，即国家或国家联盟之间的战争。战争给人类带来的灾难太大，后遗症太难医治，所以《品德与社会课程标准》在本条内容中要求利用战争的历史教育学生了解和认识战争，学习从不同的角度分析战争问题，体会战争给人类带来的苦难。

自从人类出现以来，世界便从未停止过战争。到了21世纪的今天，世界性的战争虽然已经杜绝，但是许多国家内部的武装冲突、民族冲突等仍然让我们看不到一个安宁、和平的世界。随着科技的发展，军事武器也在不断升级，威力强大的核武器、令人不寒而栗的生物化学武器相继出现，现代战争对人类生命与健康的伤害以及对生态环境的破坏程度，将远远超过以往的常规战争。对于身处和平环境中的学生来讲，通过全面认识战争、了解战争的发展趋势，他们能够更加明确国家和睦相处的重要意义，体会和平生活的可贵，从而珍爱生命、热爱生活、维护和平。

战争是当今世界面临的共同问题之一。正是因为战争给人类带来如此大的灾难，和平才成为人们共同的渴望，所以我们要特别注重对这部分内容的学习。在此，内容标准主要强调的不是战争史，而重在展示战争给人类带来的苦难。虽然如此，要使学生从中体会和平的美好，热爱和平，在教材编制和教学中，应当适当引入一些战争狂人的材料，如德日法西斯发动第二次世界大战，想以战争称霸世界，最后落得个可耻的下场。还可以用近年来的几次战争作为实例加以说明。（第8条）

（3）课程教学应注意的问题

培养一个人不在于告诉他多少道理，教给他多少知识，而是要通过教师的教学活动和启发引导，帮助他形成一种基本的社会观念、思考问题的方式、解决问题的能力等。这种帮助就是我们通常所说的"授人以鱼不如授人以渔"。我们要通过教育使学生能够"举一反三""触类旁通"，能够在学会之后进行创新性的活动，使学习过程成为学生用"调查""讨论""判断""分析""交流""合作"等多种方式体验、感悟的过程。我们要尽量拉近知识和生活、历史与现实之间的距离，努力为学生创造生动的"社会情境"，在真实的情境中，让教育内容与学生的心灵产生感应，这是增强品德教育有效性的重要方式。在学习本模块内容时应把握住几个要点：

①教学要源于生活，又高于生活，要不断地丰富和深化学生的生活经验，从而促进学生的发展。本模块所呈现的内容是根据学科知识体系，结合学生的认知规律所设计的。但是即便这些内容十分适合学生的学习需求，也比不上学生正在生活着的、不断变化的世界更新鲜，所以教师一定要根据具体的内容要求，结合学生周围的具体情况，及时丰富和充实课程内容，并结合学生的社会生活实践丰富与深化学生的经验。

如在"体会战争的灾难"的过程中，增加新近发生的战争情况，让学生分析战争的起因、过程、结果、危害等，使学生在"现实"的感悟中进行更加有效的学习。

②作为一门综合学科，《品德与社会》课程所反映的社会生活是高尚的、先进的，它代表了广大人民今后生活的发展方向，起到指导生活的作用。如"了解一些人类的文化遗产，激发对世界历史文化的兴趣""尊重文化的多样性""认识科技要为人类造福，崇尚科学，反对迷信"等，尽管所牵扯的学科很多，包括历史、地理、科学、文学、艺术等，但教师没有必要分门别类地进行教学，而应采用多种教法综合的方式教学。至于较系统的分学科学习，则是到初中以后再进行。

③教师要利用本模块的内容，培养学生的世界（全球）意识。无论是在"环境""风俗"方面，还是在"文化""经济""发展"方面，教师都要通过引导使学生脱离"别的国家""其他地区"的思维限制，站在"我们"的立场上认识这些。建立了这样的意识，对于"体会""尊重和理解"等情感目标的实现都具有很重要的意义。同时，教师要注意启发学生体会交流与合作的重要性，并建立这样的发展意识，努力培养"世界公民"。

④针对这一部分中关于"初步了解一些人类的文化遗产，激发对世界历史文化的兴趣"等内容，由于有的需要一个实践和操作过程才能完成和实现，而有的则内容广泛，但标准又未规定出具体的"知识点"，所以在设计和实施教学的过程中，就应当根据课时总体安排和学生的可接受程度以及与初中年级学习内容的区别，进行妥善处理。

⑤教学应充分体现模块内容和目标的综合性，让学生在立体的、交互的社会情境中得到发展。《品德与社会》是一门综合性的课程，学生的现实生活是多线条的、立体的。让学生学到有用的生活常识，就必须多角度去呈现事物的本源。教学要注意用综合的教学方式和多样的学习方法，将知识与多元化的现实结合起来，并将复杂的社会生活因素用知识联系和衔接起来，使学生体会诸多社会要素的交互作用，在教学创设的"社会情境"中感悟生活，学会适应社会，掌握实际生活技能。本模块内容设计特别注重"联系"和"衔接"，目标相互交织，为有趣、精致、有益的学习奠定了基础。

⑥从全面发展的角度考虑，体现新的教育观。教师应该利用本模块的内容教育学生形成"生态观"，使学生通过人类与地球的关系体会"我离不开你，你也离不开我"的生存现状；同时可以利用近些年来国际日益频繁的交流与合作帮助学生形成"分享观"，强化"生态观"。

在教学过程中，教师要给予学生这样的一种思维导向：在分清是非标准的基础上，允许有不同的选择。这样就可以帮助学生建立一种"多元观"，从而培养学生的创造性思维，让学生体会理解与尊重，学会全面分析事物、全面地看待别人。

专题二　品德学科教科书的编写及使用

作为课程的基本载体，教科书是教师教学的依据，也是学生学习的依据。教科书作为课程重要形态之一，是引导学生认知发展、生活学习、人格建构的范例，是引起学生认知、分析、理解事物并对之进行反思、批判和建构的中介，不是学生必须完全接受的对象和内容。

新课标要求教科书实现"激活"的功能，要成为一种"活性因子"，要能提高、增强学生自我发展、自我完善、自我建构的机能——"造血机能"。斯普朗格曾说过，"教育的目的并非传授或接纳已有的东西，而是从人的生命深处唤醒他沉睡的自我意识，将人的生命感、创造力、价值感唤醒"。

教科书要被理解为学生进行学习活动（包括探究知识，探讨道德是非、善恶）所凭借的话题、范例，是学生学习（获得）人类文化的一根拐杖。学习教科书中的知识和信息不是教学唯一的、最终的目的，只是实现调动学生的学习兴趣并促使学生进行自我建构的一个手段。学生凭借教科书所呈现的话题、范例来组织自己的思想和知识，学习人类的文化成果。这里所说的是"凭借"，而不是"重复"，也就是说教科书的功能并不是要让学生在头脑中去"复制"教科书所呈现的一切，而是"凭借"它激活自己的思考，作出自己的结论，转化为自己的心智结构。①

一、以学生生活为基础的教科书的编写

（一）教科书呈现的基本模式

教科书的呈现主要有目标模式和情境模式。大致说来，对于以情感体验类为主的学习内容和学习要求，教科书旨在让学生通过情境认知、情境体验来获得某种思想意识、观念，或者增进社会性情感，即通过具体的生活情境、问题情境来体现学习目标和学习内容，有时甚至可以仅仅设置一种学习的活动情境或故事情境，具体的学习目标和学习内容由教师根据本地、本校、本班的实际去进一步确立或拓展。对于以知识、技能类为主的学习内容和学习要求，教科书旨在让学生获得社会生活知识，掌握社会生活的技能、技巧。对于意识、观念类的学习内容和学习要求，教科书旨在让学生确立某种具体的社会生活意识或观念，采用目标模式加以呈现，即围绕学习目标对学习内容的要求展开。一些学习单元或学习主题的展开，还可以是目标模式、情境模式等

---

① 鲁洁．"品德与生活""品德与社会"标准解读［J］．人民教育，2003，（S）．

的综合运用。

《品德与生活》《品德与社会》课程在教科书及单元的整体构想上，除了体现学习空间上的生活主线以外，还在整体意识指导下，按照学生的年龄特点和认知水平，由浅入深，螺旋上升，形成具有学习坡度的"大教科书"。具体来说，教科书一是注意各个阶段相近学习目标和学习内容的内在关联性和层层递进性；二是按照学习内容的逻辑关系，把握单元内部各学习主题之间的内在联系，步步推进，层层深入，形成具有整体性的教科书；三是根据单元学习内容的特点，采用完整的故事情节，在形式和内容上把一个单元变成一个学习整体。

（二）教科书的编写

1. 题材与体裁

《品德与生活》《品德与社会》教科书应以学生社会生活中具有普遍性、典型性的现象、事件、问题为主要素材，尽可能做到典型化、生活化，具有时代气息，并注重统一要求和地方特色的有机整合，为学校、教师参与课程开发留有余地；同时，也可以适当征引一些古今中外名人的故事、格言以及各种有据可查的文献材料。此外，根据教科书呈现的需要，也可以采用小学生喜闻乐见和乐于接受的儿歌、诗歌、童话、戏剧等形式。

2. 活动形式

《品德与生活》《品德与社会》教科书活动的设计一是根据学习目标设计多种性质的活动，如情感体验式活动、实践性活动、合作学习式活动、探究式活动等，以此来展示具体的学习内容和素材，让学生通过教科书直接习得社会生活的一些基本知识、技能，初步确立一些基本的社会生活观念（包括道德观念），形成相应的社会态度、情感。一般来说，低年级以生动活泼的肢体活动为主，中年级更多的是采用基于具体社会情境的自主或合作式学习活动，高年级则是开始注意基于理性思维的创造性学习活动。二是遵循由易到难、由简到繁的原则，以具体的学习方式，包括讨论、演讲、资料搜集、调查、参观、访问、观察、角色扮演、游戏、表演、竞赛、展览、实验、制作等来体现学习要求，拓展学习内容的范围和学习空间，把学校、家庭、社会以及学生、教师、家长、社会人士紧密联系在一起，激发学生的学习兴趣，提高学生的能力。

3. 道德语言

无论按照何种模式呈现教科书，对于突出道德观、价值观的教科书来说，必须改变直接或间接呈现道德知识和道德结论（规范性语言、评价性语言）的传统做法，更多地以问题或情境来呈现道德（价值），相对突出道德价值的内隐性和道德语言使用的"价值中立性"（陈述性语言、解释性语言），使道德在真实的社会生活中呈现出来并成为"真实的"道德，以便在教学中加以体验、感受、辨析和引导，并让受教育者获得真正的自我道德体验。对于旨在拓展学生社会生活知识，使学生养成良好的生活态度和习惯、形成正确的生活观念的教科书，则可以适当地运用规范性语言、评价性语言将学习内容和学习要求具体化、明晰化，增强教科书的示范性、指导性。

此外，在图片的运用、插图形象的刻画、图文比例、版式设计等方面，教科书的编写者还必须全面考虑，并尽可能体现情境性、趣味性和艺术性，从而使得新式教科书真正朝学生化、生活化、趣味化乃至个别化的方向发展。

二、《品德与生活》《品德与社会》教科书的使用

（一）明确教科书的功能

（1）教科书是和学生对话的文本。教科书和师生的关系是一种意义关系，也是一种对话关系。教科书文本中所提出的问题，是教科书中的学生和教室中的学生一起要面对和思考的问题。教室中的学生在分享教科书中学生的感受和体验的同时，也激活了自己的思维，丰富了自己的认识。教室中的学生就是在这个过程中完成了对自己生活经验的反思和提升。

（2）教科书是引导学生思考和进行教学活动的范例，是教学活动中师生互动的中介和桥梁。教科书是范例，就意味着我们不能简单地照搬和复制教科书，特别是体验性活动，它具有很强的具体性、生活性和本土性。因此，这就意味着我们不是"教教科书"，也不是简单地"备教科书"，而是回归到生活中，回到学生的生活中。解读教科书时，教师要以学生这个主体为着眼点，关注学生的生活体验。教科书不是"死"的，它是活生生的，并不断与学生交往互动的。在这个过程中，学生获益并不断提升认识、丰富经验，同时教科书也在不断建构与丰富。

（3）教科书是开放的学习资源。教科书中设置的弹性空间，意味着我们的教师和学生需要参与教科书的意义建构。这也是我们尊重每个学生独特的情感和生活体验、关注学生的思考和创造能力的表现。教科书对于学生来说，是开放的和生成的。教科书不再仅是用过的旧物品，而是凝聚着学生自己的思考和情感并体现着学生创造力的"作品集"。

教科书作为连接师生活动的媒介，在教学活动中起着重要的作用。教科书既是教师引导学生活动的工具，也是学生开展活动时可利用的重要资源。正是由于教科书的这种工具性、资源性，教师在教学中必须创造性地使用教科书，根据本地情况、学生实际、自身特点，对教科书的内容和顺序进行调整。

（二）正确认识教师与教科书的关系

教科书是教师用以教学的工具，这一工具跟工人、农民使用的工具不尽相同。工人也使用工具，但工人在使用工具时，不一定跟工具中所包含的智能同构。工人开动机器，但不一定要掌握机器中所包含的科学原理乃至技术原理，就如同我们玩电脑，只要记住按那几个键就能完成我们所要完成的任务一样。电脑的平台设计得越来越"傻瓜"，我们这些人也变得更"傻瓜"。

教师则不然，教师的智能要在一定程度跟教科书同构。教师要理解教科书，只有

将教科书同化为自己的智能、智慧结构，才能使用这个工具。教科书要能成为一种活性因素，首先要在教师的生命体中"活"起来，成为教师生命体中的一个组成部分，否则教师只能是机械地讲教科书、"背"教科书。

教师不仅要理解教科书所阐述的道理、所讲述的知识，而且还要和教科书的内容产生一定的价值观的认同和情感的共鸣。教科书要成为教师智慧的一部分。

教师与教科书又必须是异构的，不存在这种异构，教科书也就不可能成为促进学生发展的"活性因子"和有效的教学工具。具体表现在：

（1）教科书的普遍性和具体教学对象的特殊性。教科书作为一种普遍使用的文本，虽然其中融入了学生的经验，但就每一本教科书所包含的内容、提出的话题绝不可能涵盖我们所面对每一班级每一个学生的生活经验。教师所面对的只可能是各具特色的具体班级、具体学生。为此，在教师的心智结构中必须要有对教学对象的实际了解，这也是我们上面所说的要变"备教科书"为"备学生"，要做到教科书与学生的融合。

（2）教科书的相对固定性和教学的生成性。教科书这一文本一旦产生，就成为一种固定化的文本，它不可能随教学情境的变化而"自我生长"，而教学却是不断生成的。在课程生活中，师生互动，生生互动，课堂在活的生命体的相互碰撞中不断生成新的教学资源、新的教学内容、新的教学程序，乃至新的教学目标。

教师要具有与教科书不同的异构心智，才可能真正驾驭课程和教学，在具体的教学情境中不断开发出与教科书不同的教学目标、教学内容与教学资源，获得教科书规定以外的教学效果。

（三）科学理解，创造性地使用教科书

教师要认真研究和解读教科书。教师只有认真研究教科书，看懂教科书，准确把握教科书，才能正确使用教科书；才能凭借教科书的提示、思路，联系本地区的实际，开发课程资源，拓展教学空间，捕捉教育契机；才能根据教科书提示创造性地确定教学目标，选择教学内容，设计教学活动。

新课程要求教师树立一种新的教科书观，摒弃那种"教教科书"的课程观念。教科书不是不可更改的静态的文本，不是师生课程生活的一根指挥棒，不是指令性课程范式下的产物，它本身就包含了多元性和差异性的教学空间。教师要由教科书的忠实宣讲者转变为教科书使用中的决策者，确立起自己为课程教科书的创造者和实施主体的意识，摆正教科书作为工具的地位，学会"用教科书教"，能够在具体教学情境中，根据不同的教学对象对教科书进行修正、开发和创造。

小

学品德、生活与社会教师专业能力必修

Xiao Xue Pin De、Sheng Huo Yu She Hui Jiao Shi Zhuan Ye Neng Li Bi Xiu

专题三　品德学科课程的教学

作为一门综合学科，《品德与生活》《品德与社会》呈现了小学多门学科所承载的价值，但绝不是这些学科内容、性质、功能的简单叠加。它以儿童的发展为本，从儿童的实际需要出发，营造了一种符合小学阶段儿童身心健康发展的课程形态，它最终将有助于促进书本知识与学生生活阅历的统整、科学智慧与人文精神的统整。

一、《品德与生活》《品德与社会》的教学特征

（一）在活动中体验生活、感悟道德

《品德与生活》《品德与社会》课程定位侧重于学生的发展，立足于学生在活动中获得经验和形成体验的过程。让课程回归学生的生活，使课程变得对学生有意义，这是它最重要的理念之一。因此，《品德与生活》《品德与社会》课程的教学应着眼于学生现实生活的整体性，从学生的生活出发，使知识、规范和技能重新融入学生生活，将其有机地整合为学习主题；力图使学生感受到学习的"个人意义"，通过他们亲身参与的各种主题活动、游戏和其他实践活动，努力开辟一条通向生活的渠道，使他们在与生活的内在联系中获得整体发展。

学生良好的品德不是一蹴而就地形成的，也不是靠单纯的说教就能形成的，而是需要在生活中不断积累并逐步养成的。别人说上千万遍，也抵不上自己亲自做一遍，学生从体验中获得的情感是最朴素、最真诚、最难忘的。体验教育正是组织和引导少年学生在亲身的实践中，把做人、做事的基本道理（即凝固和静态的知识经验）内化为美好的情感，并转化为良好的行为习惯的过程。

教育家皮亚杰说："学生的认识全来源于活动。"活动是学生学习的初始。只有在活动中观察，在活动中认知，在活动中感悟，才能提高学习者的道德素养。体验是最真实、最感性的一种内心感受，活动能让学生获得道德情感的体验。在情感体验的基础上，学生能内化道德认识，培养道德感想，引发道德行为，使知、情、意、行在品德形成过程中成为和谐的整体，实现全面发展。而《品德与生活课程标准》《品德与社会课程标准》对课程教学最显著的要求，就是活动性课程教学从教师的角色和任务、课堂教学的形式、课程评价方式的转变等各个方面都充分体现了课程的活动性。教师的主要作用是指导学生的活动，而非单纯地讲解教科书；学生更多地是通过实际参与活动、动脑动手，并产生道德情感，促进各方面能力的发展和生成。课堂回归生活，让学生在真实的主体实践活动中体验与创造，是德育综合课程课堂教学的一大特点。

（二）在情境中探究问题、体验道德

教育教学的艺术和技巧就在于发挥每个学生的力量和可能性，使他们体会在脑力劳动中取得成功的喜悦。《品德与生活》《品德与社会》中的品德教育以学生生活的经验为坚实依托，利用蕴藏于学生生活中的社会性、道德性事件和问题，通过与学生有限的认识和行动能力相匹配的、他们迫切想做的、有意义的活动，把爱国主义教育、社会主义教育、集体主义教育渗透其中，用正确的价值观引导学生生活。其中展开的学习过程，是适合学生的道德学习特点、思维水平的，是可感可触的，所以教师创设各种可接受的教学情境，并置他们于各种教学情境之中，同时激发他们探究的兴趣，促使他们在各种有意义的学习中，体验和感悟生活。

教师有目的地创设某种教学情境，让学生在这些仿真性游戏活动中，获得某些身临其境的体验、经验、知识等，寓教育于情境教学中。这已成为德育综合课程课堂教学中教师首选的教学手段。

（三）在探究中获得真知、促进发展

教育最根本的策略就是为学生提供一些真实的生活背景，让他们到这些背景中去活动、去探究、去体验，逐渐形成正确的道德认识和良好的行为模式，让他们在"亲近自然""融入社会"和"认识自我"的体验中获得道德的发展。德育综合课程的一个重要任务就是使学生形成问题意识，培养学生认识和研究生活的能力。教科书中融入了大量的生活调查、观察、实践等活动，给孩子提供了主动探索的机会和发展自我的空间。通过教师的引导，学生主动参与、独立思考、合作交流、动手操作、自主领悟，去感受、去体验、去发展，从而培养了动手能力、提高了生活能力、开发了创新能力。教学时空已不可能仅仅局限于学校和课堂，应尽可能向家庭、社会延伸，以便使学生有足够的时间去合作地探究问题。同时，新教科书也为教师提供了问题解决法、角色扮演法、探究性学习法等方法，采用这些方法引导学生进行自我体验、自我感悟和自我发展，给学生留下了广阔的空间，让每一位学生在自主探究中获得真知，促进自我发展。这已成为德育综合课堂教学中一大特点。

二、《品德与生活》《品德与社会》教学需要关注的问题

（一）全面、准确把握课程目标

在《品德与生活》《品德与社会》教学中，教师要全面、准确地把握课程目标。课程"以学生生活为基础"的理念是由课程性质决定的。学生的情感体验是在生活中获得的，生活态度是在生活中形成的，能力是在生活中不断提高的。而学生生活的世界是综合的，他们的生活本身也是综合的，所以无论是《品德与生活》课程关于"情感与态度""行为与习惯""知识与技能""过程与方法"四个方面的要求，还是《品德与社会》课程关于"情感·态度·价值观""能力与方法""知识"三方面的目标要求，都必然共同存在于学生的实际生活中，是同时影响并共同作用于学生发展的。所谓全

面准确地把握课程目标，就是要求教师在教学中自觉改变传统教学只注重知识目标的倾向，通过贴近学生生活的、丰富多彩的教学活动全面地达成课程目标。

在教学中，我们还需要通过精心设计每一个单元、每一节课的教学目标，以具体的教学活动保障课程的分目标的实现，从而最终达成总目标。在教学中，教学目标的设计应遵循以下原则：

（1）综合性原则。即任何一节课的教学无论其具体形式和内容如何，它都应该体现课程的总目标，都应该对学生情感态度与价值观、能力与方法、知识目标提出明确的要求，视具体的学习内容有所侧重。

（2）适当性原则。所谓适当性是指对学生学习目标和达到度的设定应当与本校、本班学生的实际能力、发展水平相适应，既不可以盲目拔高，使学生感到目标可望而不可即，又不能将目标定得过低，使学生失去学习兴趣。适当的、有一定挑战性的目标，有利于调动学生的学习积极性，有利于提高教学效率。

（3）多样性原则。由于学生之间在学习兴趣、学习能力和个性特征上存在差异，教师在进行教学目标设计时，除了对全体学生提出共同要求外，应尽可能兼顾学生个体的不同需要，对其提出的学习目标可以有所不同，以激励所有学生积极主动地参与学习，缓解他们的学习压力，使他们树立对学习的信心。

（二）从学生已有的生活经验出发

每个儿童都在其成长过程中自然地形成了与他们的年龄基本适应的知识、能力和态度。《品德与生活》《品德与社会》课程的教学需要从学生的发展基础上建构，然后继续予以教育和引导。因此，不要把教学内容当成学生完全不懂的东西来讲解或灌输，应该从学生的生活积累出发，善于调动和利用学生已有的生活经验，使之与课程具体内容建立起联系。学生面对学习主题的时候，感到他们所学习的内容正是在生活中普遍存在的现象和问题，才会对学习内容产生浓厚的兴趣，才能生成进一步去探究生活的热情和愿望，树立发现生活、感受生活的意识。

教师在教学过程中应尽量立足于让学生用自己的感官去做最真切的尝试，从中获得对生活的真实体验。要让学生在生活中体验，在体验中探究；在鲜活的社会情景中、丰富而有意义的社会实践中培养学生对生活的关心。教学前，教师要围绕学习主题向学生布置学习任务，学生可就相关问题采用观察、调查、访问、搜集等学习方式获得对生活的初步认识，带着对生活的初步感受和自己研究的初步成果满怀信心地走进课堂。在教师设置的教学情境中，学生通过与同学、老师之间的热烈的讨论、交流和共同的问题探究，提高自己对社会生活的认识，获得愉快的学习体验。当他们发现，原来在自己平凡的生活中还有这么多的学问，而且这种发现是用自己的眼睛观察到的，是用自己的心灵感受到的，是用自己喜欢的方式研究到的，这种满足和快乐会促进他们产生进一步探寻新生活的愿望，促使他们带着这种对生活的热情努力去发现生活，主动去感受各种丰富的生活内容。

（三）构建互动的师生关系和教学关系

现代教学观认为，教学是教与学的交往、互动，师生双方在教学中相互交流、相互沟通、相互理解、相互启发、相互补充。在这个过程中，教师与学生分享彼此的思考、见解和知识，交流彼此的情感，求得新的发现，从而达到共识、共享、共进的目标，实现教学相长和共同发展。在这一条件下，教科书传授间接经验的比例相对减少，通过师生互动产生的直接体验和获得的知识量加大。教学成为师生的双边活动，教与学是互动的、不可分割的过程。

师生互动关系的建立使教师角色产生一种根本转变。教师在教学过程中对学生的学习起组织、帮助、鼓励、引导、促进、服务的作用。教师的任务是帮助学生确定适当的学习目标，确认达到目标的最佳教学途径，指导学生形成良好的学习习惯，注重培养学生的自律能力，构建民主宽松的学习环境，给学生以心理上的支持。在此，教师要参与活动，与学生分享经验并获得情感体验。另外，教师在教学过程中要学会倾听、沟通、尊重，学会向学生学习。[①]

（四）随时充实教学内容

社会是不断发展变化的，与之相适应的道德标准、价值观念也在不断发生着变化。《品德与生活》《品德与社会》课程的教学内容注重与学生生活的联系，注重与其他学科的联系，注重与一切课外活动的联系，同时也注重与社会发展变化的联系。因此，品德学科课程的教学内容就不应该是静态的，应该随时与这些因素相联系，根据这些因素的变化而不断调整。教学更应该关注社会的发展和变化，重视教学与本地区的实际相结合。这样才能够增强课程内容的现实性，增强学生对课程的亲近感。也只有当学生感觉到所面对的课程原来就是他们所熟悉的生活，他们才会产生浓厚的兴趣，才会产生积极参与的热情。教师应当有足够的职业敏感性，及时地将国家建设和发展过程中的进步和成就组织到教学中来，使课程紧跟时代前进的步伐。

（五）不断拓展教学空间

课程标准要求教师应注意引导学生从自己的世界出发，用多种感官去观察、体验、感悟社会，获得对世界的真实感受；引导学生在活动中探究，在探究中发现和解决问题；同时，鼓励学生的各种尝试和有创造性的思考，引导学生得出有价值的观点和结论。教师要积极开发和利用地方和所在学校的各种课程资源，满足学生不同学习方式的需要。同时，《品德与生活》《品德与社会》又是一门综合性课程，因而教师在教学活动中，就要"综合运用课程目标、综合运用教学手段、综合运用学习方法、综合运用课程资源"，创造各种条件让学生积极参与社会实践，体验社会生活，在理解和感悟中受到教育，获得经验，逐步提高生活能力。

由于课程本身源于学生的生活实际，所以课程的教学空间就不应该只局限在课堂

---

① 陶元红．品德与社会课教学的实施探讨［J］．课程·教材·教法，2003，（9）．

上。教师要从多方面加强教学与学生生活的联系，要尽可能地创设条件，让学生以各种恰当的方式与生活广泛地接触。《品德与生活》《品德与社会》课堂必须是开放的，在课堂上，学生能将他们的视野投射到各个生活空间，将他们思维的触角伸展到人类活动的所有领域。为此，教师应该积极地开发和利用本地和本校的各种课程资源，以满足学生不同学习方式的需要，以期使学习更贴近学生的生活。教师还要积极创造条件，使学生能够更多地参与社会实践，从更多的体验、理解、感悟中得到教益，提高社会生活能力。

三、《品德与生活》《品德与社会》教学观念的转变

《品德与生活》《品德与社会》课程基于"道德存在于人的整个生活中"的理念，把品德教育寓于生活教育和社会常识教育之中，或者说，让品德教育回归生活。我们的品德教育和社会生活常识教育在新课程中不搞"两张皮"，而是要融为一体。人的生活、社会的生活，也是充满道德关系和道德问题的生活。教育学生热爱生活、学会生活，帮助他们认识社会的过程，也就是启发学生道德自觉的过程。从这个意义上说，新课程中的品德教育是生活化的品德教育，是淡化了教育痕迹的品德教育，它要避免的是纯学科化的德育和那种生硬的说教。新课程的品德教育重视教育过程中学生的体验和感悟，追求"使学生受到教育并避免学生感觉有人在教育他"这样一种"润物无声"的意境。[①] 因此，我们要实现教学观念的转变，加强《品德与生活》《品德与社会》课程教学的时效性。

（一）提高四个意识

（1）目标意识。即加强活动的目的性。教科书的每一项活动，确定活动主题、选择活动内容乃至整个活动过程，都要有明确的目标，而不是为活动而活动。作为综合性课程，每项活动的目标也是多重的，有的是显性目标，有的是隐性目标。教师在完成显性目标的同时，要特别注意完成蕴涵在活动中的隐性目标。

（2）主体意识。学生是学习的主体，教师要精心创设教学情境，激发学生学习动机，培养学生的学习兴趣，使他们能够全身心地投入到学习中，以达到学生自主学习、自我建构的目标，改变学生围着教师转的局面。

（3）情感意识。以教师的真情实感调动学生的情感，注意通过学习活动挖掘学生对生活的感受，丰富学生的情感，帮助学生形成对人、对事的正确态度。

（4）诊断意识。即注意对学生课上生成性问题的指导以及学生对学习的反馈。

（二）做到四个尊重

（1）尊重学生的生活体验。学生对生活有自己的体验，与成人不完全相同。因此，教育者要理解和认识学生本身的体验、感受在他们认识生活、学习做人、学习做事过

---

① 刘建效. 关于《品德与生活》《品德与社会》课程实施的思考 ［J］. 人民教育，2003，（19）.

程中的重要意义，给学生体验的时间和机会，让他们在充分体验的基础上得出对生活的看法，避免用成人的体验代替学生自己的体验。

（2）尊重学生的选择。学生有自己的兴趣和选择，教师应帮助学生确定适当的学习目标，并讨论达到目标的最佳学习途径；同时要给学生一个更宽松、更开放的学习空间，让学生能够畅所欲言，真实地表达自己的情感，营造接纳的、支持性的、宽容的课堂学习氛围，使他们在选择中提高认识。

（3）尊重学生的人格。学生作为独立的个体，具有自己的人格尊严。过去我们不太注意保护学生的人格尊严，在教学活动中有意无意地伤害了学生的自尊心。这点请教师们注意。

（4）尊重学生的个性。不同的学生有不同的特点，教师应尊重学生的个性差异；同时教师要转变观念，由统一教育向差异性教育转变，关注每一个学生，用不同的尺度衡量不同的学生，多发现每个学生身上的闪光点，使每个学生都能得到发展。

（三）实现四个转变

（1）由过去的灌输向积极的引导转变。过去我们考虑比较多的是教什么、给学生什么，重在讲道理；在备课和教学过程中考虑最多的是怎样把要教的东西给学生讲清楚。现在应从重在"讲"变为重在"引"，所以教师要研究学生的需求，调动学生自主学习的积极性，在学生的学习过程中给予积极的引导。

（2）由问题的主考官向积极的启发者转变。过去教师在引导学生研讨问题时，更多的是充当主考官的角色，即"我问你答"；现在我们更多强调启发学生自己去发现问题、提出问题，在老师的引导下自己找出问题的答案和解决问题的方法。

（3）由课堂的主宰者向学生的合作伙伴转变。教师作为学习的参与者，要能与学生分享自己的感情和想法，对于自己的过失和错误不加掩饰，与学生一起探讨、解决各种问题。

（4）由道德行为的评判者向辅导者转变。一个事物、一种道德行为，不应由教师来评价对与错，而是由学生通过比较、研讨，自己来判断。教师要树立服务意识，为学生提供学习服务，指导学生形成良好的学习习惯、生活习惯和道德行为习惯。

（四）体现四个互动

（1）师生信息互动。教学过程是师生间、学生间信息交流和相互沟通的过程。这种交流不是单向的，即仅仅是教师对学生的传授，而是相互或者多向的。教学过程应是大家各抒己见、共同研讨、相互启发的过程。当然，在这里，教师的引导作用十分重要。教师要善于通过生动而准确的语言，用自己的眼神、手势和表情向学生传递信息；同时，教师还要善于发现和捕捉学生在研讨中的闪光点和生成的问题，并给予积极的引导。

（2）教科书内容与学生生活现实互动。教科书是范例，教师要研究教科书，思考可以从哪些方面对学生进行启发，利用教科书中的典型事例来进行研讨。但同时，教师又不能拘泥于教科书，要善于开发教科书以外的和来自家长、学生、社会方方面面的资源。只有充分开发教育资源，课堂教学才更有现实感，更贴近学生生活。

（3）学习活动与实践活动互动。培养学生重在养成教育，任何一个良好习惯的养成，都离不开反复的实践，所以我们要注意对学生实践活动的指导，要通过实践活动强化和巩固所学的内容。

（4）学生个体的独立学习与学生间合作学习互动。要发挥每个学生的积极性和创造性，培养学生独立学习、独立完成一项任务的能力，让每一个学生在学习中都有成就感；同时又要培养学生的合作意识和合作能力，在学习中发挥群体的智慧。①

---

① 陈少娟．人教版《义务教育课程标准实验教科书·品德与生活》一年级上册介绍（上）［J］．中小学教材教学，2003，（25）．

下　篇

技 能 修 炼

　　"技能修炼"篇旨在帮助小学品德学科教师解决教学中的具体问题,在教学目标、活动组织、课程资源、教学评价等方面给出了指导性的建议。

专题一　教学目标的确定与教学设计能力

在现代教学论的视野中，教育目标已不再局限于单纯的知识传递，而是更加注重教学过程中学生对学习方法、行为方式的感受和领悟，所以教学目标的选择与确定应尽可能地具体化、明确化，以便及时对教学作出反馈和评价。再者，新课程改革提出了新的课程目标，并要把课程目标以理想的方式展开，将其转化为师生日常教和学的行为，所以教学目标确定与教学设计的能力对于教师来说显得尤为重要。

一、课程目标的分解与具体化

《品德与生活》《品德与社会》课程的目标是与其教学目标相统一的。如《品德与生活》课程的总目标是"培养具有良好品德和行为习惯、乐于探究、热爱生活的儿童"。总目标的定位是培养"儿童"，课程是以"儿童"为本的课程。我们这样理解这一目标：教学的一切要从尊重儿童、精心呵护儿童的道德生命出发，培养学生的良好品德和行为习惯，培养学生热爱生活、乐于探究的性格。课程的分目标包括"情感与态度""行为与习惯""知识与技能""过程与方法"四个方面的内容。由此我们可以看出，目标是多维度的，不仅仅有知识目标、技能目标，还有情感与态度、行为与习惯目标。这完全摒弃了传统学科课程只关注系统、完整的科学知识学习的单一目标的做法。在几个分目标中，对于儿童而言，对于《品德与生活》课程本身而言，更重要的是情感态度与价值观，因为情感态度是基础，它决定其他目标达成的质量。当然，《品德与生活》是一门活动型综合课程，课程是综合的、活动的，儿童是整体投入的，目标的达成也必然是多维的。

《品德与生活》课程目标的分目标为：

（1）情感与态度

爱亲敬长，爱集体、爱家乡、爱祖国。

珍爱生命，热爱自然。

自信向上，诚实勇敢，有责任心。

喜欢动手动脑，乐于想象与创造。

（2）行为与习惯

初步养成良好的生活、卫生习惯。

养成基本的文明行为习惯。

乐于参加劳动和有意义的活动。

保护环境，爱惜资源。

（3）知识与技能

掌握自身生活必需的基本知识和基本技能。

具有与同伴友好交往、合作的基本方法和技能。

具有初步的探究能力。

初步了解生活中的自然、社会常识。

初步了解有关祖国的知识。

（4）过程与方法

体验提出问题、探究或解决生活中的问题的过程。

初步体验与社区和社会生活相互联系的学习过程。

学习几种简单的调查研究方法并尝试应用。

从总体目标以及分目标来看，《品德与生活》课程综合地关注到了"健康、安全地生活""愉快、积极地生活""负责任、有爱心地生活"以及"动手动脑、有创意地生活"四个层次。这四个层次的目标进一步分解为《品德与生活》的内容标准，这也就是本学科教科书建设以及教学资源开发的基本依据。

二、根据学生身心发展的规律设定教学目标

低年级学生的身心发展具有其独特的性质和规律。其认知领域，处于"具体运算阶段"的前期，具有多维思维、思维的可逆性、去自我中心等特征，并具有初步的具体逻辑推理的能力。低年级学生这些因素的初级性，要求《品德与生活》课程在认知领域内应当更多地关注直观、实践、体验。而对于学生的人格发展来说，小学低年级阶段正处于"勤奋感与自卑感"的生成时期。学生进入学校之后，接受了社会赋予他们并期望他们完成的任务，他们追求任务完成时所获得的成就感和由此成就带来的师长的认可与赞许，他们的成就感和自卑感是通过获得的评价形成的，这就要求课程应当为学生提供足够的、可以获得成就感的素材和机会。

因此，《品德与生活课程标准》基本上是遵循了低年级学生的身心发展特点来设计的，其设计思路为：

品德与生活课程以儿童的生活为基础，用三条主线和四个方面构成课程的基本框架。

三条主线是：

儿童与自我

儿童与社会

儿童与自然

四个方面是：

健康、安全地生活

愉快、积极地生活

负责任、有爱心地生活

动手动脑、有创意地生活

三条主线和四个方面交织构成儿童生活的基本层面。

健康、安全地生活是儿童生活的前提和基础，它旨在使儿童从小知道珍爱生命，养成良好的生活习惯，获得基本的健康意识和生活能力，初步了解环境与人的生存的关系，为其一生身心健康地发展打下基础。

愉快、积极地生活是儿童生活的主调，它旨在使儿童获得对社会、对生活的积极体验，初步懂得和谐的集体生活的重要性，发展主体意识，形成开朗、进取的个性品质，为其形成乐观向上的生活态度打下基础。

负责任、有爱心地生活是儿童自身的道德需求，也是社会的要求。它旨在使儿童形成对集体和社会生活的正确态度，学会关心，学会爱，学会负责任，养成良好的品德和行为习惯，为其成为爱祖国、爱人民、爱劳动、爱科学、爱社会主义的公民打下基础。

动手动脑、有创意地生活是儿童个性发展的内在需要，也是时代提出的要求。它旨在引导儿童学会学习，发展认识能力、动手能力和创造性，利用自己的知识和聪明才智去探究或解决问题，让生活更丰富更美好，并在此过程中充分地展现并提升自己的智慧，享受创造带来的欢乐。

对于适用于小学中高年级学生的课程，《品德与社会》也结合不同阶段的学生的年龄特征和能力水平，设置了不同内容和目标要求。

不同学习阶段的生活内容及学习侧重点

生活领域	生活内容	学习侧重点	
		中年级	高年级
个人生活	健康生活	日常生活习惯、身体健康	心理健康、闲暇生活
	兴趣、爱好	个人特长	
	自我认识	自我认识	自我认同、自我接纳
	生命与人生	安全与自我保护	热爱生活、珍惜生命
家庭生活	家庭人际交往	怎样对待亲友、邻里	家庭矛盾及其处理
	家务与理财	自我服务、家务劳动、消费与理财	
	家庭幸福	家庭环境、家庭关系、家庭生活方式	个人幸福与家庭幸福

生活领域	生活内容	学习侧重点	
		中年级	高年级
学校生活	集体生活	班级和学校环境、集体规则	公共意识、民主意识、自主和自治
	学习生活	学习习惯、学习态度	自主学习
	学校人际交往	同学关系、师生关系、交友、体谅、合作	两性关系、人际理解与沟通
公民生活	社会人际交往	公共礼仪、礼节和礼貌、社会交往方式、同情心	责任心、正义感、社会行动
	社区、家乡生活	公共卫生、公共秩序、公共财物、公共环境、公共服务、社区或家乡的发展变化	社区、家乡生活与社会进步
	国家生活	国家概貌	社会生产、科技进步与社会生产及生活、法律意识、公民意识、国家历史地理
	国际与人类生活	环境意识、环境保护	世界历史地理、世界和平、人与自然的和谐、生命关怀

结合课程标准，考虑学生品德形成与社会性发展的年龄特征，我们可以将《品德与社会》的课程目标作出如下区分：

小学中年级——良好生活习惯、学习习惯的养成，各种社会生活知识的获取，社会生活能力和亲近社会行为的初步培养，对微观的社会关系（与同学、与老师、与亲友、与其他人、与家庭、与学校、与社区或家乡等关系）的理解和把握，对国家概貌和社会发展成就的初步了解，环保意识的形成。

小学高年级——自我认同、自我接纳意识和简单的心理调节能力的培养，人际关系和群体意识的增进，道德理性的初步培养，对宏观的社会关系（与社区、与国家、与国际、与人类等关系）的初步理解和把握，对科技与人类生活关系的简单了解和认识，社会行动意识和能力的初步培养，法律意识、公民意识、民族情感的培养，对中国和世界地理、历史的简单了解，对世界和平以及人类与自然、环境共存关系的初步认识。

三、阶段与课时目标的确定

人们在行动之前，有了明确的目标，就会选择正确的路径和交通工具，安排好行程。同样，在选择教学活动的形式前，教师应当有明确的教学目标。对品德学科课程教师而言，应当在课程总目标的统帅下，借助教科书和教师指导用书，依据儿童的生活，自己确定准确而科学的阶段目标和课时目标。进行教学时，教师有了目标，就有了正确的方向；有了课时目标，就有了正确的路径和实际操作方式。在确定具体的阶段目标与课时目标时，应注意以下几点：

1. 充分考虑小学生的身心发展特征、经验背景和学习兴趣

如小学 1～2 年级儿童体力较弱，在进行现场调查和参观访问时，不可能长久步行和站立，不能到有危险的地方；在进行操作性、实践性活动时，不能使用某些工具。同样，由于他们观察、思维、表达等能力水平低，在进行资料调查时，还不能完全掌握分析、概括的技巧，而且他们已有的知识和经验背景也各不相同。因此，教师应当了解这些基本情况，以便在活动实施时做到"因材施教"。例如，在开展"文明礼貌"教育活动时，让有文明礼貌行为习惯经验的学生扮演相应的角色，他们的模仿表演就会使其他同学产生一种共鸣，从而相互影响、相互作用，效果就会更好。喜欢玩是小学生的天性，在玩中小学生会感到身心愉悦，同时在玩中，他们会在某一方面去探究、去学习、去创造，并品尝苦与乐。即使在玩中经历酸甜苦辣，他们都会觉得是成功、是享受、是欣慰。

2. 选取适合学生的活动形式

由于本课程具有活动性、生活性、开放性、综合性等特点，《品德与生活课程标准》要求教师"提供选择活动内容、方式或合作对象的机会，引导儿童积极地参与、发表自己的意见，根据儿童的反应及时调整活动，让儿童参与活动评价等途径，发展儿童的自主性、思考与判断能力，让活动真正成为儿童的活动"。学生亲自参与选取他们熟悉的、喜欢的，能够反映自身生活和社会生活的活动，能引发他们学习的兴趣，有利于学生对他们所接触的生活、熟悉的环境、眼中的世界进行感悟、发现、探究，形成自己的情感、态度和价值观，促进身心全面发展。选择活动形式时，学生可以一个人选择，也可以与同伴在互助中选择，还可以从教师为他们提供的若干个方案中选择。

3. 形式服务于内容，让内容充满活力

品德教育的内容与形式是一体的，将内容与形式割裂开来，内容也就失去了存在之所，只能是"无处藏身"的"浮游生物"，一遇风雨就会消失得无影无踪。过去"讲授式"的学习缺少了对学生活动中体验和感悟的关注，不但不能使儿童形成完整的品德结构，更无法对其行为进行有力地引导和制约。品德学科课程具有较强的综合性，这使得本课程内容丰富，且内容的呈现形式多种多样。教师在选取活动形式时应当遵循"形式服务于内容"的原则，使形式让内容充满活力。《品德与生活》和《品德与社会》课程将思想品德、生活、劳动、社会、历史、地理等教育内容综合起来，活动形式自然十分多样。不同的内容应当采用不同的活动形式，使活动形式精、巧、美，并且操作性强、针对性强、自然流畅、引人入胜。恰当的形式让内容的呈现更加流畅；新颖、有趣的形式让内容的呈现更加深刻，使学生经久不忘。

4. 依据教科书又不拘泥于教科书

新课程的实施，给教师提供了发挥教学创造力的平台，教师是"用教科书"而不

是"教教科书"，教科书是教师进行教学活动的工具和手段，教科书提供的资源只是起"诱发"师生教学活动的作用。同时，在编写教科书时，编者也为教师留足了创造的空间。因此，教师应当从教科书出发，扩大教科书的功能，广泛开发和利用其他形式的课程资源，使教学活动的形式丰富多彩，各具特色。

5. 从学校、家庭、社区和自然条件的实际出发

从实际出发是我们认识和解决一切问题的原则，也是选取品德学科课程教学活动形式的原则，因为儿童生活的家庭和所处的学校、社区、自然环境不同，则他们在同一教育主题下所面临的具体问题、课程资源的素材和实施活动的条件也会不同，活动的形式也就应该不同。如"安全地上学"这一主题，城市的孩子面临的是汽车和红绿灯，而山区的儿童面临的却是陡崖、急流或野兽，那么他们教学活动的形式也应该不同。又如，由于自然条件不同，"认识种子"的活动可以让农村儿童把种子放到土壤里，而城市儿童只好放在有水的容器里。同样，"认识秋天"的活动形式在农村和城市里也会有不同之处，"不挑食"的问题在城市学校和贫困地区学校的主题活动中就应选择不同的素材和活动形式。最后，对于同一主题，有多媒体的学校和没有多媒体的学校自然也会采用不同的活动形式。

6. 一个主题可以由多种活动形式来展示

如"遵守交通规则，正确过十字路口"这一主题可以先后安排以下的活动：(1)带儿童到十字路口观察汽车和行人通过的情况，回到教室讨论自己看到了什么，并在认识到行人应该怎样过十字路口后，在教室里进行多种活动形式的情景模拟。(2)一个孩子举着"红绿灯"有节奏地转动，四个方向的孩子看红绿灯过街。(3)在前面的基础上，让"汽车"和行人共同过街。(4)在此基础上，制造"汽车"撞人的险情。利用灵活多样、生动活泼的形式来展示同一主题，能激发儿童的兴趣，充分调动儿童乐于探索的积极性和主动性，使他们在多次活动中反复体验和感悟，获得更全面、更深刻的认识。同时，不同的活动形式展示主题的深度会不同，这就能使具有不同生活经历和理解能力的儿童都能学有所得，让发展水平较高的学生能轻松接受，让发展水平较低的学生跳起来、摸得着，也能接受。

四、设计教学就是设计学生的发展

课堂教学的组织与指导要从教学设计开始，设计一节课的过程就是立足于学生的发展，为学生规划未来的过程。从这一点上来理解教学，教师就有了更多的情感和责任。

从教师的教学实践本质上来看，教学设计就是教师对教学过程的系统把握和规划，这一过程应当是开放的、富有弹性的。当然也应当具有基本的步骤与程序。有专家指出，教学设计的步骤有："(1)规定教学的预期目标。尽可能用可观察和可测量的行为变化来作为教学结果的指标。(2)确定学生的起点状态，包括他们的原有知识、技能

和学习动机、状态等。（3）分析学生从起点状态过渡到终点状态应掌握的知识技能或应形成的态度与行为习惯。（4）考虑用什么方式和方法给学生呈现教材，提供学习指导。（5）考虑用什么方法引起学生的反应并提供反馈（即平时所说的练习设计）。（6）考虑如何对教学的结果进行科学的测量与评价，主要指测试及评分。"① 这是一个相对完整的教学设计过程，它所反映的是"目标—过程—评价"的步骤，是相对封闭、完满的设计过程。基于这样的教学设计步骤，传统课堂教学呈现出的是师生对教学目标的认同与追求，通过课堂教学的全过程来完成并评价这一目标，强调的是课堂教学的单位效益，所以就使课堂教学失去了生命的活力和开放的价值观。新的课堂教学理念强调教学过程、教学价值的开放性，教学步骤就应当向"主题—探究—表达"这一宏观过程迈进，在这样的教学设计过程理念指导之下，课堂教学设计的重点应当存在于这样几个方面：（1）设计教学情境，引导学生的情感与思维；（2）设计问题、主题或帮助学生发现问题、主题，形成课堂教学真正起点；（3）设计弹性化教学过程，促进课堂生成性因素的产生；（4）设计指导学生探究、体验的方法、策略，提供必要的学习资料和指导；（5）设计学生表达、展示学习效果的方式；（6）帮助学生设计课外发展目标和方式。这是一种以学生的发展与创新为核心目标的教学设计步骤。

关于教学设计的程序，一般认为要从学生、知识的特征等方面出发，经历一个相对理性的过程。美国教育心理学家加涅和布里格斯对教学设计大致经历的程序进行了描述：（1）分析需求、目的及其需要优先加以考虑的部分；（2）分析资源和约束条件以及可选择的传递系统；（3）确定课程范围和顺序，设计传递系统；（4）确定某一门课的结构和顺序；（5）分析一门课的目标；（6）确定行为目标；（7）制订课堂教学计划；（8）开发、选择教学材料和媒体；（9）评定学生行为；（10）教师方面的准备；（11）形成性评价；（12）现场试验及修改；（13）总结性评价；（14）系统的建立和推广。② 教学设计的这一程序系统、全面地反应了教师在设计教学时应当关注的所有问题。而实际上，教师在教学设计中，并非必须完整地经历这个程序，可以宏观把握，可以在教学中进行随机地设计。

《播种真有趣》教学设计

一、活动目标

1. 知道春天是种植的季节，愿意参与种植活动。

2. 懂得花草树木是人类的好朋友，能用实际行动爱护花草树木，保护和美化环境。

3. 初步学会观察、记录植物的生长过程，了解种子发芽、生长的过程及所需的基本条件。

① 傅道春. 教学行为的原理与技术［M］. 北京：教育科学出版社，2001.
② 傅道春. 教学行为的原理与技术［M］. 北京：教育科学出版社，2001.

4. 学习种植的基本方法，学会栽培常见花卉的简单技能。

二、设计意图

春天是播种的好季节，组织儿童参加一些力所能及的种植活动，有利于激发儿童观察、了解植物生长过程的兴趣，培养儿童亲近自然、爱护植物的情感，增强爱护花草树木的意识。因此，我们设计了"播种真有趣"这一主题活动。

三、学校与学生状况分析

学校虽地处县城，但因是一所私立学校，学生全部来自农村。学校校园内植被丰富，为引导学生走进大自然、激发学生对种植的兴趣提供了优越的条件。学生家在农村，有机会看到春种秋收的场景，在双休日能轻松地、近距离地亲近田野，感受大自然春的气息，观察万物萌发。学生能更为方便地搜集到各种种子，可以在花盆里、废旧物品盒和空地里种下种子。学校的绿化面积达到40%，可为学生开辟种植园，让学生体验与自然和泥土亲近的真实乐趣，并学会相互合作。

四、活动过程

1. 课件展示，激发兴趣（花儿真美丽）

2. 交流讨论，互相帮助（种子真神奇）

3. 各抒己见，互相启发

4. 做好准备，亲自实践

5. 翻土播种，辛勤劳作

学生按小组在种植园里劳动：挖坑，埋种，洒水。教师提醒学生不要埋得太深，洒水时不要把种子喷出地面。

6. 借鉴经验，拓展思路

7. 课后延伸，发展兴趣

师：我们了解多种栽种方法，都可以尝试着做一做。当你种的植物成活后，把它带到教室里，让大家分享你的快乐，好吗？如果遇到什么问题，可以请教爸爸、妈妈、老师。请同学们自己看课本第18页的内容，课下自己制作一本观察记录本，随时记下你的观察结果。下一节课，我们课上交流制作情况。

这样一则教学设计，展示的是教师综合教学过程的设计，从"活动目标""设计意图""学校与学生状况分析"来看，教学设计的过程就是教师为学生学习而进行的创造性劳动的过程。那么，我们究竟应当怎样来理解《品德与生活》《品德与社会》教学中的教学设计问题呢？可以有这样五个方面[①]：

一要关注激发学生的学习兴趣。课堂教学只有把学习者的责任和快乐有机地结合起来，才会使教学进入更高的境界。这正如中国古代的大教育家孔子所说的"知之者不如好之者，好之者不如乐之者"。作为以少年儿童为主要教学对象的小学的课堂教学

———————————

① 齐健，李秀伟，王钢城．活动建构：创新教育的教学革新［M］．济南：山东教育出版社，2004.

设计，就自然更需要关注对学生学习兴趣的激发。因此，我们在进行教学设计时，应充分考虑到学生的需要层次、认知特点和学习风格等，注意选择运用多种教学策略，采取多样的教学方法和教学形式，以便更好地使学生乐学、会学、主动学。对此，国外学者梅里尔博士也曾强调指出："教学设计是一种将不同学习策略整合进教学经验的一门技术，利用这些教学经验可以使得知识技能的获得更有效率、更有效果和更吸引人。"在巧妙安排、精心策划的轻松愉快的学习活动中，学生的学习兴趣就会逐渐产生并逐步增强起来。这样，基于创新教育的活动建构教学的任务——开发学生智力、挖掘学生潜能、增强创新意识和创新能力，并使其形成良好的道德修养和个性品质等，才能得到更好地落实。

二要关注营造适宜的教学氛围。教学设计要必须从学生的实际发展需要出发，要与学生的生活实际、情感实际相联系，有意识地设计和营造与教学主题相适应的特定的教学氛围，使学生能够感受到课堂教学的情趣，体验到课堂生活的丰富多彩，使学生全身心地投入教学活动，并从中获得切身体验和感悟；要关注学生智慧与情感的动态生成，强化人与教材、人与生活、人与课堂氛围之间的交互影响。这里应强调的是，关于教学氛围的营造，应当考虑到课堂上人际的沟通、情感的交融因素，也考虑深入的探究、理性的思辨等因素。即让学生在人文思想的光照中探究科学，在科学的探究中享受人文关怀，由此最大限度地提高参与教学活动的兴趣，激发创新潜能，促进学习成果的内化。

三要关注学习者的个体差异。学生是学习活动的主体。因此，我们的教学设计应当是在分析、把握每一位学生的基础状态与学习需求的基础上进行的。换而言之，教学设计必须要完全从学生学习和发展的角度出发，来进行教学目标的设定、教学策略的选择、教学媒体的使用和对教学过程的描绘。美国认知心理学家加德纳的"多元智力"理论告诉我们，一个人的智力发展速度和方向是具有个体差异性的。他指出："我们每个人都是不同的；我们拥有不一样的大脑；当教育能够考虑到而不是否认或者忽视人所具有的不同智力和长处时，教育就能取得最好的效果。"[①] 这一研究结果给我们的启示就是：学生之间的"差异"问题是客观存在的。因此，在教学过程中，我们就绝不能把一个标准、一种模式、一套方法用于所有的学生。作为创新教育的研究者和实践者不仅要承认学生客观存在的这种差异性（不仅体现在学习基础、学习能力和学习水平等方面，还体现在学生个性特征方面），而且强调要尊重学生的差异性，并主张要把这种"差异"作为一种教学资源来看待。我们强调在课堂教学中要努力实现对学习者的个性化学习指导活动的设计，以此使每个学生都获得与其自身特点相适应的发展。在这里，关注学生的个性差异就意味着必须要关注学生的知识经验背景，并依据

67

① ［美］戴维·拉齐尔，缪胤译. 智慧的课程——利用多元智力发掘学生的全部潜力 ［M］. 北京：教育科学出版社，2003.

学生不同的知识经验背景而进行相应的、有效的教学设计；关注学生的个性差异还意味着教学设计必须要关注其未来的不同发展方向，要为他们的个性化发展留有空间，要注意适应不同学生的实际发展水平和发展方向，要为他们的"殊途同归"或"意外发展"而设计；另外，关注学生的个性差异也意味着必须要高度关注个性化教学，强调要因材施教并尽力张扬学生的个性等。

四要关注为学生的自主建构提供必要的条件。事实上，学生要想对所学的课程内容有较深层次的理解和创新性的把握，如果仅仅是拘泥于"课本"上的表述，是很难形成真知灼见的，这就要使学生必须与课本建立起一种"超越"的关系。而要使学生真正实现这种"超越"，就意味着我们必须要给学生必要的相关学习背景材料的辅助，并为学生的自主探究提供时间和空间上的保障。否则，学生对知识意义的自主建构就难以实现。

五要关注对学生主体感悟的唤醒。课堂教学设计应当在唤醒学生的生命体验和主体感悟上下工夫。在这里，所谓学生的"感悟"，是指学生在参与教学全过程时，对学习材料、学习过程和学习结果的一种全身心地领悟和体验。设计这样的留有"空白"的教学过程，就是要让学生的思维与感悟的结合成为一种巨大的内在动力，以便让学生真正来靠近、感悟和内化所学的有关知识，并在此情形之下最终完成对知识意义的自主建构。

此外，在教学设计的某些环节中，教师要尽可能地分析和预测可能的"学情"，尤其要对课堂上的生成性问题作最充分的预测，对可能出现的各种"意外"情况设计多种应对策略。这样可以最大限度地减少教学过程中的失误，使学习目标的达成更有把握，更具成效。譬如，我们可以用"思维拓展"的形式来展示教学设计过程中的"一课多案"现象，并且以此来启迪教学设计的多元思维等。可以肯定地说，如果没有一个好的教学设计，就不可能会有教学的优化，教学设计是通往教学最优化理想境界的道路上必不可少的一步。

五、《品德与生活》《品德与社会》教学设计的类型

（一）按照教学所需时间段进行划分

按照教学时间长短划分的教学设计，通常有两种：一是单元设计，也称长期设计；一是以某个主题、中心或技能为基础的短期设计。

单元设计是指按照一个完整的学习单元所进行的教学设计，一单元学习通常要用4~6周的时间。在这段时间内，全体学生要对某个广域主题进行深入研究。单元设计的主要作用在于为这种扩展式的学习组织多样性的资料和活动。如北师大版《品德与社会》三年级下册第四单元"说说我们生活的社区"包括三个彼此相连的学习主题，即"这是我们共同生活的地方（每个人都有自己的社区/各种各样的社区/到处都有社区/我眼中的社区）""为了大家共同的需要（我们共同享有的社区/变化中的社区）"

"社区需要我们的共同参与（早市引出的问题/选出自己的当家人/社区少先队）"。

并非所有综合课程都要组织成上述类型，许多主题学习在一两周内就可以完成，它们多以某个主题、中心或技能为基础，一般被称为短期设计。这类短期主题可以插在两个长期单元之中，其主题可以围绕刚刚发生的或与全班学生密切相关的主题事件进行组织，这就可能包括一些突破常规的主题，而且这些主题通常都没有现成的学习资料可用。如"我们家中可能发生危险的地方""照料宠物""从地图中获取信息""工人及其工作""消费时要物有所值""我眼中的自己"等。

此外，一些日常课程教师可以按日常学习活动进行设计，也可以在长期、短期学习单元中形成。

（二）按照教学所依据的对象进行划分

1. 以教科书为基础的设计

这类设计把教科书当成首要的资料来源，教师通过研读教科书与其他辅助性材料，把握品德学科课程的本质与内容。学生在此类设计中的作用通常比较小，而且也不会改变课程的基本内容与重点，所有学生都必须学习教科书的基本主题。这类设计的基本步骤是：

（1）通读教科书，知道书中都包括哪些单元，分配单元学习课时。在此过程中，除参考教科书中的相关建议外，还参考其他教学参考书和文献资料。

（2）在研习教科书和教师教学参考用书的基础上，明确课程的组织方式、应该强调的总体目标与具体目标，考虑课程设计应该怎样做才能实现这些目标。

（3）把教师教学参考用书用于教学设计与学生活动设计。

（4）使用其他资料和活动来充实、丰富学生的知识，使学习更富有个性。教师可参考教学参考用书中的建议，也可以参阅其他相关资料。

（5）从学习资料、基本概念和相关能力方面，评价教科书与教师教学参考用书中的学习建议。

（6）使用问与答、讨论、（偶尔让）学生作报告、制作地图等教学程序，还可采用戏剧、艺术、音乐等活动形式。

2. 以主题为中心的设计

主题中心式设计和以教科书为基础的设计有些共同之处，但以主题为中心的设计对书本的依赖程度不那么深，教师的个性也更加突出，不需要完整的预先设计。学生能够更多地参与教学设计，还可以更多地使用多种指导材料和活动；学生能够更自由地说出自己对事件的观点和看法，师生之间、学生之间的交互作用会随讨论的进展而愈加明显。教师可以敏感地察觉到学生的个体差异，并为他们各自能力的提高、积极性的发挥提供不同的机会。另外，学生可以参与诸如绘画、歌舞、角色扮演、模拟游戏等活动。这类活动并不完全以学生为中心，也并不完全以教师为中心。其设计步骤如下：

（1）研读课程标准与教科书，明了课程包括哪些单元和主题。

（2）为本学年设定总体目标与具体目标，并以课程标准和教师教学参考用书中所提出的建议为基础，作出自己的判断。

（3）尝试性地挑选学习主题。此过程可参考课程标准中的教学建议和教师教学参考用书，从其建议中精选一些。这些主题可以随着课程的进展、对学生兴趣与能力的进一步了解而不断修改。

（4）综合考虑假期、季节、学校及社区活动等因素，排列所选单元的顺序，并给各单元分配时间。

（5）可以参阅课程标准和教师教学参考用书的相关教学建议，但在教学活动与教学进程方面，教师一定要有自己的思想和理念。

（6）设计并使用按学习种类分类的档案袋，自主决定课程进度所需资料；同时，还可以使用分组形式使学习更具针对性。

（7）设计并使用书本之外的多种指导资料，如图片、图书馆书籍、电影、幻灯片、录像等。

（8）运用大量的、非正式的评价技巧与方法，如讨论、观察、教师设计的小测试以及学习体验的摘要。

（9）确保教学轻松有序，但也要紧紧围绕师生共同设计的主题。

3．以学生为中心的设计

有些教师喜欢与学生合作设计品德学科课程，从学生感兴趣的关注点中选取主题，对学习单元与学生经历进行整合。虽然教师预先也要进行很多设计，但课程并不像上述两种设计那样是预先形成的。学生可以参与学习内容的决策过程，可以就感兴趣的话题提问，并查找相关资料，可以自己设计学习内容、学习方式、活动项目、跟他人交流思想的方式。各个学科、各类技能之间的界限并不明显。

（1）以学生社会及智力方面的预期发展为基础，设定该学年的总体目标与具体目标。

（2）了解学生的背景，让学生意识到他的"文化之根"就来自生他养他的社会环境。

（3）就诸多社会问题和主题，设计一些容易回答的问题，激发学生的兴趣。

（4）用多种手段激发学生的兴趣和好奇心，如阅读书本、参观文物展览、运用视觉教具等。

（5）鼓励学生自己设计学习主题、研究问题。

（6）指导学生开展探究、研究活动。

（7）帮助学生深入研究所选主题和难题，并随着学习的进展随时改进设计。

（8）通过使用个人学习合同、个人学习资料等方案和活动，使课程更切合学生的兴趣和能力，更具有个性化。

（9）把品德学科学习与阅读、语言艺术、科学、戏剧等课程紧密地结合在一起。

六、《品德与生活》《品德与社会》单元设计的基本做法

对于一些教师来说，单元只是教科书中的某个章节、某个部分，处理的是单一主题；而对另一部分教师来说，单元学习很复杂，它可能整合了学校其他课程中的主题、技能和活动。一些教师可能预先就设计好了整个单元，而另一部分教师可能随学习的进展随时调整单元设计。在同一年级教授相同主题的两名教师可能让学生进行两种完全不同的学习；而同一名教师处理相同的主题，也可能因学生的不同而有很大的差别。总之，《品德与生活》《品德与社会》这类综合课程的单元设计、教学活动与教师的个人决策密切相关，所以教师要做到以下几点：

1. 知道有哪些可用材料

作为综合课程的《品德与生活》和《品德与社会》，可以利用的课程资源非常丰富。因此，教师进行单元设计的第一步就是明了该单元可以使用哪些材料以及它们是否充足。教师应该提前找到相关的参考书、录像、图片、电影与幻灯片，给它们分类、排序，以方便教学时随时使用。教师的教学准备是否充分直接影响单元的设计方式。

2. 设定单元学习目标

品德学科课程的教学目标具有多样性。从主题事件中可以获取多种事实、概念、原理和基本知识；学习过程中要培养多种技能，情感、态度和价值观目标的落实与延伸更为重要。单元的学习成效并不能完全由教师预先设定，因为很多成效是通过学习活动的进展或难以预测的生成而实现的。

学习目标应该清楚地表述期望学生获取的学习内容。目标不明确，可能会使开展的活动既没有目的又没有意义。目标可采用广泛的、总体性的陈述，如下所示：

- 在搜集资料的过程中，学习运用简单的研究技能。
- 理解人类想维持生命就必须满足某种基本需求。
- 意识到决定是以个人的价值定位为基础的。
- 学习在小组中合作学习，并尊重他人的权利与情感。
- 理解地区之间的相互依赖关系。
- 培养用地图确定方位的技能。
- 获取有关法律方面的词汇常识。
- 知道广告如何既帮助消费者，又帮助生产者。
- 初步形成和社区发展有关的偶然性假设，并进行检验。

尽管这些目标是总体性的，但已足够用于学习主题的组织，许多教师愿意在实际教学过程中对这类目标作进一步说明。另一类陈述目标的方式是依据可观测的、明显的学生行为而定的，即行为目标。它是在教学前，教师在学生现有的学识基础上构建的预期成效。这类目标通常非常明确，教师会明确地告诉学生，对他们的期望是什么，其适宜项目包括命名、解释理由、选择、识别、举例说明、引证、下定义、写作、查

找、排序、使用等。例如，单元学习结束时，学生能够知道人类家庭有四种不同的组织类型；举出消费者受骗的五个实例；在图书馆里找到指定的参考书；用散文形式表达中心意思；利用书中的索引，查找事实资料；在"劳工与管理者冲突"的相关习题中，匹配原因和结果；知道"地区"概念的必要特征。

不管教师用哪种形式表述学习目标，都应该强调该目标能够清楚地表明期望学生掌握的知识，而不是他们将要做什么。我们来看下面一组目标：

- 学生看一场电影。
- 全班以小组形式开展工作。
- 学生画一幅当地的地图。
- 全班讨论一份个人计划。
- 学生制作海港模型。
- 学生分角色扮演购物中心的导购员。

这些目标就不恰当，因为它们只描述了学生将要进行的活动，而没有指出期望学生学习到什么知识性的内容。

3. 精选并组织单元中的主题事件

《品德与生活》《品德与社会》课程的学习内容需要教师精心选择。精选学习内容，就是要解决教师用怎样的方式和视角去选择知识学习内容的问题。这些知识内容须具有如下的特征：最基础和最根本的，可以用来扩展学生认识的，符合学生年龄特点且有连贯性的。具体到本课程，一是明确构成基本知识的内容线索——人与自然的关系、人与社会的关系、人与人的关系；二是明确构成知识内容的问题轴。

组织主题事件时，教师首先要明确学习中心，知道优先培养哪些主要观点和概念。本课程基本上都是围绕历史和社会科学中的基本观点来组织主题事件的。一般说来，小学教师很少能够自主选择课程主题，但却能灵活地设计主题，强调他认为重要的观点。

教师应该如何精选适宜的主题事件呢？用教科书教学是最通用也是最省事的方式。但它通常不能很好地切合地域学习的重点，还在一定程度上限制了教师的创造性活动，所以效果通常不佳。因此，我们主张教师应该富有想象力，创造性地设计学习过程，同时恰当地利用教科书和其他可用的教学资料。[1]

———————————

① 赵亚夫.《品德与社会》教学单元设计［J］. 学科教育，2003，(5).

专题二　课堂教学组织与指导能力

　　《品德与生活》与《品德与社会》课程的教学过程是一个教师全程参与的学生自主活动的过程。为使学生真正实现品德良好、乐于探究、热爱生活的发展目标，并促进学生的良好品德的形成和社会性发展，教师则应以教材为依托，依据《品德与生活课程标准》《品德与社会课程标准》所倡导的教学思想或理念，对教学中涉及的方方面面的问题进行认真思考和精心设计，并进行良好的教学指导与组织。

一、先入为主的导入能力

　　"万事贵乎始"，导入新课作为教学过程的第一步，直接影响着一堂课的成败。巧妙、精当地导入，能为后面的教学创造有利的条件，起到"先声夺人""先入为主"的作用。

（一）营造情境导入

1. 放松学生心态导入

　　教学情境能够使学生的心态自由、放松。学生的心态状况对其学习有着极大的影响作用，自由开放的心态更有利于学生的主动投入和积极思维的产生，更容易使学生将精力放在学习上。然而由于各种原因，学生在课堂上往往很难达到心态放松的状态，此时，教师创设有效的教学情境帮助学生放松心态显得极为重要，特别是在授课过程中，在学生学习略显紧张或遇到阻力的时候，教师可以借助教学情境放松学生的心态，以得到理想的教学效果。心态的放松与学习态度的松弛不是一回事，心态放松的学生具有积极探究的欲望和动力，学习态度松的学生却缺乏责任意识。

2. 激发学生动机导入

　　学习动机对人的学习的影响是显而易见的，心理学研究证明，虽然人们的许多学习是在没有任何动机的情况下实现的，但是长期的、有意义的、主动的学习将必然受到学习动机的影响，特别是学生的学习更需要动机的推动。学生学习受动机影响的著名论断来自尤古罗格卢和华尔伯格（Uguroglu, M. & Walberg, H.）的一份研究报告，其中分析了232项动机测量和学业成就之间的相关系数，发现其中98%是正相关。该调查覆盖面为1～12年级的学生共637 000人，是有一定代表性的，学习动机的重要作用可见一斑。一般认为，学习动机分内部动机和外部动机两类，二者在学生的学习过程中均具有重要的作用。学生学习动机的形成是复杂的，既受学生自身性格特点、认知水平、兴趣爱好、发展需要等内部条件的影响，又受到外部环境的影响。在课堂教学中，培养和激发学生的学习动机，教学情境具有不可替代的重要作用，所以课堂教学导入的一个重要层面便是"激发动机"。利用情境激发动机，一是在于创设有利于调动学生兴趣的情境，二是创设良好的问题情境，引发学习动机。

3. 引导直观感受导入

从某种意义上说，直观性在课堂教学中是有积极意义的，特别是在小学阶段，基于真实情境体验的《品德与生活》课程教学直观性的要求更典型。直观性的教学情境更易于被学生接受，更能够吸引学生的注意力，引发学生的学习动机，另外直觉和具体形象思维在小学生的学习品质中占有非常重要的地位，所以强调直观感受是课堂教学不可忽视的理念之一。实现直观感受的最佳途径是直观性教学情境的设计，情境的直观感受功能在于教师对具体事物的准确把握与合理运用。恰当的直观情境，其功能是综合的，既有准备功能又有教学功能，但在教学中特别值得注意的是，直观感受应当注意操作时的必要性，不必要的时候不能盲目去实施。如需要引发学生想象的空间概念或文学作品，如果一味追求直观，则教学内容失去了其相对模糊或开放的特点，降低了作品的包容性及思想内涵，于学生的发展是不利的。

4. 引导学生生活发现导入

《品德与生活》与《品德与社会》课程教学是学生生活的组成部分，从另一方面来说，生活本身就含有教学的因素，课堂教学必须关注学生的生活领域，包括学生的生活环境、生活状态以及生活经验。课堂教学的导入如果能够唤起学生的生活情感是至关重要的，然而，课堂教学不能完全等同于生活。课堂教学是指在规定时间和场所内师生之间进行的一种有意识的教学行为，生活没有主动的教学功能。同样道理，生活情境与教学情境不是同一个概念，教学情境是对生活的加工、再现，源于生活，但要高于生活，是扩展了生活中与教学相关的变量，而去除了无关变量的过程。生活与教学既相互联系又有所区别的理念正说明了情境具有生活加工功能，只有实现了生活加工的教学情境，才是具有生态意义的、遵循学生生命主体的，才能够在课堂教学导入中发挥功能。

5. 渲染情感导入

《品德与生活》与《品德与社会》教学重视对学生情感状态的把握。情境的重要功能是引发学生情感的共鸣，渲染课堂的情感氛围，以此来实现情境的最佳效果。情感渲染指的是利用有效的课堂教学情境，激发学生情感，创设有利于学生情感投入的教学环境，使学生进入情感的准备状态。情感的渲染具有突出的作用，强调入情入境是课堂教学导入的指导思想。激发学生的思想感情并且渲染这种感情可以有许多方法，重点在于教师结合教学内容及教学环境进行灵活把握，注重其实效性。

（二）语言陈述导入

1. 直述导入

直接采用谈话叙述导入是语言陈述导入的一种常用形式，直述导入的优势在于能够明确地向学生交代学习内容、学习要点，阐明学习任务或者学习方法，从而有效地组织好教学活动。

在《环境保护》一课的教学中，教师根据学生课前了解到的自己周围环境的污染情况进行谈话导入：同学们课前都进行了细致的调查研究，了解到我们周围的环境已经受到了污染。环境污染已经是我们在社会生活中所面临的重大问题，环境问题已经成为一个全球性的严峻问题，保护环境迫在眉睫。同学们，在这节课，咱们就一起来研究环境及环境保护的问题。

教师的这段话，向学生交代了很多信息。在这样的导入中，学生能够很清晰地了解自己的学习任务，以理性的思维方式投入学习。

2. 故事导入

小学生都喜欢听故事，以故事的方式导入新课可以吸引学生的注意力，激发学生的学习兴趣；而且，有的故事可以带给学生启发、激励，具有积极的教育意义。

在教学《败不馁》一课时，教师就选取了一个体育故事——《从穷娃到球王》来导入。

巴雷斯特罗斯是西班牙人，他出身贫寒，7 岁那年，为了维持家庭生计，父亲不得不过早地打发他到高尔夫球场替富人们提棒捡球。有一天，他在沙滩上捡到一根别人玩破扔掉的球棒，如获至宝。每当夜深人静时，他便不断地用破旧的球棒击沙滩上的碎石子，日复一日，他养成了习惯，棒下技术也得到提高。12 岁那年，他在离家乡不远的一家职业学校就读，他天资聪明，球技进步很快。17 岁那年，他向一位牙医借了一千美元，报名参加了欧洲巡回赛。他对比赛充满了信心，但没想到失败却在等待着他。一连四场，他场场惨败，被淘汰了。他第一次品尝到了失败的滋味，下决心一切从头开始，发誓要为自己雪耻。他又干起了提棒捡球的营生，他每日甘愿紧随那些过五关斩六将的好球手，细心观察他们的举棒、转体、运气、击球的动作，他默默地记着、想着。经过两年的卧薪尝胆，他再次参加欧洲巡回赛，成绩很理想，他迅速跻身于欧洲强手之列。之后，他曾经五次蝉联法国公开赛的冠军，成为世界著名的高尔夫球王。

这个故事一下子把学生带入到教学所需要的思维环境之中，教师讲完故事适时地提出问题："这个故事对你有什么启发？"从而激活了学生的思维，使课堂教学的效率大大提高。

3. 谜语导入

猜谜语是学生喜闻乐见的一种活动方式，以谜语的形式导入新课，有时会得到意想不到的效果。

在关于时间的教学中，教师一上课就让学生猜谜语："世界上有一种东西，它最快又最慢，最长又最短，最平凡又最珍贵，它是什么呢？"在成人看来，这个谜语并不太难，但对于低年级的小学生来说，还是具有相当大的吸引力的。

这一个谜语不仅激发了学生对本课教学内容的兴趣，还可让学生初识时间概念，并锻炼学生的思维能力。可见，用谜语导入新课在教学中还是非常值得研究的。

4. 歌词、歌曲导入

小学教师应当是多才多艺的，在新课开始的时候，如果教师能以歌声渲染气氛导入教学内容，将会带给课堂教学灵气与活力。当然，许多时候并不需要教师亲自唱歌，给学生出示一段歌词或者播放一段乐曲，都可以带来良好的导入效果。如教学关于团结的内容时，教师可以播放歌曲《团结就是力量》，让学生在雄壮歌声中感受团结的力量。播放完歌曲，教师可接着提问："这首歌曲唱出了什么？听了歌曲你有何感受？你从中明白了什么？"这几个问题配以歌声，很快让学生进入学习状态。

同样道理，一些学生非常熟悉的《礼貌歌》《三个和尚》《娃哈哈》《我的祖国》等歌曲，都可以用来导入新课。

5. 诗歌导入

我国的古诗词在艺术性、思想性方面都有极高的价值，所以在促进学生的社会性发展方面也有着无法取代的重要地位。将古典诗词引入《品德与生活》课堂，是许多教师经常使用的教学策略，而在课堂教学的导入环节借助古诗词，可以增加课堂教学的文化含量。在教学《春姑娘在哪里》时，教师一上课就为学生朗诵古诗句"碧玉妆成一树高，万条垂下绿丝绦"或"满园春色关不住，一枝红杏出墙来"，立刻激发了学生的兴趣，学生在古诗中领悟到春天的景象，在接下来的"找春天"活动能做到有的放矢。

当然，在以古诗词导入新课的同时，教师也可选择恰当的现代诗歌，特别是儿童化的诗歌，来导入新课。

6. 对话交流导入

师生对话是课堂教学一种外在形态，以对话的方式导入新课也是一种放松学生心态、明确学习目标、激发学生兴趣的有效方式。一位教师在执教《我家的亲戚》（第一课时）的时候，以谈话的方式逐渐地、有层次地导入新课，教学过程是这样的：

师：同学们，很高兴能在这样一个春意融融的日子和大家上一堂春意融融的《品德与生活》课。马上就是4月了，在4月初有一个特别的节日，你知道是什么节吗？

生：清明节。

师：清明节我们通常会做什么呢？

生：扫墓。

师：你们扫过墓吗？和谁一起去的呢？

生：我和爸爸、妈妈一起去给爷爷扫墓。

师：爷爷就是爸爸的——

生：爸爸。

师：对。（板书）

小

学品德、生活与社会教师专业能力必修

Xiao Xue Pin De、Sheng Huo Yu She Hui Jiao Shi Zhuan Ye Neng Li Bi Xiu

生：我是和舅舅、舅妈、爸爸、妈妈一起去给外公扫墓的。

师：（板书）他们和你又有什么关系呢？

生：舅舅是妈妈的弟弟。

生：不对，舅舅是妈妈的哥哥。

师：你们都说对了，妈妈的哥哥或弟弟都叫舅舅。

生：舅妈是舅舅的……（学生一时语塞，有点不好意思）

师：妻子，是吗？（生点头）

生：我和大伯伯、哥哥还有叔叔一起给奶奶扫墓。伯伯是爸爸的哥哥，叔叔是爸爸的弟弟。

师：（板书）哥哥是堂哥还是表哥呢？（生摇头）

师：教大家一个小方法辨别堂、表兄弟姐妹。伯伯、叔叔的孩子是堂兄弟姐妹，通常和你一个姓。其他比你长一辈的亲戚的孩子都是你的表兄弟姐妹。你说的哥哥是谁的孩子？

生：我伯伯的孩子。

师：那应该是——

生：堂哥。

师：（板书）清明节很特殊，我们总是和自己的家人……一起祭拜去世的亲人和我们的祖先。因为他们都是和我们有血缘关系的人，我们把这些人称为"亲戚"，今天我们就来学习非常有趣的一课——我家的亲戚。（出示课题）①

上述谈话导入很明显已经超出了课堂导入环节的范畴，这一导入过程与学生的初步感知、认识相结合，以师生之间对话交流的方式，在轻松、和谐的气氛中自然地引导学生进入课堂教学。

（三）多媒体技术导入

在课堂教学导入的环节中，并不是只选取一种方法就可以了，大多数情况下，课堂教学导入是一种综合性的教学方法的功能与价值的体现。无论是设置疑问、激发兴趣、激发情感、创设情境、直观展示、联系旧知，还是活动操作导入，都有其共性，这是值得我们重点研究的。

借助多媒体手段辅助导入新课是课堂教学经常使用的方法，其功能自然是多元的。利用多媒体手段辅助导入的优势，在于能够为学生提供丰富的视觉、听觉材料，以鲜活的形式为学生的直观感受以及情感调动提供帮助，应当说，多媒体手段对课堂教学导入具有重要的作用。一位教师在执教"爱护我们的家居环境"一课时，是这样导入新课的：

1. 感受威海良好的家居环境（用制作好的多媒体课件放简短录像，威海市的家居

---

① 陆逸.《我家的亲戚》（第一课时）教学实录［J］. 小学德育，2004，（7）.

环境有一定的代表性，被联合国评为世界家居环境50强），学生自由谈感受。

2. 师：我知道大家都非常喜欢看动画。接下来，我们再来看一组动画。（用制作好的多媒体课件播放动画——不讲文明、不爱护家居环境的动画）

师：看过之后，大家也一定会有自己的感受吧。这些情况似乎就存在于我们身边。你想说些什么？请大家大胆地发表自己的见解。

（学生说明自己的观点：不文明，光顾自己不顾别人）

师：是啊！有的人就是不自觉，光顾自己不顾别人，给我们的生活带来了麻烦和不便。

这一段课堂教学的导入，利用录像的形式来呈现了一个环境，让学生同时感受"美"与"丑"的对比，使学生自然地进入到思考、体验的情绪状态中。这是其他教学手段难以做到的。

当然，以多媒体手段辅助导入新课可以带给学生直观的感受，让学生通过图像、声音感受教学内容。如在《大自然的悄悄话》一课的设计中，教师就可以尝试用多媒体手段辅助导入新课。

师：同学们好，老师想问大家几个问题，你们喜欢出去玩吗？平常爸爸妈妈都带你们到哪儿去玩呢？（学生回答）

师：同学们去过这么多好玩的地方，今天老师也要带大家去一个地方，想知道是哪吗？

1. 多媒体课件欣赏（美丽的大自然风光及其变化）

师：下面我就要带大家去大自然里看一看。大家一边看一边找，看看大自然里都发生了哪些变化，谁发现了变化就可以马上说，看看谁找得最仔细、发现的变化最多。请大家做好准备，好，开始。

（学生找变化：大自然中四季的变化，气候变化时人们的穿着、植物的生长变化，环境污染引起自然界的各种变化）

2. 引导学生交流"生活经验"，回顾"生活履历"

师：同学们真棒！刚才在大自然中发现了这么多变化。其实在我们的日常生活中、在我们身边也发生着变化，你留心了吗？这样吧，你呢，好好想一想，把你平日发现的变化先跟你身边的小伙伴说一说，你们也可以在一块再找一找，待一会儿讲给大家听。

师：谁想把自己发现的变化跟大家说一说？

（学生交流发现的问题）

师：同学们，你们看我们生活中的变化可真多，可以说我们的生活无时无刻不在发生着变化。

在这一导入过程中，学生通过自己的观察、体会，发现了问题，所以这一导入是与学生的深入学习紧密联系在一起的。由于多媒体课件呈现的直观具体的事物给学生

小

学品德、生活与社会教师专业能力必修

Xiao Xue Pin De、Sheng Huo Yu She Hui Jiao Shi Zhuan Ye Neng Li Bi Xiu

留下了深刻的印象，学生的思维、身心体验被激活，这样的导入就具有多重价值功能。

当然，课堂教学的导入是教师能力的突出体现，有时也反映了教师的教学艺术。良好的课堂教学导入不仅是有效的，而且是自然含蓄、润物无声的，讲求自然导入、不留痕迹。只有这样，学生才能够在不知不觉中主动地进入学习状态，才能产生发自内心的激情与动机。下面我们来看一位教师在"我的家"一课的导入过程中所作的艺术化的处理。

课前交流：师生互动，演唱歌曲《如果感到幸福你就拍拍手》，老师唱，学生拍手，让孩子们带着愉悦的心情进入学习状态。

激情导入："大家唱起来"。

（1）孩子们喜欢听歌吗？老师送给你们一首歌——《我爱我家》。如果会唱，大家都唱起来吧。（通过听、唱歌曲，气氛活跃了，学生学习的积极性被调动起来了）

（2）欣赏完歌曲，孩子们有什么想说的话？

可以从歌词方面谈：我爱我的家，爱弟弟、爸爸、妈妈……

可以从画面上感知：他们是一家人，生活幸福。

可以从歌曲意境中：他们一家人在唱歌。

（3）我们每个人都有自己幸福的家庭，那就打开家门，走进我的家。（板书：我的家）下面我们来说说我的家。

学生边听边唱，并自由地表达了自己的看法，整个导入环节浑然天成，不留痕迹。应当说，这样的导入正是小学品德学科教学所提倡的，是导入的理想境界。

二、以学生需要的方式讲授

讲授法是教师运用口头语言向学生叙述事实、描绘现象、解释概念、阐明规律、传授技能的教学方法。讲授法是在课堂教学中广泛使用的一种教学法，同时也是一种最基本的教学方法。讲授法具有以下优点：（1）宜于传授基础知识；（2）适用于大班额教学；（3）有利于发挥教师的主导作用。缺点有：（1）缺乏多向反馈信息；（2）不利于学生自学能力的培养；（3）不能因材施教，难以照顾个别差异。在新课程背景之下，我们强调学生的自主探究性学习，那么这种传统的教学方法，学生还需要吗？答案是肯定的。很多时候，学生很喜欢听教师的讲授，所以我们并不能完全排除讲授法。尽管它是一种传统的教学方法，但在小学《品德与生活》和《品德与社会》课上仍有广泛的使用价值。那么学生需要什么样的讲授呢？讲授不等于说教，讲授也不等于灌输，讲授是学生学习知识、获得灵感以至进一步发展的有效凭借。我们来看"我的家"教学片段。

师：今天，王老师也想把自己的家介绍给小朋友们，你们愿意听吗？（学生表示愿意）注意认真听王老师都介绍了家里的哪些情况。（教师讲解、介绍）

师：小朋友认为老师介绍得好不好？王老师都介绍了家里的哪些情况？除了这些

情况你认为还可以介绍家里的哪些情况呢？（学生回答）

师：对，像自己家里共有几口人，他们的姓名、年龄、属相、工作、爱好、电话等情况我们都可以向别人介绍。小朋友们，你们能不能学着老师的样子在小组里互相介绍一下自己的家呢？

这位教师用了很长的时间来介绍他的家庭，这事实上是在向学生讲授家的一些知识，学生不但喜欢，而且能参与进来，讲授的效果是很好的。可以说，讲授是任何现代化教学技术都不能取代的，教师讲授技能的高低直接影响着课堂教学的效果，为此，教师应该从讲授入手来提高课堂教学水平。

（一）教师要全面把握教材

要把讲授的功能充分发挥出来，要靠教师对于学习材料的充分理解与掌握。作为综合学科的教师，就应当在学科教材内容的基础上，全面地把握本学科教材的内涵与外延。教师要从《品德与生活》《品德与社会》课程的性质、作用和教学目标出发，认真研究教材，"吃透"教材，使所讲的内容和教材承担的任务紧密结合。在此要处理好以下三点：

（1）教学重点。在教学中弄清重点内容。什么是重点内容呢？依据知识的重要程度和对学生的不同要求，基础知识可分为主要、必要和一般三类。主要基础知识，又称基本知识，这是教材的重点，是学生必须掌握的知识；必要的基础知识，与前者相比，没有严格的界限，只是其重要性与要求程度要低一些，有时也可能成为教学重点；一般基础知识，对前两类知识来说是辅助性知识，用来扩大学生的知识面，不能成为教学重点。只有把握住教学重点，教学才不致偏离方向，才能完成预定目标。

（2）教学难点。所谓难点，是指学生难以理解和掌握的某知识点和内容。难点的形成一是由于教材，二是由于学生认识和接受能力的限制。

（3）教学关键点。所谓关键点，指教材中起决定作用的知识内容，学生掌握了它，就能比较顺利地理解和掌握其他相关知识和内容。常见的教学关键点有两种情况：一是有助于解决重点的关键点，突破了它，重点也就迎刃而解了；二是有助于解决难点的关键点，突破了它，难点也就变得简单了。

（二）教师要关注学生的兴趣与学习需要

讲授的过程就是对学生思维、兴趣的引导过程，而不仅仅是传递知识的过程，特别是对于有利于活跃学生思维和能够发展学生智力的内容，教师要注意引导性的讲述。

《时光老人对我说》教学片段

1. 放映动画片

师：同学们，大家喜欢看动画片吗？今天，老师给大家带来了一段非常精彩的《猫和老鼠》的动画片段，大家可要认真看呀。

（放映《猫和老鼠》的片段1分钟。突然，画面消失，让学生焦急等待1分钟。这里的两个1分钟的时间，教师要准确计量）

师：同学们，我们看了 1 分钟的动画，又等待了 1 分钟，这两个 1 分钟，你有什么不同的感受吗？

（学生通过观看动画和等待，亲自感知了 1 分钟的长短。通过感知，学生觉得看动画的 1 分钟短，等待的 1 分钟长，充分体现了兴趣的重要性）

2. 出示课件

师：我听见刚才有个同学说："1 分钟能做什么呀？"老师在课前已经做了一个小调查。

（老师展示自己的资料：会计 1 分钟能数 300 张人民币；铅笔厂 1 分钟能生产铅笔 1600 支；喷气式客机 1 分钟飞行 18 千米；光 1 分钟能走过的路程是 1800 万千米）

师：同学们，看来，短短的 1 分钟对于我们来说，意味着很多事情可以去做。那么，你们 1 分钟能做多少事情呢？

（丰富多彩的资料，开阔了学生的视野，唤起了学生真实的情感体验，激发了学生的学习积极性）

由案例可以看到，在本部分教学之中教师的讲述特别多，归纳起来，我们可以认为这就是以讲解、接受为主的课堂教学，但是，这样的讲解不仅给学生提供大量的信息，更重要的是，学生获得了思维的空间，获得了探究的兴趣，所以讲授是成功的。当然，根据教材内容和学生自学的需要，在讲授过程中教师还要巧妙地讲述一些自学方法和途径，从而使学生找到思考问题的线索和分析问题的途径。

（三）教师要注意语言艺术的运用

语言是教师用来传授知识、进行教育的重要工具。教师是否掌握语言艺术，直接影响着教学效果。讲授的语言具有艺术性，学生听的兴趣、积极性就高，讲授的效果就好。苏霍姆林斯基在谈到教师的素养时指出："教师的语言修养在很大程度上决定着学生在课堂上的脑力劳动的效率。"因此，教师的语言要具有以下特点：(1) 富有准确性和精练性；(2) 具有示范性和楷模性；(3) 具有思想性和情感性；(4) 具有通俗性和形象性；(5) 具有启发性和节奏感；(6) 符合不同年龄特征学生的学习需要。

（四）教师要掌握驾驭非语言信息的技能

所谓非语言性信息，是指借助姿势、表情、眼神等非语言符号系统所表达出的信息，这种信息交流可实现师生之间的沟通。这种沟通在教学中起到了重要作用。非语言信息的表达方式主要有以下几种：(1) 目光；(2) 面部表情；(3) 体姿和手势；(4) 时间和空间。

（五）教师要把握讲授的度

在《品德与生活》《品德与社会》课堂教学中，讲授法主要用于教师对教材中一些文字含义的讲解，使学生理解知识概念。教师的讲解使学生更加清楚地了解客观环境及其事物的发展过程，启发了学生的思维，激发了学生的情感。但教师要把握讲授的度，不能面面俱到地讲。由于《品德与生活》《品德与社会》课程具有很强的综合性、实践性和社会性，在讲授过程中教师要根据教材内容，结合大量的挂图（插图）、音、像、实物来讲授，以避免枯燥无味。运用讲授法时教师应注意：（1）要注重讲授内容的科学性、思想性和逻辑性；（2）要讲求直观性和艺术性，加强学生的直观感受，激发学生学习兴趣；（3）讲授时语言要精练，情绪饱满，抑扬顿挫，给学生一种美感，同时给学生留有思考回味的空间；（4）教师要把握好讲授时间，及时更换活动方式，让学生积极主动地参与教学活动。

三、为学生学习服务的情境创设

情境在课堂教学的实践中，往往成为情感性与人文性的代名词，事实上，"情境是指对人引起情感变化的具体自然环境或具体社会环境"①。作为课堂教学中富有感情色彩的场景和氛围，情境以形象、具体、真实再现为典型特征，本身并不含褒贬的意味，在完整意义上分为人文情境与科学情境。人文情境是感性的、具体的、情感化的，强调想象与迁移、审美与思辨；科学情境则是理性的、抽象的、简化的、实在的，强调的是理智与逻辑。两种情境和谐地并存于课堂教学中，可以这样说，设计教学过程与设计教学情境是同步的，情境的创设并不只是为了活跃课堂气氛，更重要的是为了学生的学习与探索服务。下面我们来看有关教学情境的几个例子：

活动一：父母与我

1. 教师运用课件展示一系列孩子出生到上学的感人画面，配上深情的旁白、优美的音乐，把学生带入温馨的日常生活情境，以一件件饱含父母关爱的平凡小事，勾起学生对父母之爱的亲切回忆。

2. 学生进行个性化回忆：我的爸爸妈妈是怎样对待我的？教师随机疏导学生中可能存在的另类意见。如出现有的家长管教子女过严、学生不理解，或者某些家长教育子女的方法欠妥、学生有意见等问题，教师或相机点拨，或放到后面有关活动中解决。

3. 教师运用课件展示某些孩子不关心父母的表现，引起学生反思：我有过这样的行为吗？教师相机疏导学生中可能存在的"为某些不良行为辩护"的偏颇看法。

4. 简单说一说我们应该怎样对待父母（允许学生只达到感性地领悟要关心父母的认识层次），从而凸现主题——走近父母，关心父母。

活动二：父母与工作

1. 学生思考：我们为什么要关心父母？

2. 小组讨论（指名汇报）。学生除了想到要报答父母的养育之恩外，还可能想到自己父母"工作很辛苦"等方面，教师相机引导学生重点理解父母的辛苦：你爸爸妈妈是干什么的？怎么辛苦？

3. 引导学生小结：关心辛劳的父母，帮助他们做点力所能及的事，减轻他们的生

---

① 韦志成．语文教学情境论［M］．桂林：广西教育出版社，1996.

活压力。

……

活动五：困惑碰碰车

1. 学生自己说说在关心父母的过程中遇到的一些不知如何处理的问题。如果学生一时说不上来，教师可举例以激活他们的回忆。如你想帮妈妈拖地，她会怎么说？（也许就有学生说"妈妈会说我拖不干净""现在只管读书就行了"等）

2. 教师引导学生辨析有关看法和观点是否正确。重点导出结论：虽然父母疼你爱你，但是自理是小学生应该培养的能力。学习重要，做家务、自己的事儿自己做也同样重要，正确处理两者的关系，既可减轻父母的负担，又可锻炼自己的能力。

3. 你现在准备怎么对爸爸（妈妈）说？教师相机诱导：有礼貌地提意见也是关心父母的表现；关心父母，不是盲目听从父母的一切要求；如果父母的言行或教育是错误的，我们应该礼貌地以理说服他们。

活动六：真情表白站

1. 简单地说说学习这节课的收获。

2. 设计一句话，表达自己对父母的深情。如"今天，您把爱心给我；明天，我把孝心给您"。

3. 宣布期末"孝心奖章"颁发的条件，激励学生把道德认识转化为道德行为。

在这一教学活动片段中，教学情境是通过师生之间的自由活动而体现出来的，学生能够自然地融入情境。在传统的思想品德教学中，也有情境的体现，只是许多教师突出强调一种科学情境的营造。这样的情境只具有规范作用，即课堂教学崇尚统一性、一致性、简单性、必然性以及整体性，以理性为核心，其目标指向科学知识本身，所以道德认识及其价值内涵也变成了单一的知识授受。在这一情境中教师往往处于绝对的中心地位，按照自己所理解、预设的知识目标规范学生的学习，在有些学生偏离或者无法达到教学目标时，教师往往会采取强制性的措施来约束学生，课堂上经常呈现出严谨、严肃、严格、严厉甚至严酷的氛围。在一般认识中，这一情境往往不被称为"情境"，而长期以来它却实实在在地存在于课堂教学中。当下，"情境教学""情境教育"受到了普遍的关注，许多专家极力倡导的"情境"更多地体现为一种人文情境，即强调课堂教学的独特性、意外性、复杂性、创造性、情感性，以感性为核心，其目标更多地指向于学生自身的发展。在这种情境中，"师生关怀问辩，亲密无间，循循善诱，相互熏陶，教学相长，使师生浸淫于一种丰富、和谐、光明、温暖、纯洁、疏朗、博大的氛围之中"[①]。这是一种纯粹化了的人文关怀理念的体现。显然，这样的情境更有利于学生的自由发展，更有利于学生的实践创新，更符合品德学科教学的需要。

---

① 肖川. 我们究竟需要什么样的教育 [J]. 教育参考，2000，(5).

《我们给自己定规则》教学片段

师：今天是老师第一次来咱们学校上课，早上来的时候，我的学生特地托我给你们带来了他们的礼物，你们看——（老师拿出放在包里的两根跳绳）这可是他们最珍贵的游戏玩具。你们说，把它给谁玩呢？

（学生七嘴八舌）

生：给我，给我！

生：给表现好的。

生：这节课谁回答问题多给谁。

生：不行，这不公平。

......

师：（好不容易插上嘴）要不这样，我把跳绳放在教室后面，下了课谁先抢到了谁就玩，好不好？（学生情绪更激动）

生：不行，那样我老是抢不到。

生：我同意，我离得近，能抢到。

生：我不同意，那样非乱套不可。

生：我也不同意，那样要打架的。

......

师：（做了一个暂停的手势）没想到两根跳绳，会让同学们的想法产生冲突，让我们安静下来，讨论一下，冲突的原因是什么？怎样才能解决这个问题呢？

（学生开始激烈地讨论）

由此可见，情境带给了学生参与和思考的机会，在课堂教学中，情境不再是外界的、物化的单纯场景，而是具有教学功能的教育手段和方法。

从理论上来看，情境一般具有直观形象性、情知对称性、智能暗示性、意象相似性、理论潜在性等特征。在教学中，我们强调教师设计真实、具体的教学情境，能够使学生自然沉浸到这一情境中来，入情入境，为学习活动做好心理准备或认知、行为准备；其二是以情境为教学手段引领体验、激发情感、启迪智慧，使学生在学习过程中实现个性化的自主建构。这都是《品德与生活》《品德与社会》教学所关注的。

新课伊始，创设良好的教学情境可以迅速营造一种师生期待的学习氛围，或引发感情，或激起兴趣，或引导思维。应当说，情境的优化是提高课堂教学效率的重要手段。"情境准备"突出强调带有情感价值的教学环境的创设，力图为一个问题的解决、一段教学环节的操作，甚至是为整节课奠定基调，以引发学习者的学习动机或提高课堂教学的感染力。当然，情感的激发仅仅是情境功能的一个方面，课堂教学开始的情境准备并不一定都带有感情色彩，比如说问题情境。问题情境也是一种极为重要的情境，教师通过与学生谈话、交流来发现问题，并在一系列问题中寻找到最为关键的教学问题，以此开始整个教学或探究性学习活动。问题情境不同于情感情境，它往往带有思辨色彩，具有引导思维的作用，一旦产生良好的问题，形成了有效的问题情境，教学过程便具有探究色彩。情境设计有多种方式，宜综合进行，最大限度地发挥情境的作用。

《公共汽车上》教学片段

师：老师有一件高兴事要告诉你们。我们"手拉手"小伙伴小明来青岛做客了，老师把他请到了这里，大家看，他来了。（展示课件）

小明：小伙伴们，好久不见，你们好。你们的家乡青岛可真美呀，而且交通也非常方便，我想乘公共汽车去旅游，可是我遇到了困难，你们愿意帮助我吗？

小明：我想乘6路车到中山公园去玩，可是在栈桥这一站的马路两边都有一个6路的站牌，我们应该在哪边乘车呢？

师：让我们大家赶快一起商量一下，帮小明选选吧。

小明：这下我可听明白了，应该到这个站牌下等车。车来了，我该怎样上下车呢？

小明：听你们的，我从前门排队上车了。青岛的公共汽车可真先进，都是无人售票车，那么该怎样买票呢？（投钱该怎么投？怎样使用乘车卡？）

小明：我知道应该怎样买票了。我是第一次坐公共汽车，在公共汽车上应该注意些什么？小伙伴们，你们有没有要提醒我的？

师：大家商量，要提醒小明什么？

（学生讨论、回答）

案例中，通过问题情境，使整个教学过程都具有情境的作用。情境的设计，使原本需要抽象思考或静心想象的事情跃然于学生面前，将书本知识与学生的亲身体验有机结合，让学生在情境中感受、表达。在本课教学中，学生借助持续不断的情境，对一个陌生的城市有了亲历性的体验，并且提高了语言表达能力。更为重要的是，基于真实体验的情境进一步活跃了课堂气氛，为本环节的教学以及接下来的学习提高了效率。

课堂教学进行过程中的情境设计十分重要，这是因为在复杂而长时间的学习过程中，学生的思维易出现倦怠，而有效的情境将进一步唤起学生的热情，使他们更好地参与学习过程，也可以为解决疑难问题做好准备。情境设计还可以放到课的最后，以达到拓展思维、延伸教学效果的作用。当然，在课堂教学结束时设置的教学情境，其功能将更多地集中到学生的情感与思维的拓展上，为学生构建课堂与课外之间的桥梁，激发学生持续的学习动机。

《环境保护》教学设计一

情境一：音乐渲染

（轻音乐伴奏，展现环境幽雅、绿草如茵的生活场景）

师：如果请你把家安到这里，你乐意吗？为什么？

情境二：静心体验

（播放垃圾成堆、空气污浊、废水横流、人潮拥挤的生活场景）

师：你愿意生活在这样的地方吗？为什么？在你的周围有没有类似的情况？仔细观察画面或整理课前资料，说说这种现象是什么原因造成的。

情境三：活动场景

（整理课前调查访问资料）

师：根据你们课前的调查或访问，展示一下你们的成果。主题是"这样的环境对人类有什么危害？"

（学生以图片、语言叙述、交流书籍等形式交流调查成果。学生可参观图片展、可参与讨论、可阅读相关书籍，以融合各项信息）

情境四：探究生成

师：被污染的环境无论从感情上还是理智上都难以让人接受，环境问题日益成为一个全球性问题。结合这种现象产生的原因，你们有没有认真思考过如何去改变它？

情境五：评价激励

师：同学们的想法很好，如果当你理想中的事情与现实生活发生矛盾时，你将如何去做？

《环境保护》教学设计二

情境一：激情入境

（播放电影《地动山摇》中有关自然灾害的片段，引发学生心灵的震撼）

师：说说你的感受，思考这些自然灾害产生的原因。（自然的、人为的两个方面）

情境二：综合探究

师：环境意识的淡薄，只能导致大自然的疯狂报复，大到自然灾害的发生，小到不知不觉中的侵害，人类正在品尝自酿的苦酒。

（播放生活中受"三废"影响严重的事例录像，触动学生最真实的情感体验）

师：这似乎是我们见多不怪的情景，可当我们把它呈现出来，却是如此触目惊心，这究竟是人类的哪些行为造成的？

（学生据课前调查整理分析）

情境三：亲身体验

师：你们向往一种怎样的生活环境？写出来或画出来。

情境四：指导行为

师：美好愿望的实现要靠大家的努力，要靠全社会的参与。作为一名小学生，我们可以做些什么呢？

（捡拾垃圾；节约保护水资源；宣传、呼吁、号召各行业人们行动起来，保护环境）

贯穿课堂教学始终的情境设计，使情境融入教学过程，情境即教学手段，使课堂充满着能够激活学习思维与动机的力量。

小学品德、生活与社会教师专业能力必修

Xiao Xue Pin De、Sheng Huo Yu She Hui Jiao Shi Zhuan Ye Neng Li Bi Xiu

四、提高教学模式应用能力

教学的模式理论已成为现代教学论的基本理论之一，与教学的基本理论（或称基本原理）、教学评价论共列为教育三大理论，可见教学模式研究的重要地位。近年来，我国关于教学模式研究的成果层出不穷，许多颇有价值的教学模式给了教学改革以极大的促进作用。然而，这些教学模式研究成果也是参差不齐的，许多教学模式只有单一的操作程序，缺乏令人信服的实践验证或理论根据，在教学实践中甚至会带来许多负面影响；同时，由于许多督导性的听、评课片面强调模式，致使某一地区某时间段内只存在一种模式，造成教师的教学千人一面的局面，使教学失去了个性和创新的色彩。所有这些，使许多人产生了对教学模式的怀疑，甚至到了谈模式而色变、生怕被别人冠以"模式化"称谓的境地，"教学模式"逐渐成了一个尴尬的话题。在品德学科课程教学的研究中，我们始终立足于基层教学实践，对教学模式的理解始终坚持理性和实践的思路。无论从哪一方面的意义上说，教学模式都是必须要坚持的，必须要重视的，教师必须要掌握教学模式、运用教学模式。教学需要模式，教师要科学把握教学模式的内涵，并结合教学实际对其进行深入的研究、选择与应用。

要研究教学模式，对于教学模式概念的理解是必不可少的。在本课题的实验与研究之初，笔者曾经设想教学模式的定义可以从众多专家、学者的界定中任取其一，并融合教学实际或个人认识水平加以应用。随着认识的深入，我们逐步形成了这样的理念：认识教学模式应该采取一种归纳的方式，从教学实践、经验中提取其操作内核并加以理性化，从而构成了教学模式的概念。

（一）教学模式是一套方法论体系

哲学领域内的方法论指的是"关于认识世界、改造世界的根本方法的学说"。我们对教学模式的界定，取方法论的第二种理解，即"方法论是在某一门具体学科上所采用的研究方式、方法的综合"，将教学模式界定为一套方法论体系。这是对教学模式理论与实践的融合，是对教学模式的内涵的丰富。

《我们这里的农产品》教学案例

（一）社会调查阶段

我们学校有一个非常便利的条件，就是学校附近就有超市和菜市场。那天是一个雨天，但是并不影响我们去调查的喜悦心情。学生拿上了笔、拿上了本子就出发了。来到绿地超市，学生争先恐后地记录自己需要的数据。我看到这种情景感到非常舒心，因为我的学生对调查活动非常感兴趣，兴趣是学习的原动力啊。在超市里，学生用那稚嫩的童声问老师："老师，这是不是冬瓜啊？""老师，这是不是油菜啊？""老师，这是不是生菜啊？"通过这次调查活动，学生了解了常见农产品的名称、特点及品种等知识。

（二）组建超市

师：小朋友们，课前老师布置了一个任务，让你们不管是粮食、蔬菜还是水果，任选一种带来与大家一起交流，今天你们都带来了吗？

生：带来了。

师：谁来说说你带来了什么。

生：我带来了大米。

生：我带来了西红柿。

生：我带来了黄瓜。

生：我带来了苹果。

师：像小朋友刚才带来并介绍的大米、西红柿、苹果等，它们都有一个共同的名字，你们知道叫什么吗？

生：农产品。

师：对，它们共同的名字叫农产品。（板书：农产品）

师：据我了解，我们班的小朋友都很喜欢逛超市，今天咱们带来这么多的农产品，让我们也组建一个小小超市好不好？

生：好。

师：那就把自己带来的农产品放到桌子上。

（学生把自己带来的农产品都摆放到桌子上）

（三）分类摆放超市的农产品

师：小朋友，你们发现我们这里农产品的摆放和超市里农产品的摆放有什么不同吗？

生：超市里的产品都是西红柿和黄瓜放在一个地方，大米、小米放在一个地方，这里放得很乱。

生：超市里的产品摆放得很整齐，我们这里摆放得很乱。

师：让我们按照超市农产品的摆放方法，把自己带来农产品放到相应的位置吧！

（老师边说边把粮食、蔬菜、水果的牌子放在桌子上，学生们分别把自己带来的农产品放到相应的地方）

师：谁想来检查这些农产品摆放得对不对？

（学生检查后，老师提问）

师：我们这里的农产品摆放得对吗？

生：摆放对了。

师：通过我们刚才农产品的摆放，现在你发现这些农产品分几类吗？

生：农产品分粮食、蔬菜、水果三大类。

师：对，农产品分粮食、蔬菜、水果三大类。

小学品德、生活与社会教师专业能力必修

Xiao Xue Pin De、Sheng Huo Yu She Hui Jiao Shi Zhuan Ye Neng Li Bi Xiu

（四）猜宝游戏

师：今天小朋友带来这么多的农产品，这些只是我们山东农产品的一部分，有一些还是我们山东的特产呢。

师：你知道我们山东的特产有哪些吗？四个小组猜宝游戏见分晓。老师这儿有12张卡片，每张卡片都有1道猜宝题，每个小组有3道题。小组合作进行猜宝好吗？看看哪个小组都能够猜对，最少猜对两道题就可以得到这个丰收果篮了。

（小组合作进行猜宝，猜宝题如：济南龙山一宝是＿＿＿＿＿＿＿＿；济南天桥一宝是＿＿＿＿＿＿＿＿）

师：小组合作完成了吗？请把你们猜得的结果拿上来，和其他同学一起交流。

（老师分别检查各个小组猜的结果）

师：刚才我们猜的宝，不论是龙山的，还是天桥的，是不是都是我们家乡的农产品啊？

生：是。

师：对，都是我们家乡的农产品。（板书：我们这里的）

（五）制作"农产品身份证"

师：我们家乡的农产品可多了，你愿不愿意让我们家乡的农产品走出山东、走向全国、走向世界呢？

师：那就让我们为农产品设计一张身份证吧。

师：你觉得这个身份证上应该介绍农产品的什么呢？

（大家开始自由创意，全班交流评选）

师：下面大家把自己制作的农产品身份证放到相应的农产品前面吧！

（六）农产品促销大会

师：绿地超市下个月要举行农产品促销大会了，可是还没有促销员呢。今天超市要在咱班招聘优秀促销员了，条件是对农产品了解得较清楚、全面，声音洪亮。谁想参加招聘？

（学生争先恐后地要参加。师生共同参加促销活动）

生：卖桃子了，卖桃子了，又香又甜的大桃子，富含维生素，吃了有营养，走过路过不要错过，请大家快来买吧！

……

师：刚才看到小朋友的促销，老师认为你们个个都很棒，如果你认为你符合优秀促销员的条件，就上台摘一朵智慧花贴在胸前。

（老师从中选出表现最好的几位）

师：因为你们的自信，因为你们的出色表现，你们都被录取了。

学生在课堂上还有很多促销形式，有唱歌的、说快板的，还有说三句半的。他们说出了农产品的产地、价格、功能、特点等。这些内容都是学生自己准备的，源于他们的社会调查。这次促销活动激起了学生极大的兴趣。这样学生通过观察自己周边的生活现象去"感悟"，使良好的品德在学生的生活中自然而然地形成。

由这一教学过程可见，教师的教学按照"问题提出—资料收集—资料分类整理—成果展示"这样的步骤设计的，这就是一个社会问题的探究过程。虽然对小学生来说，这个探究的过程并不严谨，但是教师对于各个阶段的设计与调控是精心的，可以说，这位教师对教学模式的理解与运用是准确的。

由此来理解教学模式的概念，可见教学模式就是一个综合的方法论体系。教学模式作为方法论体系这一界定，还包括教学模式与教学方法、策略、过程、评价、结构等的关系问题。教学方法、策略、评价、结构等问题应该都属于教学模式的范畴，反映在课堂上，它们随教学情境的不同而具有不同的实施空间，构成了课堂教学的系统性。教学模式是一个系统，而不仅是一个单一的结构或范式。

认识到教学模式是一套方法论体系，在教学研究与教学实践中都具有积极的意义：（1）拓展了教学模式的内涵，使教学模式具有多重价值取向，使其功能更完整地凸现出来，具备了更强的理论与实践价值；（2）使教学模式的研究有了更为开放、广阔的思维空间。

构建教学模式不是简单地形成一套教学程序，然后验证一下便结束，而是要从系统的方法论观点出发，由理论到方法、策略、过程、评价、结构等各个方面均形成相互呼应的整体。教师在学习和运用教学模式时，应当遵循一个相对综合的原则，从理论出发，并把理论落实到教学程序上。在这一过程中，教师要积极发挥模式所呈现的方法、策略等优势，理性运用模式，避免进入模式化的境地。

（二）教学模式的实践观

从教学模式的分层界定来看，教学模式是课堂教学所必须依托的理论与实践依据。因此，要不要教学模式的问题似乎可以迎刃而解——课堂教学需要教学模式，而且任何形式、任何理念支持下的课堂教学都需要教学模式。从教学模式的方法论体系界定、环境界定、学习模式界定三层观点来看，教学模式是课堂教学基本存在状态和基本规律的反映，同时，教学模式是课堂教学的必要条件，教师只有借助一定的教学模式才能沟通教与学，实现教学理论与教学实践的有机结合。

课堂教学需要模式，那么教师应当建立怎样的模式实践观呢？换个角度说，什么样的模式是课堂教学必需的？什么样的模式观是积极的？

《坐立走，有精神》教学案例一

师：在日常生活中，每个人都会坐立走。我们育才小学一年级的小朋友前几天围绕"坐立走"开展了一个"健康礼仪之星"的活动，想不想看看哪些小朋友被评上了"健康礼仪之星"？

（播放录像，让学生观察身边的榜样）

师：你们知道刚才那些小朋友为什么能被评上"健康礼仪之星"吗？

（学生自由交流。教师随机揭题：坐立走，有精神）

师：（指一名学生）你们看，这位小朋友就"坐"得特别棒，来，到前面来坐给大家看看！（指名学生示范→师生评价→随机表扬）

师：你们知道这样坐有什么好处吗？

（观看录像，一位医生从生理的角度讲述保持良好的坐姿对人少年时期生长发育的好处）

师：你们离"健康礼仪之星"已经很近了，那"立"和"走"你们会吗？星期一早晨，我们排着队一起走到操场上，站在那里参加升旗仪式；每天，背好书包上学放学，这都是在站立、行走。

师：我们在小组里比试一下，每个小组推出一名站立、行走姿势最漂亮的小朋友！

（小组练习）

师：请每组最棒的小朋友上来展示一下！

（相机点评，教师示范，从展示的学生中挑选6名"小教练"，为"小教练"授牌）

师：为了让大家教得更好、学得更好，请"小教练"回到座位，我们先一起来看段录像吧！

（根据学生需求而定，再次观看录像）

师：请"小教练"带领队员到指定的地方练习站、走，互相纠正动作，比比哪个小组学得最好！

（小组练习，"小教练"带队员到前边展示，师生共同评点）

师：有了正确的坐、立、走姿势，同学们才能显得精神饱满，充满活力。生活是丰富多彩的，不同职业的人在不同的场合"坐立走"的姿势也有很大不同。老师上课前搜集了一些资料，请小朋友一起来欣赏一下吧！

（观看展现升旗手、解放军叔叔、生活中的女兵、少先队员、模特儿、运动员等人行走姿势的录像）

师：生活中"走"的学问挺大的吧！老师也选了三个我们小朋友生活中坐、立、走的场景。（早晨，站在校门口迎接老师和同学；在阅览室里看书；在电视台播音）

师：请各小组从三个场景里任选一个，合作演一演。你们也可以围绕"坐立走"自己想个表演的内容。

（小组练习、展示，教师随机点评）①

《坐立走，有精神》教学案例二

活动一：模拟表演

（由两位同学扮演两位老人：一位健步如飞，做着各种体育运动；一位弓腰驼背，吃力地行走或做事）

① 黄淋琳，诸葛智. 坐立走，有精神［J］. 中小学教材教学，2003，（13）.

师：如果有一天你老了，你愿意像哪位老人？你们猜想是什么原因造成了这两种不同的结果？

（生自由谈，不排除第二位老人的弓腰驼背是由生活负担过重、过度劳累等原因造成的）

师：让我们听听医生是怎么说的吧！

（结合画面，一位医生讲解青少年骨骼发育的相关知识，指出正确姿势对生长发育的影响）

活动二：评选礼仪之星

师：同学们有没有观察过，我们周围的同学谁的姿势最漂亮。表演一下，小组内推选出"礼仪之星"上台表演。（小组活动→上台表演→师生相机评价→在鼓励与纠正中讲解正确的坐、立、走姿势）

活动三：他们真精神

师：在坐、立、走姿势方面，有一些人做得非常棒！他们是谁呢？（生答）今天，老师也把他们请来了，我们一起欣赏一下吧！

（播放展示军人、少先队员、运动员等人站立、行走的姿势录像）

师：谈谈你们的感受吧！

活动四：说说我自己

师：他们是我们的好榜样！其实，同学们有时表现也挺好的，说说自己在什么时候坐、立、走的姿势最棒？演一演吧！

（生表演，师随机发现表现最棒的学生，请他担任"小教练"，对其他同学进行指导帮助）

活动五：我能行

师：有了正确的坐立走姿势，就能显得精神饱满，充满活力。就让我们课下比一比，看一看谁的姿势最美，谁最精神！

同样是《坐立走，有精神》这一节课，由于在不同的教学模式的支撑下，课堂教学设计也是截然不同的，那么，该如何运用教学模式呢？《品德与生活》《品德与社会》课堂教学模式在实施中有这样四点基本原则，这也是指导教师建立有效的课堂教学模式观的基本途径。

（1）教学模式应当遵循学生心理发展规律，符合现代教育教学思想。如教师在运用教学模式时应充分考虑学生思维活动规律——艾宾浩斯的遗忘规律，关注学生因年龄、性别差异呈现出的不同学习特征等。

（2）教学模式要注意整体性、宏观结构的建立和运用。最有效的教学模式是具有宏观指导功能的，能随课堂教学的展开而富有弹性地变化，教师运用模式亦应从整体上把握，无需抓住细节不放。

（3）注重教学模式与学科特点的适应。教学模式分为一般教学模式与学科教学模式两类，《品德与生活》《品德与社会》课堂教学突出强调一般教学模式的建构与应用，因为一般教学模式更容易接纳新的教学理论。当然，在将模式理论付诸教学实践时，应当注重与学科特点相适应。

（4）注重模式的整合。有专家认为："世间不存在放之四海而皆准的最优教学模式。任何教学模式总是要依据一定的条件发挥作用的。因此，我们所要探讨的不是去评定哪一种模式最佳，而是哪一种模式的哪些侧面针对什么目的可以取得什么效果。"应当说，任何教学模式都有其合理性，也必然存在着不足。当前的众多教学模式，由于其关注领域的不同，大多具有互补性，教师只有大量研究、掌握教学模式，才能在教学中立足于自身的实际，有效整合教学模式，在不同的教学条件下灵活运用最与之相适应的教学模式，实现模式的最优化。

五、提出有教学价值的问题

问题是教学得以推进和教学目标得以实现的良好凭借。在教学实践中，我们发现无原则、无目的的问题会削弱教学的价值功能，无论是由哪一种方式生成的问题，一旦被作为教学问题实施，必须是具有教学价值的。不精心设计问题，在教学过程中盲目随意地生成教学问题有巨大的危害。我们来看一则教学设计与实施案例。

在教学"认清迷信活动的真面目"时，为了让学生了解自己周围的封建迷信活动有哪些，执教教师均布置了课前的调查活动，让学生广泛收集相关的信息。课堂上，一位教师布置学生分组，然后提出问题："小组内交流一下各自的资料，将我们所了解到的身边的迷信活动汇总起来，看看每个小组有多少种？"在这一问题的引导下，学生很快地进入对材料的交流、研讨、整合状态，学习活动积极地展开了。而另一位教师却这样提出问题："你们知道有多少封建迷信活动？四人一组讨论一下，我们要进行全班交流。"可以说，这一问题是不明确的，对学生分组学习只有"讨论"一个要求，不够具体，大多数学生会感到无所适从。再一点，就是学生没有在教师的问题中明确此次学习活动的目的，不知道要写的是个人的资料，还是集体的资料；是所有的资料，还是整合后的资料；是每个学生都写，还是只让一个学生来写……那么，学生的学习活动过程必将受到影响，学生因此甚至会走一段弯路。[①]

（一）问题应当是明确、具体、可感的

问题的内涵应当是明确的、具体的、可感的，《品德与生活》《品德与社会》教学中呈现问题时宜直截了当，不要拐弯抹角，让学生感到不着边际。明确、具体、可感的问题是学生探究与学习的直接依据，学生可以不必为琢磨问题的内涵而绞尽脑汁，可以直接关注问题所导向的学习领域或学习空间。只有这样的问题，才有利于学生思维与情感的直接切入。

---

① 李秀伟. 新课程教学设计《品德与生活》《品德与社会》[M]. 北京：北京师范大学出版社，2004.

明确、具体、可感的问题除具有基本的教学价值外，还有利于全体学生的理解、参与。特别是对于一些反应较慢、学习暂时有困难的学生，如果问题距离他们的认知水平较远，必然导致他们理解上的困难，而等到这部分学生将问题真正把握准的时候，留给他们思考、探讨的时间也就不多了，很容易使他们成为问题解决过程中的旁观者，最终使得他们的学习机会越来越少，学习水平越来越落后。由此可见，问题的生成不仅仅牵扯到问题价值本身，更为重要的是影响全体学生在学习中的全面发展。明确、具体、可感是可操作性的前提，更是问题为每一个学生服务的前提。另外，关注问题的外在形态同样重要。

明确、具体、可感自然是品德学科教学所期待的问题价值，但仅仅设计这样的问题是不够的。如问题具体但太直白，无法引起学生的思考热情；问题指向性不强，教学目标的达成度不够；一些反例趋于形式化，所展示的错误明显，学生无须思考、思辨便能够顺口回答。当然，在问题的设计中，还存在其他一些典型误区，那么，除了问题明确、具体、可感以外，对问题还有哪些要求呢？

（二）问题应当是有思维价值的

《品德与生活》和《品德与社会》教学中的问题的价值首先是引发学生思考，学生在思考的同时才能运用多种方式来解决问题，所以问题的思维价值显得更加重要。具有思维价值并不是指问题要一味追求难度，让学生百思不得其解。具有思维价值的问题有这样两个层面的含义：一是问题要有一定思维深度和广度，需要学生历经真实的思考，运用多种思维方式的组合，进行苦苦地思索或探究后，才能寻求到问题的答案，具有引导思维的功能，而不仅仅是制造思维困难；二是要适合学生的思维水平，应当让绝大多数学生经过思考后都能解决问题，并且让另外学习基础或能力暂时较差的学生在教师的引导或同学的帮助下也能以不同层次解决问题。

事实上，在问题的思维价值方面，许多教师的认识与把握并不到位，这也是造成当前课堂教学高耗低效现象的核心因素之一。如在教学《最可爱的人》一课时，教师完全可以围绕"我们为什么要向解放军学习？怎样才是真正地学习解放军？"这两个问题来完成教学，让学生在这两个问题的宏观调控下去自主学习、评价、反思。

（三）问题要关注教学目标的达成

许多时候，为了完成所谓的"教学任务"，品德学科教学中的问题仅仅成了课堂教学推进的工具，与教学目标的指向相脱节。新的课堂教学理念强调三维教学目标的达成，一方面，实现这些教学目标需要课堂内各环节、各因素的综合协调；另一方面，在达成这些教学目标的过程中，问题具有不可替代的重要作用。因此，《品德与生活》和《品德与社会》教学设计不要为提问而提问，不能忽视问题与教学目标之间的沟通与联系。

（四）问题要展现教学个性

无论何种形式的问题，都是为学生的学习服务的，也是教师教学个性的反映。《品德与生活》和《品德与社会》教学中的学习材料是需要学生自己去建构的，所呈现出来的情感、道德观、价值观等更需要教师的主体加工，由此产生具有建构性的问题。如果说服务于学生的学习与发展是问题的应然状态，那么展现教师的教学个性则是问题的实然状态。

如果问题失去了教师的个性，也就失去了其内在的生机与动力。人云亦云或照本宣科式地借用别人的问题来组织教学，最终会导致教学效果的衰减，这与许多教师直接借用名师、名家的教案却上不出理想的课来是一个道理。问题必须是教师个性化的教学理念、方式、行为的展现。无论是生成的问题，还是处理课堂教学中的问题，教师都应当有一点个性，让课堂教学具有鲜明的个性化倾向。教师个性的展现并不是以教师为中心，让学生、教材去适应教师自身的理解与感受，而是通过具有个性化的问题，使教师与教学内容达成情感的默契，从而使教师更准确地帮助学生去学习、体验并实现教学目标。

六、让学生接受问题的呈现方式

问题的设计精彩与否，关键在于学生能否接受问题的呈现方式，所以问题的设计与呈现虽然是教学设计的一个小部分，却往往是课堂教学的灵魂。

（一）问题的呈现是一门艺术

问题呈现是问题设计的一部分，教师如何将设计好的问题以最恰当的方式呈现给学生，是一门教学艺术。问题的呈现方式要依据教学内容的特征及学生的学习实际灵活变化。

归纳起来看，问题的呈现要有这样几点原则：（1）鲜明性。能够让学生准确触及问题的实质，能够激发学生的学习兴趣，发挥问题的导向功能。鲜明性并不是突兀的、让学生措手不及的，而是生动的、易于接受的。（2）渗透性。问题的呈现不应是生硬的，也不应让学生感到无所适从，而应渗透到课堂教学的大情境中，符合学生的接受习惯，让学生自然地去接纳问题，从而思考、解决问题。（3）延迟性。在学生正在积极学习或思考时，教师的提问可适当延迟，欲扬先抑，让学生有了自己独特的感受再把问题呈现给他们，使问题的效度更高。（4）共现性。问题往往伴随着解决的方法或者问题解决后的评价，许多教师往往习惯于提出问题的同时，将方法或问题的评价提示出来，这应当说是一种有效的教学策略，但太过主观，不利于学生在解决问题时的个性化思维或开放式思维的产生。如"同学们找一找……""你能用比较的方法来理解……"等之类的提示，不宜太多。（5）激励性。问题的呈现往往伴随着激励，特别是在低年级，问题伴随着竞赛、伴随着激励，能够有效地调动学生的参与热情。（6）咨询性。一位教师在让学生进行学习时，这样呈现问题，"校长要给我们班的同学买运动鞋，可老师不知同学们穿多大号的，没法向校长交差，谁来帮帮老师？"这样的问题带有咨询性，也带有良好的启发功能，人文色彩特别浓，学生的参与欲望很容易得到激发，解决问题的意识自然就增强了。

（二）引导学生提出问题

可以肯定地说，让学生自行提出问题，是《品德与生活》和《品德与社会》教学理念所提倡的最理想境界。在教学设计领域内，教师对引导学生提出问题的关注并不是很密切，更多的是一种问题的引导。在鼓励学生提出问题的同时，教师要注意两点：

一是强调师生共同协商，以生成问题。在教师良好的课堂情境引导下，或者在学生有效的自主学习基础上，学生都能或多或少地提出问题，教师在鼓励和肯定学生积极提问的态度的同时，还要对学生的问题进行判断、加工直至真正生成有效问题，而此时需要的是师生的共同协商。

二是避免形式主义倾向。许多教师往往写出课题来便问："看到这个课题（或题目），你有什么问题要问吗？"此时，有的学生或许会提出一些问题，但大多是没有在知识与生活的联系中反思过的问题，随意性、盲目性较强，这样的问题生成也就没有太大价值。可以说，这种形式主义的、表面化的学生提出问题的方式，不利于学生问题品质的形成。

由学生提出问题的方式需要教师慎重对待，教师要真正使学生得到提问题的机会，并使其建立提问题的意识、具备提问题的能力，为问题生成开拓出一片富有生机的广袤天地。

《品德与生活》和《品德与社会》教学强调对学生问题意识和质疑能力的培养，体现在课堂上则是要求师生共同发现问题。师生共同发现问题的过程，实质上是教师带领学生，由学生自行发现问题的过程。在这个过程中，教师必须也只能是促进者，不能过多地充当发现者。一节课需要多种多样的问题，教师设计并提供的只能是一部分，是具有典型的价值引导式的问题，而大部分问题则需要让学生去发现。理想的品德学科教学应当是学生不断发现问题、生成问题的过程，这要比师生共同解决了一个问题更有价值。

在此，我们需要从广义上来理解问题的含义。学生在课堂上发现的问题，一是疑问，即学生不懂、困惑和不解的地方，这类问题是最主要的，也是学生最容易提出的；二是挑战性问题，学生对于课本知识或观点的理解有不同之处，在积极思考的基础上提出的问题；三是反思性问题，学生在教师的引导或其他同学的启发下，经常会问"是不是""对不对""能不能"之类的问题，既是对学习内容的反思，又是对自身学习过程或结果的反思；四是主题性问题，即学生提出的并不是问题，而是学习的主题；五是体验性问题，这类问题有时也不是以问题的形式来呈现的，如学生个性化的体验、感受、情感的震撼等，都可以称作为课堂问题。特别是在品德学科中，有时课堂上生成的并不是问题，而是学生的认识或体验，这也可以作为学生发现的"问题"来看待，并且这种"问题"往往带有很强的个性和情感，是课堂教学中宝贵的"问题"资源。

让学生发现并最终形成有价值的课堂问题，教师需要从多个层面进行引导，尤其是教师的设计，其中既有外在良好的教学情境的设置，又有刻意的训练，如方法的引导、

小
学品德、生活与社会教师专业能力必修

Xiao Xue Pin De、Sheng Huo Yu She Hui Jiao Shi Zhuan Ye Neng Li Bi Xiu

习惯的培养等。在这一过程中，最为关键的是教师作用的充分发挥，学生发现问题的过程正是教师最为有效的引导过程。师生共同发现问题的途径，应当有这样四个方面：

（1）由文题产生。看到要学习的内容，甚至是标题，学生就会产生很多想法，此时就是产生问题的良好契机，许多教师的课堂教学往往是结合对标题而产生的猜想来展开的。比如"民族英雄郑成功"一课，学生看到这个题目，自然对郑成功这个人物产生很多问题，这些问题可以成为学生探究的主题，那么学生的探究肯定不集中在教材上，而是在问题的引导下自由展开。因此，由文题产生问题不失为一种教学设计的形式。但让学生结合文题来提问并非是一种有效的教学手段，仅可作为一种途径，因为这一方式很容易让学生进入形式化的误区，如很多教师往往不加分析，直接让学生去提问。这样的提问，只能让学生单纯地、没有根据地去猜测，而没有形成有效的学习化场景，提出的问题只能是空泛的。

（2）由思考产生。从学生的思考中提出问题，是引导学生发现问题的主要途径。学生只有在对学习内容进行充分感知和初步思考、分析之后，才能够产生问题，也只有这时产生的问题，才是教学中所能依托的问题。学生在思考的前提下提出的问题，要凭借教师架起的学生已知和未知之间、教材知识与生活知识之间的桥梁，正是在这些结合点上，学生才能产生问题。课堂上让学生先思考后提问是必要的，并且要求学生必须提出内心的真实困惑，否则，学生的问题便不能真实反映他们当时的思维状态。

（3）由讨论产生。学生与学生之间的讨论交流是思想交换和思维碰撞的过程，再加上教师的参与，讨论的过程成为一种具有学术性的思维过程。事实证明，有效的讨论往往极容易产生问题，并且是具有实际价值的问题。

要发现并把握学生讨论中产生的问题，教师需要具有敏锐的判断力，否则学生的思想火花往往转瞬即逝，很快被别的话题所取代；同时也需要教师敢于打破课堂的常规状态，因为讨论产生的问题往往是随机的，有时对于当时的教学过程并不起多少作用，甚至会影响教学的正常进程，这就要求教师具有开放的教学思想。

（4）由总结产生。要把课堂教学总结的权利交给学生，并且让学生知道总结并不是简单地回顾，而是反思的过程。正是反思式的总结，往往会产生大量的问题，有时甚至是批判性的。《品德与生活》和《品德与社会》教学都是以活动为核心的，所以教学总结并不仅仅存在于一节课的结束阶段，一个问题探究或体验的结束、一个学习活动的结束之前等，也需要简单的总结。引导学生总结，既要把权利真正给学生，敢于让学生去说、去交流，同时还要积极为学生创设提出问题的情境。教师可做一些问题设计，如"这部分内容的学习还有没有不满意的地方""老师和同学们的意见你们都同意吗""给同桌设计一个复习性的问题吧""你对刚学过的教学内容有不同看法吗"等。以此来促使学生产生新的问题，真正使课堂教学遵循"问题—解决—问题"的过程，使每一次学习活动都能产生于问题、结束于新问题，或者产生于学生的体验、结束于学生的新体验。

专题三　对课堂行为的优化能力

《品德与生活》《品德与社会》课堂的深度生成有赖于教师所采取课堂行为的优化策略。但在实际教学中，一些教师由于缺乏必要的理论与方法指导，倾向于外在的强化训练，忽视了学生作为个体的人的内在需要，导致教学策略不合理、教学效率低下。我们教师应当主动探索，提高自己优化课堂行为的能力，创建高效课堂，让课堂真正成为《品德与生活》《品德与社会》课程理念得以实现的场所。

一、呈现学生的"自主"

让学生在活动中自主建构是实现《品德与生活》《品德与社会》教学目标的基本途径，由此，自主建构便成为这两门课程教学论的基本价值追求。学生的自主建构一方面是其学习方式的体现，更重要的是，课堂教学的自主建构也为课堂教学带来了全新的文化价值。"建构主义者主张，世界是客观存在的，但是对于世界的理解和意义赋予却是由每个人自己决定的。每个人是以自己的经验为基础来建构现实，或者至少说是在解释现实，个人的经验世界是用自己的头脑创建的，由于每个人的经验以及对经验的信念不同，人们对外部世界的理解便也不同。所以建构主义者更关注如何以原有的经验、心理结构和信念为基础来建构精神世界。那么，原有的经验、心理结构、信念又来自何处呢？我们认为，活动是个体经验世界的源泉，是个体获得事物意义的表达方式——语言表征、情节表征、动作表征的源泉。因此，对于《品德与生活》和《品德与社会》教学来说，活动是第一位的。对于促进学生发展的教育教学活动而言，这种活动最初表现为外部活动，由于主体自身的智力参与，使外部的活动过程内化为主体内部的心理活动过程，并从中产生主体的个体体验。"[1] 这是我们主张让学生自主建构的基本理论认识。学生学习的建构过程是学生个体自身不断认识与提升过程，是学生的自主发展需求与结果的再现。品德学科课程必须以学生为真正的学习主体，必须在学生的自主活动中实现。因此，"自主性"就成了《品德与生活》《品德与社会》课程的本质性要素。[2]

---

① 张志勇．创新教育：中国教育范式的转型［M］．济南：山东教育出版社，2004．
② 齐健，李秀伟，王钢城．活动建构：创新教育的教学革新［M］．济南：山东教育出版社，2004．

《我和春风一起玩》教学片段

（一）创设情境，激发玩的愿望

师：（出示春姐姐图）你们看，谁来了？

生：春姐姐。

师：有礼貌的小朋友，让我们和春姐姐打声招呼吧！

生：嗨，春姐姐，你好！

师：漂亮的春姐姐就像一个神奇的魔术师，吹到哪儿，哪儿就变了模样，能说说你们感受到的变化吗？（师随生说板画）

师：她越过一座座山，山就随她变绿了；她飞过一条条小河，河水唱起了快乐的歌；她来到我们校园里，想跟小朋友一起玩呢！大家高兴吗？

生：高兴。

师：今天就让我们"和春风一起玩"吧！（板书课题）

（二）讨论交流，策划玩的方案

师：我们和春风玩什么呢？

生：春天来了，我们想跟春风一起放风筝。

生：春天来了，我们想跟春风一起赛纸飞机。

生：我想和春风一起玩风车。

生：……

师：春风姐姐可是有备而来，还给你们带来了礼物呢！（出示提前准备的风筝、小风车，老师手拿风车转一圈）想玩吗？

生：想。

师：只有这么少怎么办呢？

生：用我们带来的废旧物品自己动手做。

（三）动脑动手，做一做

1. 引导学生根据自己的兴趣和需要选择制作各种简单的利用风力的小玩具。

师：同学们的主意真不错，你们可以自由选择伙伴和材料，制作自己喜欢的玩具，需要帮助的可以找老师。

2. 小组活动。（播放配有《春之声圆舞曲》音乐的春景）

（教师话题刚落，学生就忙开了，有的寻找自己需要的材料，有的围在一起讨论，有的独立思考。一会儿，学生分散在各小组里动手制作自己喜欢的玩具，有的折纸飞机，有的制作风车，有的做降落伞。教师深入到各个小组里，观察、了解学生制作的过程，适时给予必要的帮助和指导，鼓励学生选择不同的材料制作出与别人不同的玩具，及时提醒学生正确使用工具、注意安全）

3. 小组展示。

生：我做的是_____，是用_____材料做的。

师：是啊，喝水的纸杯只用了一次就不用了，挂历还很新呢，就摘下来扔掉，多可惜呀。咱们小朋友真是心灵手巧，也像魔法师一样，把这些废旧物品变成了宝贝。

（四）走进自然，享受玩的乐趣

师：让我们带着玩具到春风里玩一玩、乐一乐吧。（提醒学生，这次是试飞，有时间再进行比赛。外出活动应注意安全、卫生，同学之间应相互帮助）

（学生在组长的带领下到室外玩一玩）

（五）总结反思，升华玩的感受

在这一过程中，学生的自主学习贯穿始终。从这堂课的第一环节开始，学生便在教师的引导下和自己的讨论中呈现要"探索的问题"，进行自主学习，学习过程与学习结果全面展现出来。在"活动"这一核心过程中，教师的设计明显是以学生为出发点的，突出体现的是学生的主体地位。

《帮帮残疾人》教学片段

（一）故事引入，激起共鸣

（课件展示本校学生生活和学习的片段）

师：同学们认识这位同学吗？她就是我们的小伙伴，她从小得了"脆骨症"，无法和我们一样奔跑、跳跃，多么不幸啊！可是她不肯向命运低头，努力学习，成绩优秀，是一个品学兼优的好学生。

师：了解了这位同学的事迹，你想说点什么吗？

师：其实，这种身残志坚的故事在生活中还有很多很多，谁来交流一下你收集到的故事？

（学生交流课前收集的小故事）

师：刚才大家介绍的这些人，他们的身体都有缺陷，我们称他们为残疾人。残疾人在生活中，会遇到许多常人难以想象的困难。不信，咱们来体验一下。

点评：儿童品德的形成源于他们对生活的体验、认识和感悟。活动一开始，教师创造性地使用教材，选取学生身边的残疾人的故事，使学生强烈地感受到残疾人就在自己身边，激发了他们参与活动的积极性。而后交流的一个个生动感人的故事，更使学生的心灵受到震撼，情感得到共鸣。

（二）换位体验，深刻感受

1. 体验游戏一：盲人

用丝巾蒙住眼睛，走上讲台，摸到黑板再回到自己的座位。

2. 体验游戏二：肢残人

把书包内的东西全部倒出，然后右拳紧握置于胸前，左手整理书包。

3. 体验游戏三：聋哑人

同学之间互相用口形表达和猜测想要表达的意思。

（分组同时开展游戏，游戏结束后，让学生谈谈自己的活动体会）

小

学品德、生活与社会教师专业能力必修

Xiao Xue Pin De、Sheng Huo Yu She Hui Jiao Shi Zhuan Ye Neng Li Bi Xiu

点评：心理学告诉我们，人们的认识活动是与人的情感活动、生活经验紧密联系的。活动中"身临其境"使学生获得对残疾人生活的真实感受，以激发学生的情感体验，使学生深切感受残疾人在生活中面临的困难与痛苦，唤起学生的同情心。

（三）爱心助残，行动实践

师：在这短短的几分钟里，同学们就感到许多不方便，而残疾人却天天如此、年年如此，多么不容易啊！我们该怎么办呢？

（学生交流、谈认识）

生：我们应该多方面了解他们、关心他们、帮助他们，因为他们都需要关爱！（揭示课题）

这一教学片段突出展示学生学习的建构性，集中体现了以学生的主体感受和亲身参与来建构知识意义和道德情感的意图。

显然，《品德与生活》《品德与社会》课程教学以自主建构为基本价值追求，自主建构就成为品德学科一种最本质的教学策略，这是与品德学科教学的整体培养目标一致的，是追求生活化、开放性课堂教学文化品位的高度体现。这种试图构建一种全新的课堂教学文化境界的追求，要强调以下几点：（1）课堂教学要具有丰厚的文化底蕴，应当是建立在丰富的科学文化知识及学生生活的真实背景之下的；（2）课堂教学要真实呈现学生的认知与思维过程，应当坚决摒弃为所谓"创新"而创新的浮躁虚假行为，强调学生真实的学习收获；（3）课堂教学应当是学生得到文化洗礼的场所，是学生建构自己独具个性的文化气质的场所；（4）课堂教学要体现"以人为本"的主体文化观，应当在学生的自主学习中，使其主体性得到最大程度的张扬。

在教学实践中，自主学习的策略更值得关注。比如，在《看我多精神》一课的教学中有这样的片段：

师：课前，老师布置大家搜集正确的坐立走姿势的图片、录像或光盘，你们搜集到了吗？都搜集了哪些？

师：小朋友们可真棒！能搜集到这么多的资料。下面大家就把找到的图片摆放在前面的展桌上，让我们自由地欣赏吧！

（生将自己搜集的图片资料放在前面的展桌上，开始自由欣赏其他同学摆放的图片）

师：小朋友们刚才互相欣赏了各自搜集的图片，下面再来看看光盘的内容。

（播放天安门前升旗仪式的光盘，生观看）

师：小朋友们看得可真认真！你们刚才看升旗仪式的时候心里想什么了？能不能告诉大家？

师：看这些图片、光盘中的叔叔、阿姨这么精神，我们能不能像他们一样精神呢？

……

师：下面我们就准备一下，想想怎样向同学展示自己的风采。可以用画画的形式，画出自己坐立走的正确姿势；也可以用形体表演的形式，摆出姿势造型显示自己的风采；还可以做手工，捏出正确的姿势。开始准备吧！

（学生用各自不同的形式展示正确的坐立走的姿势）

师：大家准备好了吗？下面我们就以小组为单位，在同学面前展示自己正确的坐立走的姿势，让同学们评价评价，看你精神不精神？

（小组展示：有的学生作出各种坐立走的姿势，有的学生画出各种正确姿势，还有的学生用橡皮泥捏出站得直、坐得端的人体模型。学生在一起互相展示，互相评价）

在这一教学片段中，虽然教师始终都参与教学，但是教学过程是属于学生的，学生的自主学习得到了突出地体现。首先，教师布置学生课前搜集资料，这一过程便是学生自主学习的过程，是学生自己主动地搜集、获取并处理信息的过程。接下来，教师让学生自由地欣赏他们自己收集的图片和录像等，让学生自己去体会并感悟学习资料。更为重要的是，教师在课堂上让学生自由展示对正确姿势的理解，给予学生充分的学习时间，并且让学生自己决定学习的方式、过程和展示的方法，学生有权决定自己的课堂表现及反馈形式，体现了在学习活动中的自主性。

二、保障学生的"尝试"

尝试所代表的是一种积极的探究，是学生主动向自己未知领域的探索。在教学中，教师要将求知的自由还给学生，让学生获得尝试机会；同时，更要营造有利于学生大胆尝试的氛围，使学生能够真正尝试参与。既然是一种尝试，就不可能是完美的，也就不可避免地会出现一些错误。教师要做的是包容学生的不足甚至错误，并给予积极的建议。让学生在尝试中犯错，教师在尝试中纠错，保护和培养学生大胆尝试的意识。

教师要保障学生的尝试需要从以下几个方面入手：

（一）从学生的实际需要出发组织教学

学生具有鲜活的思想、丰富的情感和独特的生命需要，在特定环境下，学生的行为更多地受个体特征支配，外在强加的约束如果与其内在需要相抵触时，就会使学生的注意力无法集中在教师所期待的方向上，从而影响学生参与各种活动的效果。

（二）教学活动对学生形成自外而内的吸引力

许多教师常常感慨："费了那么多口舌，可学生还是无动于衷，很多时候启而不发！"其实真正的问题并不在于学生的"无动于衷"或"不发"上，而在于教师的"口舌"是否吸引了学生，"启"得是否有效果。延伸一下来说，关键要看教师的教学活动是否给学生提供了恰当的方式、恰当的时机。

《别把花草弄疼了》教学片段

师：尽管花草树木给我们带来了这么多的好处，但是在日常生活中，还有不少破坏花草树木的现象。请小朋友们自由结合，排练小品，把花草树木要说的话通过你们的表演表达出来。表演之前你先介绍一下自己要扮演的角色。

（小组排演并在全班进行交流表演，在表演的同时评选"最佳表现奖"和"文明小观众")

小花：我是美丽的花朵，浑身散发着淡淡的清香（转一圈）。你们看，我长得多漂亮。我不仅长得漂亮，还十分有用呢……我希望人们不要因为我长得漂亮，就把我摘下来，我会很疼的。

小草：我是绿茵茵的小草，当我们聚集在一起时就是草坪，世界上有我们无数的伙伴。我们的用处可大了……我希望小朋友们不要在我身上踩来踩去，我的叶子断了，身体断了，多疼呀！

大树：我是一棵茂盛的大树，长着茂密的树叶，我的用处数也数不清……希望小朋友们爱护我，不要用刀在我身上刻字，不要折我的树枝玩。

师：评一评，谁演得好？好在那里？

师：如果再这样破坏下去，我们的世界将会变成什么样子？你愿意生活在这样的环境中吗？怎样才能使我们的家园恢复美丽呢？你们想对刚才被伤害的花草树木说些什么？

活动与问题的结合，使得学习过程以学生为真正的主体。由案例我们可以看出，学生的参与尝试受制于课堂教学活动的感染力，所以教师精心地构思一项课堂教学活动或者设计有吸引力的、可以引发学生热情的问题，远比构建几步教学流程有价值得多。

（三）营造学生尝试参与的心理与物质环境

学生的主体意识并不随教师的主观意志而产生，随着课堂环境的变化，学生的主体意识、参与意识在不停地发生变化，教师有时不经意的表情、态度或评价往往转化为一种环境，会对学生的尝试参与意识产生巨大影响。

《我发现……》教学案例与分析

一位教师在执教《我发现……》一课时，设计了这样的一些教学环节。

（1）听一听。播放歌曲《天地人间》，激发兴趣，陶冶情操。

（2）看一看。首先引导学生赏析伟人的童年故事，引导学生畅所欲言，领悟发现的重要性，掀起一个"我要学"的小高潮。接着趁热打铁，带领学生走进有趣的现象，让学生身临其境，激活学生对自我发现的觉醒，纷纷投入到交流活动中，使每一位学生都能欣喜地发现自己的优点——好奇。

（3）找一找。充分利用课文图例，引导学生寻找身边的科学，随后将学生带到校园里，让他们在开放的空间去印证获取的认知。

（4）通过整理"我发现"调查表，找出自己诸多的"小问号"。引导学生通过小组合作、交流的方式，学会并掌握解决问题的方法，从而自发地成立科学研究小组，拟定研究方案，知道怎样去探究。

（5）积极开展"有趣的发现"科学探究活动。学生以小组合作的形式，按照自己拟定的研究方案，利用课余时间，积极参与"爱科学、学科学"的活动。进一步培养学生的好奇心和求知欲。

可以看出，这位教师运用一系列教学活动构成了学生尝试参与的良好环境。

当然，有利于学生尝试参与的课堂教学环境首先体现为师生之间建立平等、和谐、民主的关系，在此基础上，允许学生对学习内容及学习方法有所选择，根据自身的需要对学习内容和学习方法进行合理优化组合；允许学生参与课堂评价，包括自我评价、评价他人和对师生评价的再评价；允许学生在课堂上充分展示自我，包括错误的观点或答案。使学生所处的外部物质环境和精神上的规范环境具有积极的作用，成为学生尝试参与的有利条件。

（四）培养学生参与学习的责任感与自我调控能力

学习不但是一种需要，是一种学龄儿童的必然选择，同时也是学生的一种社会性的责任，从小学低年级阶段起，就应当让学生建立起参与学习的责任意识。对学生学习责任感的培养本身就是品德教育的一个方面，也是《品德与生活》《品德与社会》教学的一项重要目标。从某种意义上说，教学过程应致力于引导学生由他主到自主、由他律到自律的转变。在教学过程中，教师有效引导学生尝试参与教学，在学生完全被兴趣或外界刺激引导而主动参与的同时，必须培养学生参与课堂教学的责任感。随着各种教学理念的不断推陈出新，我们在对教师的要求不断提升的同时，却削弱了或者说忽略了对学生的要求。事物总是对立统一的，教育在给予学生更多的人文关怀的同时，也应当强化学生的责任感。学生的社会责任感，反映到学习上即建立学习的责任意识。学生责任意识的培养旨在使学生懂得从小反思自己的学习行为。

学生每天都经历的课堂教学是师生共同参与完成的一项极富意义的社会活动，这要求学生不但要从课堂教学中得到知识和技能，得到过程与方法的培养，得到情感、态度、价值观的熏陶，还要求学生对课堂有所回报，要主动地参与学习，要以主体意识、主体能力的增强来履行自身社会责任。学生责任感与自我调控能力需要教师的精心培养，从这个意义上说，对学生严格要求是必须的。学习是个人行为，是实现每一个生命个体发展的必由之路，但从另一个方面看，我们还要让学生认识到学习更是一种社会性行为，是一种重要的责任。

三、给学生即时的"评价"

应当说，每个学生都有积极上进和展示自我的天性，都想得到肯定和赞赏。如果他们的这种天性得到保护和有力的激发，那么这种天性将转化为一种对学习的信心和动力，从而使学生以一种平衡的心态投入学习；相反，如果学生得到的只是过多的呵斥和失败后的批评，他们将丧失学习的兴趣和勇气，甚至时刻担心自己再次失败，在怀疑和不安中封闭、孤立自己，最终使得心态失衡，其学习也会成为一种压抑和不安的情绪体验。在这样的情况下，学生压抑与不安的心态反作用于课堂教学环境，使课堂教学环境日趋恶劣。人们往往会被激情或喜悦的环境感染，同样也会被退缩、畏惧的环境抑制，在一部分学生压抑与不安的心态下，课堂变成了个别出类拔萃的学生表演的舞台，以表面的活跃掩盖了课堂本质上的沉闷。对于某些学生来说，这样的教学环境变得相当恶劣，师生的情绪都受到影响，师生之间的对抗与抵触进一步显现出来，教师也只能采取强制性的措施要求学生参与、学习，被动接受式的学习方式便成为学生无奈的选择。从更为宏观的角度来看，学生这种压抑与不安的心态影响学生个体的心理健康，对其终身发展留下阴影。怎么解决这一问题？关键在于良好的、及时的评价。到底应当构建一种什么样的课堂教学评价体系呢？先来看一则教学案例。

《你真棒》一课本身涉及对评价的反思，一位教师对这节课的设计，充分体现了评价的巨大作用。

活动一：颁奖（组织教学，谈话导入）

师：同学们，上课之前，我们首先举行一个小小的颁奖仪式。校长让我把这两张奖状奖给咱们班的两个同学。你认为到底应该奖给谁呢？第一张奖状是"勇敢奖"，同学们自由说谁是咱们班最勇敢的人。

师：奖给在今天的思品课上第一个举手发言的同学，在这么多老师面前，你第一个举手回答问题，我觉得你最勇敢。（鼓掌，隆重发奖）第二张奖状是"优点奖"。奖给在这个团结、进取的优秀班集体中，一个有优点并且能找到别人优点的同学。

活动二：夸夸他人

师：同学们，你认为应该奖给谁呢？为什么？

（学生自由发言，说出原因。同桌交流，夸夸别人，为制作"优点卡"做准备）

师：听同学们一说，老师现在发现，咱们班有优点的同学可真多！我看这样，能不能把你想说的话写在卡片上制成"优点卡"送给同学？

（教师引导每个学生为他人找长处，同时也使每个学生都被评价到，为制作"优点卡"做准备）

活动三：制作"优点卡"（动手实践活动）

（教师演示指导制作"优点卡"，学生互相赠送"优点卡"）

师：我们找几个同学展示一下自己的设计，说说是给谁的，他的优点是什么，说说你的心里话！最后把"优点卡"亲自送给他。

（收到"优点卡"的学生谈感受，教师帮助张贴"优点卡"，选4～5名学生展示）

师：没有收到"优点卡"的同学请起立！谁能帮助这几个同学找到优点？

（根据学生的发言，教师现场为这几名学生制作了几张"优点卡"，关注了每一位学生）

活动四：小记者采访

师：现在，咱们班每个同学都找到了自己的优点，也学会了给别人找优点，这个消息被一名小记者听说了，他要来采访一下大家。（投影：1. 听到同学的夸奖，你心里有什么想法？2. 你在夸别人的时候有什么感受？）

（提示同学，准备接受采访）

师：谁想来当小记者？

记者1：我是《齐鲁少年报》的小记者。我有几个问题想问一下大家，同学们听到了别人的夸奖，心里有什么感受呢？

生：别人夸我的字写得好，但是我觉得我课文读得不怎么好，我要向读书有感情的同学学习。

生：高兴，别人夸奖我，我要继续发扬自己的优点，争取做得更好。

记者2：大家好，我是人民日报社《儿童乐团》的记者。我有几个问题想问一下大家，你在夸奖别人的时候有什么感受？

生：别人有的优点，我有些没有，我一定要学习这些优点，改正自己的缺点，发扬长处，不断进步。

生：怕同学优点比自己多，要不断学习别人的优点，争取进步。

师：说得真不错！老师有个建议，是不是应该夸夸我们的小记者？

（学生踊跃发言）

活动五：在奖状上签名（拓展延伸，升华感情）

师：无论是赞美别人，还是被别人赞美，都会给人带来积极、愉快、高兴的体验。因此，在生活中，我们要学会观察，积极发现别人的进步与优点，以恰当的方式告诉他，让他知道你对他的欣赏，使大家能够生活在一个愉快和谐的环境中。同学们，那么我们的第二张奖状应该奖给谁呢？

（学生说自己的想法）

师：每个同学都找到了自己的优点，也学会了给别人找优点。其实我们每一个有优点的人和每一个能发现别人优点的人，都是这张奖状的主人。

（全班学生在奖状上签名，活动将课堂气氛推向了高潮）

师：同学们说一说这节课你的表现怎样？有没有缺点？给自己找到优点，更要找出不足，这才是最大的进步。

由案例综合起来看，《品德与生活》《品德与社会》课堂教学评价设计的具体策略有以下几种。[①]

（一）目标定向评价策略

《品德与生活》《品德与社会》课程同样强调对教学目标的达成度的认识与评价，教师的评价或学生的自主评价均以教学目标或学习目标定向。按照既定目标进行评价是必要的，首先是目标能够使学生的自主评价有所依托；其次是能够使教学的根本价值得到准确再现。目标定向策略源自品德学科教学对学生综合素质发展的认识以及对每一堂课实效性的把握，这一策略是让学生结合目标进行反思性评价，使自主评价有

---

① 李秀伟. 品德与生活新课程教学设计［M］. 北京：首都师范大学出版社，2004.

准确的切入点。由于我们坚持课堂教学目标的开放性，因而在评价时也追求让学生在既定目标范围内得到最大的创新发展，而不是拘泥于预设目标的静态达成。

（二）个案评价策略

个案评价选取的对象是个体，但评价的过程却是连续的。个案评价，即在教学中选取一个或几个具有代表性的典型，通过一段时间的观察、调查或者分析，对评价对象发展过程的信息进行系统地收集，从而实施评价的一种综合性方法。个案评价设计的最有效的方法就是为学生建立"成长档案"，利用学生在学习中积累的资料，对学生进行真实、全面、系统的评价。这种评价具有选择性、递进性，由于是个案型的，所以具有典型性。个案评价将每一个学生都置于评价背景之下，学生能准确地感知自己被评价的内容，所以他们自主参与的意识浓厚，从而为自主评价的实现创造了条件。

（三）尝试评价策略

任何一项评价都要以学生的自评为前提，《品德与生活》《品德与社会》课程强调教学评价过程中学生的主体参与，并且重视学生的尝试参与。尝试评价策略在实施过程中，首先从学生评价意识的建立入手，强调学生对自己或其他同学甚至教师教学行为的主动评价，通过评价来进行初步反思，然后再借助他评来提升认识。尝试评价策略对于提高学生的自我认识能力、价值判断能力等具有积极的意义，也是实现学生反思性学习的有效途径。重视学生的尝试评价，还要求教师将评价的权利积极下放，将评价的时机和阶段前移，真正给学生提供尝试评价的机会。

（四）成果分析评价策略

《品德与生活》《品德与社会》课程教学评价由于受教学内容、教学时间的约束，往往不能得到真正的、全面的展开，教师的备课往往最弱的就是设计评价这一环，所以评价成了教学过程的从属因素，并没有实质性地进入课堂教学内部。因此，明确地设计1～2次有利于学生自主参与的课堂评价活动显得尤为重要，成果分析策略便是实现这一理念的有效途径。成果分析评价策略具体操作为选择课堂教学过程中展现出来的成果，组织学生对其进行分析、评价，这一成果可以是学生的积极发言、提出的问题、巧妙的回答，也可以是教师有意识选取的学生作业或其他综合性的成果。在评价过程中，以分析为主，强调师生之间共同讨论、交流思想，使评价过程具体而深刻，无论对评价者还是被评价对象，都要产生积极的实效作用。

（五）价值延展评价策略

评价的发展性突出体现在价值延展上，特别是对学生良好品德及行为习惯的培养，不可能一蹴而就，所以我们必须借助评价使教学具有价值上的延展性。使评价具有持续的效能，而不仅仅是暂时的功效，就需要教师能够发现并且把握住课堂上发展性因素并给予积极的评价，通过评价引领学生向更高的学习层次迈进。有时学生对于自己的回答或想法并没有深入的认识，意识不到好在哪里或者需改进的地方在哪里，此时教师的评价不应是判断式的而是引导式的，帮助学生寻求进一步发展的途径或信息。

当前，教学中对学生的激励性评价往往都是"你聪明""你真棒"之类的表扬，事实上，过多的"真聪明"式的表扬并不具备价值延展功能。学生其实喜欢的是有利于其发展的表扬，如"你真能干""你真努力"之类带有行动激励性的表扬，这类表扬的最大效能便是促进学生继续深入学习，成为学生自主评价的动力所在。

（六）目的整合评价策略

无论是什么教学理念支持下的课堂教学评价，其目的都应当是多元的。新课程理念指导下的《品德与生活》《品德与社会》课程教学强调评价的目的整合性，即在关注发展性评价的同时，不应当忽视总结性评价、诊断性评价、形成性评价等在课堂教学领域的重要功能。另外，促进学生发展并非课堂评价的唯一目的，我们发现，在教学或评价研究中，经常会出现非此即彼的偏颇观点，在提出一种新观点的同时，把旧的东西一举否定，这是不负责任的行为，特别是作为贯穿于课堂教学始终的即时评价，更应当强调多种目的的整合，而不是只取其一。

上述六种评价策略是支撑《品德与生活》《品德与社会》课程教学评价设计的核心因素，在课堂教学中，教师应当结合教学实际，有选择性地实施。其中，有些评价策略是操作性的，而有些则具有理念性，在教学设计中，重在将学生的实际发展需求置于评价设计的核心因素之中，然后才能使评价真正成为学生学习行为的一部分。

四、呵护学生的"情感"

不可否认，在品德学科教学中实施的"情感引领策略"是与其他教学策略结合在一起的，融合在课堂评价、指导等多个方面，但是情感性的重要地位不容忽视，情感引领策略要进行重点地、单独地落实。

在品德学科课堂上，学生健康的情感和自由开放的心态体现于积极参与课堂教学活动，在学习中带有强烈的兴趣和自我选择性；有丰富的情感体验，主动地悦纳自己并悦纳其他同学或老师；在课堂交流中善于倾听、长于合作，不断地发表自己的观念和意见，接受批评，正视错误；生动活泼，精力充沛，体现出其年龄阶段孩子的天性；乐于竞争，喜欢接受挑战；思维活跃，想象力丰富，不断有创新的火花迸发。教师自由开放的心态则体现为毫无功利色彩地奉献于课堂，创造性地组织教学活动，以发展的眼光、宽容的态度处理课堂上的每一件事，并从中得到自我价值实现的愉悦。而这一境界的实现就是要靠教师组织并实施的情感引领教学策略。

《我成长的故事》教学活动设计

此活动目的是让学生通过探究个人的成长历程，知道更多自己的故事，体会自己的成长离不开家人的关爱。教科书内容贴近学生生活实际，容易调动学生的学习内驱力，也便于教师灵活地处理和使用教材。在教学活动中，教师仅以简单的活动流程引领学生的学习，而主要的教学资源来自学生的调查和积累，教师则起到一个组织引导的作用。在"寻找儿时记忆"环节的设计中，教师不仅指导学生学会制订计划，而且协助学生修订计划，使学生的方法学习扎扎实实。活动时，教师也作为一名成员参与其中，并将调查结果进行了示范展示。教师始终饱含深情地描述和展示材料，传递给学生一种浓厚的亲情。这一环节既融洽了师生关系，又对交流资料的方法进行了隐性指导。学生交流资料的过程是一个问题和教学资源随机生成的过程，此时教师的恰当把握和引导是关键，内容涉及学生的情感、生活态度、与人相处的方法技巧、价值观等方面，所以该环节是本课的核心和灵魂所在。"珍藏儿时记忆"环节的设计，一方面是对本课学习成果的整理，另一方面也培养了学生良好的生活习惯。此后，教师设计了制作"感谢卡"，既培养了学生动手操作的能力，更重要的是让学生在感悟父母养育之恩的基础上尝试多种回报方式。最后，教师将学生的关注视角由家庭转向社会，让学生体会社会对自己的关爱，并尝试服务社会、回报社会。此外，在教学中教师有意引入了两首歌曲，一首《母亲》以教师资料的形式在恰当的时机呈现，为本课的教学奠定了情感基调；而歌曲《我要长大》的引入，则为学生的生活方向起到了引领作用，更使得课堂教学的情感性增强。

由此可见，在课程与教学论中的所谓"情感"，不仅是指学生的学习兴趣、学习热情、学习动机等，更是指学生的内心体验和丰富的心灵世界。我们知道，学校教育教学的真正意蕴和乐趣，乃是潜藏在学生生命成长的幸福体验之中的，而品德学科课程的主旨之一，就在于要营造一种适宜学生成长的"土壤"和良好的环境。这就要求我们的课堂教学必须要高度重视教学中的情感因素，努力为学生的发展创设一个宽松和谐的环境。

从教育心理学的角度来讲，课堂教学中的情感因素有两个突出的作用：一是对教学效率的影响作用；二是对学生情感世界的培养作用。现代教育心理学认为，智商并不是决定一个人学业和事业成功的关键因素。研究表明，一个人的成功，有20%依赖于智力因素，有80%则依赖于非智力因素，其中，最为关键的就是"情绪智力因素"（即情商EQ）。因此，对情感因素的挖掘与发挥，既是教学的重要手段，也是提高学生认知水平的有效途径。然而，我们应当注意，不能把情感简单地当做一种单纯为认知服务的工具。须知，学生是具有巨大情感内涵的生命体，情感是学生的一种内在素质，是学生人格及生命价值的重要组成部分。因此，努力使学生具有积极、健康、向上的情感素养，就应当是品德学科教学所承担的重要任务之一。

《别把花草弄疼了》教学片段

师：小朋友们，我们先来做个游戏——"屏气游戏"。先深吸一口气，再屏住呼吸大约持续20～30秒。能说说你的感受吗？为什么难受呢？（引导学生说出氧气）

师：小朋友们，我们生活在这个地球上，每时每刻都要呼出大量的二氧化碳，吸入许多氧气，如果吸不到氧气，就会像刚才一样难受。

师：（介绍科学常识）那么，在我们周围的空气中，氧气只占一小部分，用掉一些就会少一些，可是这么多年来氧气并没有减少，你们知道这是谁的功劳吗？（花草树木）你是通过什么方法知道这个知识的？

师：刚才同学们说了花草树木可以制造氧气，那它们还有哪些作用呢？

（学生分小组交流，将带来的资料进行汇总、讨论）

师：（总结）首先，花卉可供观赏，可以丰富人们的文化生活，花卉还能防止污染，吸收有毒的气体，净化空气；另外花卉可以做药材，为人类的健康服务。草坪有美化环境的作用，可以减少噪音，释放氧气，减弱一定的风速，还能防止尘土飞扬，减少细菌量。树木全身都是宝，树荫下可以乘凉，树木会释放大量的氧气，树木还是是建造房屋、制造家具的重要原料；树木在涵养水源、保持水土和防固风沙、调节气候等方面也起着重要的作用。

这一课教学设计的意图是让学生课前搜集资料，教给学生学习的方法，以正确的价值观引导学生在生活中发展、在发展中生活。

在《品德与生活》《品德与社会》课程教学中，其情感引领策略的实现一般体现在以下几个方面：（1）教师能够最大限度地主动寻求和挖掘教材中蕴含的情感因素，从情感维度对教材内涵进行把握，并对教材内容进行相应加工处理，使教材内容在向学生展示的过程中充分发挥其在情感方面的积极作用，让"教师——教材——学生"有机地融为一体，在交互对话中产生情感共鸣；（2）注意保护学生的自尊心和自信，使学生始终保持情绪的高涨和愉悦，通过民主、平等、和谐的师生关系保障学生情感的健康发展；（3）课堂教学要紧密与现实生活接轨，不断为课堂上的理性学习注入生机与活力，充实和丰富学生的精神世界；（4）教师要真诚地热爱学生，教师要让自己的真挚情感在课堂中充溢，使学生感受人性的温暖，从而使课堂成为一个师生相互作用、相互信赖的情感场；（5）富有情感性的教学活动应当贯穿于课堂教学的全过程，正如"愉快教育模式"所倡导的，课堂的开始、进行和结束阶段都要充满情趣、充满情感。

总之，在《品德与生活》《品德与社会》课堂教学中，应当让学生深切感受到学习的无穷乐趣和探求社会生活事物的成就感，体验到课堂教学的意义和价值，体会到课堂生活所带来的激情和梦想。

五、实现教学的"开放"

走向社会、走向开放越来越成为小学《品德与生活》《品德与社会》课程教学的根本价值追求。动态开放策略指通过有效的教学手段，使课堂各因素间交互作用，课堂教学的各个领域均呈渐进发展的态势，始终贯穿着动态的、开放的特征，实现思维的碰撞、智慧的延伸，课堂上充满探求的激情与发展的活力。

动态开放策略是以动态为前提的，这种动态性，在外显的层面上指教师、学生与教学媒介之间的多维互动，让学生在课堂上真正动起来，在动手、动脑、动口中得到全方位锻炼，在交往与合作中实现人与人的对话、人与环境的对话；开放则是在动态中所实现的教学追求。动态开放的价值核心在于形成不断发展的教学流程，学生的思维、学生的能力以及各种素质始终处在自主建构与提升中。体现在教学操作中，课堂的动态开放应是多层面的，既有教学过程全方位的动态开放，又指学生心理、情感等领域的动态开放。

（一）课堂教学目标的开放

新课程改革提出教学目标应当关注学生各个方面的发展，不单是传统的知识与技能领域，还关注学生学习的过程、方法以及情感、态度、价值观领域，这首先从目标描述上体现了开放性，即制订目标本身就是一个动态的、开放的过程。更重要的是目标实施要具有动态开放性。教学目标在教师宏观调控的基础上，应当随着课堂进程的深入及学生能力的变化随时更新，预先设定与课堂随机生成相结合。师生可以共同协商制订学习目标，对于不同的学生，可以有不同的实施目标，在目标的达成上不强求统一，允许"分层达标"或"延缓达标"。

《品德与生活课程标准》和《品德与社会课程标准》不仅对学生的认知发展水平提出要求，同时对学生学习的过程和方法、情感态度和价值观方面的发展提出目标要求，这是一个根本性的变化，对培养具有良好素质和竞争力的新一代具有重要意义。

新课程标准力求在课程目标、内容标准和实施建议等方面全面体现知识与技能、过程与方法、情感态度与价值观三位一体的课程功能，从而促进学校教育重心的转移；从知识与技能、过程与方法、情感态度与价值观三个维度阐述各门课程的标准，强调每一门课程对学生终身学习与发展的价值，注重学生经验、学科知识和社会发展三方面内容的整合。新课程标准只提出原则性的教学和评价建议，不再涉及教学重点、难点、时间分配等具体内容，突出国家对不同阶段的学生在知识与能力、过程与方法、情感态度与价值观等方面应达到的基本要求。

课程标准用尽可能清晰的行为动词从知识与技能、过程与方法、情感态度与价值观三方面对学生的学习结果进行描述。有一个值得注意的变化是，以往教学大纲对知识的要求是"了解、理解、应用"，如今课程标准强调学生"经历了什么""体会了什么""感受了什么"，有了过程性目标和体验性目标。确立体验性目标，是新课程标准与以往教学大纲最大的不同。体验性目标分为经历（感受）、反映（认同）、领悟（内化），对"经历"的具体描述是参与、寻找、交流、分享、访问、考察等；对"反映"的具体描述是遵守、接受、欣赏、关注、拒绝、摒弃等；对"领悟"的具体描述是形成、具有、树立、热爱、坚持、追求等。通过体验性目标的确立，引导学生主动参与、亲身实践、独立思考、合作探究，发展学生搜集处理信息的能力、获取新知识的能力、分析和解决问题的能力以及交流与合作的能力，形成良好的情感、态度、价值观。与此同时，新课程标准还提出发展性目标，为学生的发展提供了空间。

传统课堂教学在强化知识的同时，从根本上没有对人的生命存在及其发展的整体关怀，从而使学生成为被"肢解"的人，甚至是窒息的人，课堂教学由此丧失了素质教育的功能。课堂教学改革必须要进行价值本位的转移，即由以知识为本位转向以发展为本位，教学目标要真正体现知识、能力、态度三个方面的有机整合，从而符合素质教育的要求。

一是教学过程必须达到知识、技能与过程、方法的统一。过程、方法表现该学科的探究过程和探究方法，知识、技能表现该学科的探究结果，二者是相互作用、相互依存、相互转化的关系。什么样的探究过程和方法论必然对应着什么样的探究结论或结果，形成什么样的技能；知识、技能体系的获得依赖特定的探究过程与方法论。任何知识、技能体系，不论暂时看起来多么完备，它总是一种过程性、生成性、开放性的存在，总需要在实践中进一步检验、进一步发展完善。另一方面，探究过程和方法论又存在于知识、技能体系之中，并随着其发展而不断变化。学科的知识、技能体系只有与相应的探究过程及方法论结合起来，才能使学生的学习过程和整个精神世界获得实质性地发展与提升。如果学生所接触到的只是一些看似确定无疑的、"风平浪静"的、"一帆风顺"的、不存在任何对立与冲突的"客观真理"，学生在经历了教育过程后，只是熟悉了一些现成结论并形成对这些结论确信无疑的态度，那么这种教育的功能就不是对个性的发展与解放，而是对个性的控制与压抑。把形成结论的生动过程变成了单调刻板的条文背诵，从源头上剥离了知识与智慧的内在联系，排斥了学生的思考和个性，把教学过程庸俗化到无需智慧努力而只需听讲和记忆就能掌握知识的那种程度，这实际上是对学生智慧的扼杀和个性的摧残。正因为如此，我们强调过程，强调学生探索新知的经历和获得新知的体验。这是一个人的学习、生存、成长、发展、创造所必须经历的过程，也是一个人的能力、智慧发展的内在要求，更是一种不可量化的"长效"、一种难以言说的丰厚回报，而眼前所耗费的时间和精力应该说是值得的。

二是教学过程知识、技能与情感、态度、价值观的统一。学习过程是以人的整体的心理活动为基础的认知活动和情意活动的统一过程。知识、技能和情感、态度、价值观在学习过程中是同时发生、交互作用的，它们共同组成学生学习心理的不同方面，从不同角度对学习活动施以影响。传统的教学论研究忽视了教学中的情感问题，把生动、复杂的教学活动囿于固定、狭窄的唯知主义框框之中。传统教学给学生积极情感的食粮很少，因而引起了很多学生的苦恼、恐惧等消极感受，阻止他们全力以赴地去学习。现代教学要求摆脱唯知主义的框框，进入知识、技能与情感、态度、价值观和谐统一的轨道。

我们来看《熟悉的学校》一课的教学目标与说明。

（一）教学目标

1. 了解学校的变化，加强作为学校成员的主人翁意识。

2. 让学生主动去查阅资料、调查访问、实地考察，感受学校成员对共同家园的普遍关心。

3. 体验学校环境、设施与学生学习的密切关系，感受到自己是学校的一员，理解人与人之间相互依存的关系，养成关心、爱护自己学校的态度和热爱自己学校的情感，乐于为学校建设付出自己的劳动。

4. 提高调查、搜集、整理、交流的能力。

（二）目标设计意图

品德学科教学应以学生为主体，面向全体学生，让学生通过亲身实践，用自己的眼睛去观察、用自己的心灵去感受学校的变化，用自己的方式去发现问题、探究问题、解决问题。教师在活动中主要给学生提供自主性的学习空间，鼓励每个学生都参与学习活动，在充分利用课堂教学和教科书的同时，开放学习空间，让学生走出课堂、现场调查、与人交流，使学生通过亲身体验，对所关注的问题获得直观的印象和更加深入的了解。

（三）目标的实现历程

本单元的主题是"学校"，旨在指导和帮助学生在生活经验的基础上，认识和了解自己所在学校的基本特点，包括设施、环境以及学校中人们的生活，增强学生对学校的归属感。在宏观目标的指引下，在教学中以学校中比较常见的人、物、景为线索，启发学生思考和重新认识自己平时常见的事物，在此基础上，拓展视野，了解学校人们的生活，尤其是彼此之间的联系。本课的教学让学生以主体身份体验、观察学校生活的方方面面，参与实际活动，培养作为学校"小主人"的态度和责任感。随着课堂教学的展开，一些生成性的教学目标也将成为师生的努力方向。

看来，教学目标并不是一个单一的、封闭的期望系统，所以针对课堂上的某一个问题或环节，应鼓励学生不满足于教师或课本所谓的标准答案，敢于向"权威"质疑，甚至挑战，并提出自己的见解。在问题解决中允许学生得出不同的结论，甚至不得出结论，允许学生出错。另外，在教学过程中，除让学生围绕教学目标自主建构外，更重要的是把握目标的弹性，使每个学生都能触及这一目标，并在各自的特长领域内有所超越，从而得到发展和进步，实现目标的开放性。

（二）课堂教学内容的开放

什么是教学内容？现代教学论认为，"教学目标是对学习结果的描述，而某种（任何）学习结果在教学实施以前是不存在于个体身上的，个体想要得到某种结果，就必须借助对某些内容（知识和经验）的经历和体验，那么，这些被经历和体验的东西，乃至这些经历和体验本身，就是我们所说的内容"。然而，长期以来，我们对教学内容的认识与理解，却往往只与"教科书"简单地画上一个等号。显然，在这样的教学观念的引导下，学生的知识视野是狭窄的、贫乏的和封闭的，事实上，"教材（课本）只是为教师和学生教学服务的例子"。因此，教学内容的"开放"，也就意味着"教师的教学要冲破'以纲为纲，以本为本'的束缚，寻求教学内容最大限度的自由和开放，教师和学生在确定教学内容时，既不要拘泥于课程标准和教材（课本）的限制，也不要仅仅局限于教师的知识视野"①。

教学内容的开放主要体现在课程资源的开发方面。教学不能局限于教材上的单一内容,从某种意义上说,能够有效作用于课堂教学的所有素材都是教学内容,文献资料和学生的生活经验,甚至教师,都可作为教学内容的动态形式。教学内容的动态开放具有极大的实施空间,主要体现在以下几个方面:

(1)教学内容不应受教材的束缚,要超越教材,重视课程资源的自主开发。教师要善于补充并调整教学内容,使其不停滞于某一点,在教学中越来越充实,充满时代气息或生活韵味。

(2)教学内容不受教师的限制。教师掌握的知识毕竟有限,在时代发展的大环境下,"一桶水"与"一杯水"已不再具有绝对的包容关系。传统的专一式教学只能限制学生的学习视野,对学生综合素养的形成具有抑制作用。在教学中,应当要求学生主动从已知经验或生活实践中挖掘教学内容。

(3)教学内容不受课堂的约束,电视、报纸、网络等多种教学媒体虽然被引入了课堂,但每节课毕竟只有40多分钟(或更少),各种媒体无法在课堂上充分发挥作用,学生在课堂上的接触只是"浅尝辄止",所以教师要引导学生主动地在更广阔的空间内寻找学习资料,并将其当做教学内容的有益补充。

"生活处处皆教育",离开了学生的主动对生活的探求、学习、积累,课堂教学难免会成为一潭死水,甚至成为"智慧的监狱"。

(三)课堂教学空间的开放

课堂教学空间的开放在教学具有三个维度,第一维度就是指课堂教学不应局限在教室内,要引导学生走出狭义的课堂,使其向课外发展,开阔视野,接受更多锻炼。

在小学阶段,《品德与生活》《品德与社会》与并行的学科都独立承担各自的课程功能,但相互之间仍有交叉,这种交叉是必然的。比如,《品德与生活》《品德与社会》要承担德育任务,是学生品德教育的主渠道,但其他课程(语文、数学、科学、音乐、体育、美术、综合实践活动等)结合本课程的特点,也要对学生进行品德教育,同样承担着德育任务;语文、数学等学科要承担开发学生智力的任务,传授相关的知识,培养学生的思维能力,而《品德与生活》《品德与社会》同样承担此项任务。各学科有交叉就有重复,为合理配置课程资源,在重复之中寻求学科间的融合,成为课程实施过程中的重要课题。

《品德与生活课程标准》指出:"本课程活动应注意与班级活动、学校活动、少先队活动、社区活动、节日庆典活动等结合起来;加强与其他学科的联系,促进跨学科的联合学习,不断扩展和深化儿童的经验和体验。"

(1)课程资源共享,有利于提高综合教育效益。传统的课程是建立在学科知识系

---

① 杨小微. 现代教学论 [M]. 太原:山西教育出版社,2004.

统下的，强调概念、判断、推理，学科间相对封闭、独立，很难建立一定的联系。新课程是建立在学生生活基础之上的，强调课程内容面向学生生活，课程之间存在一种内在的关联。这种关联有利于课程资源的共享，有利于提高综合教育效益。

《品德与生活》《品德与社会》有丰富的课程资源，这些课程资源可以分为校内课程资源和校外课程资源。校外课程资源主要包括博物馆、教育基地、图书馆、实验室、纪念馆、文化馆、自然和人文景观、各种社会组织和政府机构、乡土资源等。乡土资源主要指学校所在社区的自然生态和文化生态方面的资源，包括乡土地理、民风民俗、传统文化、生产和生活经验等。我们可以将这些资源有选择地纳入校本课程、地方课程乃至国家课程，使课程成为师生共同构建知识的平台。

在这里，需要指出的是，每一门课程都有自己的课程资源系统。加强《品德与生活》《品德与社会》与其他学科的综合就是最大限度地、充分地利用其他学科的课程资源。

（2）打通《品德与生活》《品德与社会》同其他学科之间的"通道"，建立起学科间的联系。建立学科间的联系对于转变课程功能和学习方式具有重要意义。一方面，这样可以超越教科书狭隘的教育内容，让师生的生活和经验进入教学过程，让教学"活"起来。如果说《品德与生活》《品德与社会》课程只是封闭于单一学科系统之内，很难想象我们的教学将是一个什么状态，学生还会不会喜欢这门课程。如果教学中有体育游戏、表演活动、诗歌朗诵、演讲、故事会……学生的学习才变得生动，这样的教学才能打动和吸引学生，才能真正实现教育的有效性。另一方面可以改变学生在教学中的地位，使学生从被动的知识接受者转变为知识的共同构建者，从而激发学生的学习积极性和主动性。同时，还可以开阔教师的教育视野，转变教师的教育观念，从而更好地激发教师的创造性智慧。可以说，课程资源的作用在新课程改革中非常重要。因此，我们的当务之急就是加强对课程资源问题的理论与实践研究，明确课程资源的概念，强化课程资源意识，提高对课程资源的认识水平，因地制宜地开发和利用各种课程资源。

课堂教学空间的开放还指即便在教室内，课桌排列等课堂空间环境也应当因时制宜，有利于学生的创新发展。教学空间的动态开放特别是指给予学生充分开放的心理空间和思维空间，使学生的心态充分放松、自由张扬，思维过程不受干涉，身心在开放的情境中自由发展。在教学改革中，我们有时似乎只重视了表面特征的变化，如课上常以举手的多少来判断学生的参与热情，以朗读声音的大小把握学生的学习兴趣，把学生的信誓旦旦当做学生的学习自信的表现等，却忽略了学生的心理体验。只有关注学生的心态，才能真正寻求到激发学生学习动机的有效途径，提高学生课堂学习的质量。

115

《爱护我们的家居环境》教学片段

一、(略)

二、进入《生活聚焦》栏目谈爱护家居环境的重要性

师：在你家周围，有没有不文明的现象？课前我请同学们留心观察并捕捉此类现象，下面请大家先在小组内交流，然后让我们一起进入《生活聚焦》栏目，全班共同交流。开始吧。

(学生用图片、录音、录像、漫画等形式交流自己捕捉到的现象，老师适时引导。捕捉到的现象包括乱扔垃圾、制造噪音、楼道内乱摆放杂物、不爱惜甚至破坏公用设施、乱贴乱画等)

师：(小结)大家用敏锐的眼睛观察到了这么多的现象，这在我们居住的环境里的确存在。前几天，我家也遇到了一件麻烦的事情，(师边放课件边叙述)我们家住在一楼，有一次不知什么原因，下水道堵了，眼看着脏水直往外冒，我可着急了，这可怎么办呢？我先是找东西使劲地捅，怎么也捅不开，我又赶快拿拖把拖地上的脏水，水太多了，根本来不及拖。我家的洗衣机、电冰箱、橱柜等全泡在了水里。我拿着拖把经过一个多小时的奋战，才把厨房收拾好，我也累得筋疲力尽。可我怎么也弄不明白，好好的下水道，怎么会堵了呢？大家帮我找找原因，好吗？

(学生分析下水道堵塞的原因，有的提到楼上居民乱扔杂物，其他同学补充)

师：同学们分析得很好。后来我请疏通下水道的叔叔来清理下水道时，就发现了你们说的这些东西。大家有没有遇到这种情况呢？

(学生结合自己的体会自由发言)

师：怎样才能不使下水道堵塞呢？作为小学生我们能做些什么呢？

(学生先分小组讨论，然后全班交流)

师：(小结)大家说得真好！在我们的生活中，像这样的不文明行为应该受到人们的批评。其实，有时候只要我们自己多动一下手、多走一点路，就不会给大家的生活造成麻烦。公德，就在我们身边。

三、进入《试试看，我能行》栏目为爱护自己的家居环境出力

师：爱护我们的家居环境，人人都有责任。遇到一些不文明的现象时，我们小学生该怎样做呢？请大家进入"情景再现"。

(学生模拟表演，师生共同分析)

情景1：楼道堆东西。解决方案：宣传；找一个临时的仓库等。

情景2：晚上唱卡拉OK。解决方案：定期在社区举行卡拉OK活动。

情景3：成立社区服务小队，齐心协力擦楼梯。

四、金点子在行动

师：爱护我们的家居环境，人人都有责任，作为小学生的我们，如何爱护自己的家居环境，让我们的家居环境更舒适、更美好呢？下面就请同学们积极开动脑筋，充

分发挥你们的聪明才智，先分小组讨论，然后用你们最喜欢的形式表现出来。

（学生分小组讨论）

师：刚才大家都在积极地讨论，你有什么好的办法呢？下面就让我们大家一起来交流交流。

（学生提出用警示语、展示牌、倡议书、表演、宣传队等形式倡导大家爱护家居环境）

本课的教学，虽然并没有真正走出课堂，可无论是学生的心态，还是学生的视野，都已经远远地超越了课堂的封闭空间，可以说，这就是开放的课堂教学空间。课堂教学空间的动态开放还突出体现在课堂教学的影响向课外的有效延伸，使学生产生终身学习的动力。课堂不应是一个封闭的系统，它应当充分地与学生的未来发展相连接，最大限度地拓展学生的学习空间。

（四）教学组织与评价的开放

课堂教学组织形式、评价形式都应当是动态开放的。新课程应打破传统的"教师讲、学生听"的授课形式，让"活动""游戏""辩论""演说""实验"等成为课堂教学的组织形式，敢于把讲的机会让给学生，敢于把学生推向讲台，敢于相信学生的个体潜能以及小组合作学习的力量等。丰富多彩的组织形式可以让课堂充溢着生命活力。课堂评价形式的动态开放体现为课堂教学评价的多元化、发展性。多元化评价指的是评价手段和评价指向的多元，包括以相对多元的标准要求学生，从不同侧面肯定每一个学生的探索与思考，以多种方式作为评价的物质体现等。发展性评价指的是评价要有利于学生的进步，评价是促进学生不断发展的载体。如对于表达出色的学生，不必千篇一律地说"棒极了""真好"，如果再加上一句"再努把力"或"你的普通话真像《大风车》节目的小主持"，小学生的信心与动力就被激发出来。

六、组织学生的"实践"

作为以主题活动为基本构成要素的《品德与生活》和《品德与社会》课程，实践性无疑是其最典型的教学特征，也是其外在形态的体现。因此，实践活动可以看做是品德学科教学的操作范式。正如前面所列举的，学生的活动要具有实效性，作为基本的教学选择，品德学科教学的活动性应立足于学生的实践，以实践活动的方式保证学生的自主参与，所以实践活动便成为品德学科教学的理想选择，也构成了实践活动教学策略的实施要素。

（一）让学生在实践活动中自主建构

品德教育不是靠文本的说教就能实现的，要使学生经过一个复杂的心理接受过程才能实现，只有当学生全身心地投入并真正进行了生命体验，他们才能建构起自身的道德情感与道德认识，这就需要品德学科教学有良好的活动引导学生的参与，在持续、有效的活动中来实现教学目标。教师要注意将教材所提供的活动材料进行再加工，使其转化为学生可以参与的活动，这就给品德学科教学提出了一个新的课题，即如何设计学生得以自主建构的课堂教学活动。

<h2 style="text-align:center">《动物哪里去了》活动设计</h2>

一、童话激趣导入

师：小朋友们喜欢看动画片吗？知道小鹿斑比的故事吗？小鹿斑比是大森林里一只美丽又可爱的小鹿王子，让我们一起去大森林看看他吧！

（播放动画片《小鹿斑比》片段）

师：告诉老师，从动画片中你看到了什么？发现了什么？

（学生自由回答）

师：小朋友们有没有发现，在其他季节里，斑比总有小伙伴和他一起玩耍，如小兔打手、被他气得直瞪眼的小鸭子等，可到了冬天，他却跟着妈妈在风雪中孤单地走着，他好像在着急地问妈妈："我的好朋友都到哪儿去了？"

二、寻找斑比的好朋友

师：小朋友们，喜欢斑比吗？我们来帮他找找朋友吧！说说斑比有哪些朋友吧！

（学生自由说各种小动物，教师将图片贴在黑板上）

师：你最喜欢、最想去找哪种小动物，就把头饰带到自己的头上。（学生各自戴好、坐好，老师维持秩序）看看哪位小朋友能互相谦让，排队进行。

师：（提出探究要求）已经选择同一种动物的同学可以走到一起学习。已知道的知识和小朋友说一说，看一看自己找的资料，查一查老师提供的资料，看谁的收获最大。小朋友之间互相帮助，有书一起看，不争不抢，不吵不闹，保持安静，小声讨论，不影响别的小组，看谁最讲文明礼貌。

（学生合作探究，教师也可以选择一种动物参与活动）

三、汇报学习成果

师：快快告诉小斑比，他的好伙伴哪儿去了。谁先来？

（学生依次汇报，形式多样，如说一说、演一演、展示图片、背诵儿歌……）

师：小朋友们可真棒！这么快就帮小鹿斑比解决了一个大难题。听听小鹿斑比在说什么？"谢谢小朋友们！我知道了，我最喜欢小青蛙了，我这就去把他叫醒和我一起玩。"

师：小朋友们，快快告诉斑比，他能不能去找小青蛙？

（学生自由发表意见，教师渗透保护小动物的思想教育）

四、找找身边的小动物

师：斑比的朋友找到了，你们有没有发现咱们身边也有好多小动物不见了？

（学生根据自己的观察回答：蜜蜂、蝴蝶、苍蝇、蚊子、鱼……）

师：想不想再找找他们？不过不是现在，课下我们自己去找好吗？告诉老师，你打算怎样去做？

（学生自由回答，教师相机评价引导）

师：小朋友们的方法可真不少！老师这里还有一个"会学习的小天使"，他也想帮你们想想办法，想听吗？

（问一问——向父母、老师或同学请教。看看书——如看《十万个为什么》《少年百科全书》等书籍。想一想——动脑筋思考并想办法验证。观察——找一种你最感兴趣的小动物饲养并连续用心观察。上网——学会上网查资料，网上知识很丰富）

师：小朋友们可以把学到的知识制成报纸或做成资料卡，也可以把书籍带来，看看谁的收获大！

"动物哪里去了"是山东人民版小学《品德与生活》教材中的一个主题活动。这一案例所展示的活动场景，体现了新课程的指导性教学思想，即教学活动在内容上既依据教材又不拘泥于教材，提倡和鼓励教师从儿童的实际生活中捕捉有教育意义的内容，或与儿童合作选择内容，或利用儿童自己的选择来组织活动；教学活动在形式上不拘一格，形式服从内容，教学活动形式可以是单一的，也可以结合几种形式；教学活动时间的安排比较灵活机动，根据主题、内容不同，可在一课时内完成，也可持续几课时或一段时间。根据这一理念，"动物哪里去了"一课设计了四项活动，这里面既有借助现代教育技术手段进行的活动，又有学生亲自参与的探究活动。更为重要的是，这节课借助一系列行之有效的实践性活动，使学生的主体参与成为现实。

《品德与生活》《品德与社会》教学强调活动性是由这一学科的特点决定的，更取决于学生对客观世界的认识与建构的客观规律，离开了学生的综合实践性活动，《品德与生活》《品德与社会》的教学目标难以实现。

（二）实践活动组织的形态

1. 探究型活动组织

此种活动方式主要以学生的探究学习为主要组织形式，在学生的探究中融合实践活动教学的基本理论。学生的探究学习是指学生结合由学习过程中或实际生活中发现或选择的问题（或探究主题），在类似于科学研究的学习情境中自主发现问题、分析问题、研究并解决问题的一种探究式学习过程。由于学生往往借助观察、实验、操作、调查、搜集与处理信息、讨论、交流、参观、上网等多种方式探究问题，所以探究学习具有很强的专题性、实践性、参与性和开放性，它本身即具备实践活动的特征。可以说，探究教学是实践活动教学的一个特殊领域，但探究型活动绝对不是探究教学，探究型活动强调学生的实践，强调学生在实践与活动中探究。

让学生在探究中完成知识与技能、过程与能力、情感态度与价值观等的建构目标，应当重视这样几点：

（1）学生的探究以发现问题为前提。一个探究的过程应始于学生的问题，止于学生的问题，并且使问题质量提升，使问题领域继续延伸，保证探究的实效。

（2）学生的探究过程应以多种感官共同参与为目的。在这一过程中，学生的观察活动必不可少，学生的思维活动必不可少，学生动口讨论的活动必不可少，甚至学生的每一次动手活动也都要融入其中，这样，便是一种全身心的参与、全方位的参与。

（3）在学生的探究过程中应适当融合科学探究的基本方法，不但要让学生经历一个活动的过程，更重要的是让学生体验情感生成的全过程。因此，探究过程中要有猜想或假设，要有归纳，要有成果的表达与反思，这样的探究过程才能成为学生的一个完整的自身价值建构的过程。

2. 交往型活动组织

《品德与生活》《品德与社会》教学领域的实践活动，主要指的是学生的主体性实践活动，这种实践活动是在师生之间、生生之间的互动中完成的，所以该活动将更多地借助人与人之间的交往来进行，这也就赋予了教学"社会实践活动性"的特征。除了纯粹的学生个体自发性学习行为外，我们认为，课堂教学中的其他实践活动均具备交往的特征，但是交往本身并不完全具有教学功能，形式化的、外在的、浅层次的交往活动并不足取。我们应充分关注教学交往的特殊性，强调课堂教学中人与人之间精神、情感层面的交流。

3. 体验型活动组织

《品德与生活》《品德与社会》学科教学中的学生活动往往要借助学生自身的体验来开展，让学生在活动中去体验，既拓宽了学生体验的空间和领域，又不至于使学生的实践活动陷入空泛、单调的境地。

在具体实施与活动组织中，学生的情感体验融入诸如小组辩论、游戏表演、真情对话、参观考察等活动中。教师通过体验性的实践活动实现学生情感的发展与建构，并以情感为依托，使学生更有效地掌握知识、形成能力。在情感体验类活动建构过程中，教师的倾情投入与学生的情感共鸣是重要的因素，弱化了任何一个方面，都将使课堂教学陷入虚假的境地，从而失去情感功能、体验功能，使学生的建构性学习没有立足点。在教师的倾情投入与学生的情感共鸣之间搭建桥梁的是教学媒介，这是一种广义上的媒介，既指品德学科教材，又包括活动场景等动态性因素。

学生的情感共鸣泛指学生带有感情色彩的心理体验，是具有个性化、独特性的情感活动。在学生的情感体验中实现的主体建构突出强调的是情感的发展与建构，同时还包括情感引领下良好的经验积累和知识、能力等基础性目标的达成。由此可见，情感体验的功能在于其综合价值的实现，这便使情感体验类活动在组织过程中兼顾了学生的经验与体验等多种因素，使得教学目标更好地切入教学。

4. 操作型活动组织

《品德与生活》《品德与社会》课程教学要贯彻直观性原则，这里的直观性不仅指学生的观察、感知，而且包括学生的动手操作，学生亲身参与各种操作活动，获取直观感受。因此，操作型实践活动也是学生活动的一种有效形式。

如教师为《动物哪里去了》一课设计了一个"我为动物盖房子"的活动。在了解了冬天里动物的行踪之后，让学生画出自己喜爱的动物，并为其画上美丽的洞穴，再为洞穴制作合适的洞盖。学生在一系列的操作活动中，既巩固基础知识，又培养了爱心，受到了有关爱护小动物的思想教育。

应当说，许多课堂实践活动本身并不特别强调整节课学生自始至终地活动，可以在某一环节设置"做一做""拆一拆""用一用""试一试"等特殊的活动，这种活动方式可称为操作型活动方式。操作型活动方式无疑借助通感的原理，既让学生看、想，又让学生做，因为"在可能的范围内，一切事物应尽量地放到感官的跟前。一切看得见的东西都应该放到视觉的跟前，一切听得见的东西应都应该放到听觉的跟前……假如有一件东西能够同时在几个感官上面留下印象，它便应当和几种感官去接触。"① 学生的操作过程，必须牵扯到多种感官的共同参与，从而为他们的实践活动类学习奠定基础。操作类活动包括制作、实验等各种学生手脑并用的活动，低年级孩子的形象思维比较明显，活动设计应顺应学生的实际需求，使学生能在有趣的活动中巩固认知，接受思想教育。

上述活动方式只是《品德与生活》《品德与社会》教学中实践活动的几种方式，并没有包括品德学科课程教学所有的活动方式，我们的课堂教学应当在学生自主参与的前提下，以不同的活动引导学生的学习。

---

① ［日］佐藤正夫，钟启泉译. 教学原理［M］. 北京：教育科学出版社，2001.

专题四　课程资源的开发与整合能力

"课程资源"是新一轮国家基础教育课程改革中的一个重要概念。课程资源的广泛开发和充分利用，决定着课程目标的实现范围和实现水平。没有课程资源的支持，再美好的课程改革设想也很难变为实际的教育成果。在品德学科课程的实施过程中，我们应当广泛开发和利用各种课程资源。这要求教师必须建立起新的课程观、教科书观、教师观和课程资源观，懂得课程资源的范围和种类，能正确使用教科书并恰当利用其他课程资源。《品德与社会课程标准》对课程资源开发与利用提出建议如下：

充分开发、有效利用课程资源，对于丰富品德与社会课程内容、增强课程的开放性、生成性和教学活力具有重要意义。本课程的资源是多样的，课程资源的利用应为教学服务，力求切合实际。在课程实施过程中，应当做到：

1. 有效整合和利用校内资源

教科书以及教学所需要的教学参考资料、其他各类图书、教学用具（包括地球仪、挂图等）、音像资料、教学软件、校内环境设施和校园网络、图书馆等是学校中基本的资源。在课程实施过程中首先要重视并加以利用。

可以结合少先队活动、主题班会、课外活动小组、文体活动、校本课程等，丰富和拓展本课程的内容。

2. 因地制宜利用社区环境资源

社会公共设施和场所，如商店、社区、纪念馆、博物馆、公园、少年儿童活动中心、文化体育场馆、校外教育基地以及区域自然景物、人文景观等是需要因地制宜地充分加以利用的课程资源。

3. 合理利用和挖掘多种社会资源

学校师生、家长、社区人员以及周边从事各种职业的人都是重要的资源。本地区的民风民俗、传说故事、传统节日、文化活动、社会公益活动等，学生生活中发生的一些事例，国家和地区的一些重要事件或突发事件等，也是需要教师关注并加以整理、开发的课程资源。在开发和利用课程的过程中，要注重利用网络、电视、电影、广播、报纸、杂志等信息媒体。

《品德与社会课程标准》对于课程资源开发的建议不是凭空而来的，而是品德学科课程教学的必然要求。课程资源的开发和利用对于转变课程功能和学习方式具有重要意义，一方面，它可以使教学超越狭隘的教育内容，让师生的生活和经验进入教学过程，让教学"活"起来；另一方面，它可以改变学生在教学中的地位，使学生从被动的知识接受者转变成为知识的共同建构者，从而激发学生的学习积极性和主动性；同时，它还可以开阔教师的教育视野，转变教师的教育观念，从而更好地激发教师的创造性智慧。可以说，课程资源的作用比以往任何时候都更加重要了。因此，加强对课程资源问题的理论与实践研究，明确课程资源的概念，强化课程资源意识，提高教师对课程资源的认识水平，因地制宜地开发和利用各种课程资源就成为当务之急。

《我的家乡真美丽》教学设计①

一、研究主题的选择

爱家乡，就应亲近家乡的山水，去感受家乡的风情。在教学"家乡的山山水水"这一单元前，教师让学生联系生活了解家乡，认识家乡山水的美丽、物产的丰富、变化的巨大……课余时间，教师与学生一起交流，动员、鼓励他们去查阅资料，进行社会调查。经过一段时间的资料收集与讨论，教师与学生一起确立了研究的主题——"我的家乡真美丽"，并且对参与研究的学生还进行了分工，这些学生分别负责相关资料的收集和整理，实验材料的寻找、设计与处理等。

二、研究活动的指导目标

1. 让学生自主选择感兴趣的问题，经历体验社会的过程，获得对社会知识浅显的理解，培养学生热爱家乡的积极态度。

2. 在活动中培养学生的收集、处理资料的能力，让学生在小组合作中认识到进行信息、观念、思考的分享和相互启发的意义，获得交流合作的经验和能力。

3. 在体验的过程中，让学生围绕"我的家乡真美丽"进行探究活动，获取相关资料与知识。

三、研究活动的设想

这一主题研究活动试图把学生置于一种动态、开放、主动、多元的学习环境中，以一种开放式的研究性学习来改变学生的学习方式，更期望给学生提供更多获取知识的方式和渠道，促使他们去关心社会与家乡，并积累一定的感性知识和实践经验。

四、研究活动过程

1. 研究活动的开始

学校每天下午都安排兴趣小组活动，学校的微机室也对学生开放，学生可上网查询资料。在微机室的梁老师的帮助下，学生在邹平信息港的"邹平旅游"专栏中，通过大量的图片和文字资料，欣赏了邹平的五大旅游胜地，开始意识到自己的家乡真的是很美丽。

2. 研究资料的收集与准备

经过一段时间的研究讨论，学生认为必须亲自到家乡的山水中去体验和感悟。在老师的建议下，学生开始利用周末或放假时间分组分头去寻找家乡的美丽景象。

---

① 案例由山东省邹平县第一实验小学丁金华、王桂香撰写。

（1）家在农村的学生，调查家乡的地形（山地还是平原）、物产。

（2）到家乡的麦田、小河等地方，寻找大自然中蕴藏的美。（可以拍成照片，留住美丽）

（3）游览家乡的旅游胜地（碧云湖、黄山、鹤伴山、唐李庵、范公祠），为家乡的美丽而自豪。

3. 汇报交流，感受美丽

经过一段时间的体验感悟，学生对收集到的资料进行分析与整理，每个人都对家乡的美丽进行回忆与思考，然后在全班内部进行了一次集中汇报。

这次，教师走下了讲台，成了一个名副其实的"学生"、观众，主持会议的是该班的班长。

"你了解我们的家乡吗？"主持人问大家。

"了解！"洪亮的声音让人感动。

"那么，你能说一说你的老家在哪？家乡的什么最多，山还是田？"

"我的老家在孙镇，家乡的田最多，秋天是收获的季节，田野里有棉花、大豆、玉米……"（一望无际的平原让人心胸开阔）

"我的老家在临池，家乡的山最多，我们那主要种果树。"（有山有树，的确美丽）

"我也认为我们老家的山最多，因为大家谈起爬山时，总是说去西董。"

"大家说得真好！是的，我们邹平南部山地较多，比较有名的有白云山、鹤伴山；北部是一望无际的平原，盛产小麦、棉花、玉米等。"主持人总结得真不错。

"家乡是生我养我的地方，家乡的一草一木在我们眼里都是美的。那么，你认为家乡的哪里、什么最美？"主持人转向了下一个话题。

一双双小手纷纷举了起来。

"我的家乡在长山，我觉得小麦成熟了，黄澄澄的一片，那时的家乡最美。"

"我觉得在傍晚落日余晖照耀下的黄山最美，我还把这美景留下了。"（这位同学举起了带来的照片，全班立即响起了热烈的掌声）

"刚刚建成的山南广场，有喷泉、大花坛、绿油油的草坪，我认为那儿最美。"

"同学们，我要为大家介绍一下黄山。据说它因土黄得名，山城相映，别具特色，其山势状如伏虎，又称虎头崖。山势不高，海拔仅有168.4米，然而自古以来却远近闻名。"（看样子，是从网上下载的资料）

"大家想了解我们小朋友的乐园——黛溪湖吗？"另一小组的学生又上台介绍。

"黛溪湖？"学生都睁大了眼睛。

"就是我们平常说的三八水库呀！"这个学生显然对自己的发现很自豪，"黛溪湖是个蓄水湖，垂柳环绕，湖水清澈见底，是休闲纳凉的好地方。"

接着，其他学生也争先恐后地上台作介绍。

"鹤伴山坐落在邹平南部的西董镇。地形复杂多变，山势陡峭险峻，沟谷曲折狭

"唐李庵坐落在邹平镇石凡鲁村西北的山谷中。名称的由来，众说不一，传有唐李二仙曾在此修炼，故名。实际上这是一座小型佛教寺院。"

"范公祠是北宋著名文学家、政治家范仲淹的享堂，地处长山城南、孝妇河畔的河南村，古木参天，环境幽雅。"

学生获取的知识内容丰富，途径多样，教师自叹不如。

"其实这些景点各有各的特点，碧云湖、黄山、鹤伴山是游览的好去处；而唐李庵、范公祠又富有历史文化古韵。我们家乡真是山清水秀、人杰地灵。"主持人总结性地说。

教师被孩子们的表现感染了，投入讨论交流中，"家乡这么美丽，我们该用一种什么样的方式表达对家乡的热爱之情呢？"

"我编了一首儿歌，我读一读吧！邹平邹平我爱你，我的家乡就是你。黄山绿，黛溪清，鹤伴峻，雕窝幽，层层高楼拔地起。"

教室里是热烈的掌声。掌声之后，学生表达的愿望更加强烈。

"我画了一幅画，名字叫'家乡的明天会更好'。"

"我也编了一首儿歌——西董西董我爱你，爷爷奶奶在这里。风景最美鹤伴山，有山有水真美丽。"

"我这还有一首小诗呢！邹平邹平真美丽，我们大家都爱你。环境保护靠大家，我们永远爱护你。"

教室里的掌声此起彼伏，时间在不知不觉中流走了，但大家的讨论兴趣依然是那样浓厚……

在这一教学设计中，教师组织学生通过研究性学习的方式走近家乡，开发这一课程资源。我们可以看到，研究性学习强调以学生的自主性、探究性学习为基础，让学生按自己的兴趣选择和确定研究内容，学生在某种意义上是在教师的指导下，在规定时间内，成为某一研究课题的提出者、设计者、实施者。当学生真正被置于主体地位时，当学生真正自己走进了课程资源的博大空间时，探究才会有积极的内在动力。现阶段，在素质教育的背景下，在国外先进教育理论的影响下，我国的学科教育目标在"着眼培养学生能力"的基础上又有新的发展，提出"让受教育者体验生活"，培养学生的"科学态度"和"社会情感"。研究性学习活动的突出特点就是注重学习的过程和学生在学习过程中的感受和体验，研究性学习注重培养学生对大量信息搜集、分析、判断、反思和运用能力。本课教学设计，体现了研究性学习由学生自己完成的特点，让学生在感受课程资源、寻找学习材料的过程中体会研究工作的辛苦与乐趣，同时获得对社会的直接感受。这样的课堂是一个真正属于他们自己的时间和空间，汇报和表述自己的思想对他们无疑是一种考验与挑战，在对课程资源的深刻把握中，他们对家乡会有更深的体验和感受，并使之真正成为属于自己的东西。同时，在教学过程中，学生准确表述自己见解和观点的能力得到提高，尊重和欣赏别人劳动的品质也得到培养。

一、课程资源的分类[①]

在教学中，课程的授受知识大体包括四个方面：（1）教科书及教学参考书提供的知识；（2）教师个人知识、学生个人知识；（3）师生互动产生的新知识；（4）其他课程资源提供的知识。由此，我们可以把课程资源初步分成四类：

1. 人物资源

学生、教师、家长、社会人士等都是课程的重要资源。学生生活的过程也就是和周围的人、物、事不断发生关系的过程，学生品德的形成和社会性发展也是在这个过程中完成的。其中，人与人的关系最为关键、复杂。

（1）师生关系影响学生品德形成和社会性发展。在小学阶段，师生关系是学校中一种最基本的关系，它是影响小学生品德形成和社会性发展的重要因素之一。

在小学阶段，学校教育的任务是以师生交往的方式完成的。学生有强烈的与老师交往的愿望，他们渴望得到老师的爱，也渴望向老师学习知识。特别是低年级小学生，对老师的依赖性极强，他们往往把老师看成"上帝"，把老师的话奉为"圣旨"，所以老师的权威角色会给学生深刻的影响。如果教师成为学生心目中崇拜的偶像，对学生的影响更大，这就体现了"亲其师，信其道"。高年级学生虽然出现自主倾向，对教师的依赖性有所减弱，但在整个小学阶段，教师的权威性和主导性还是起到一定作用的。由此可见，教师是非常重要的课程资源。

（2）同伴交往影响小学生品德形成和社会性发展。学生的不同生活经历和感受蕴涵丰富课程资源。比如，一个班的学生可能会来自不同地区，各自家乡的风俗民情、自然风光会成为课程资源；另外大家来自不同的家庭，不同的家庭背景、不同的家庭生活会让学生感受到社会的丰富多彩，各自生活经历中的不同经验和感悟也会成为课程资源。因此，学生的交往活动蕴涵着丰富的课程资源。

小学生的交往，一般是以同伴团体的形式出现的。小学生的同伴团体主要有两种类型：一种是有组织的集体（班集体），一种是自发的团体（由邻居伙伴、好朋友、游戏伙伴等组成）。在集体生活中，学生学习到许多课本上无法学到的东西，有些就是《品德与生活》《品德与社会》课程的重要资源。在集体生活中，统一的机构、共同的纪律、共同的目标、共同的舆论和班风会对成员的成长起到重要的促进作用。在学生自发的团体生活中，同伴之间相互学习，不同学生的不同生活经历和感受都对伙伴产生潜移默化的影响，当然有正面的也有负面的。有些学生在交往中看到同伴的优点会自然模仿，把同伴作为自己学习的榜样，有事征求同伴的意见，通过协商处理问题。

---

① 张茂聪．品德与社会课程资源的开发和利用［J］．课程·教材·教法，2006，（3）．

小学生是在学习、游戏活动中开展交往的，这些交往活动能促进其品德形成和社会性发展。如在课堂上认真听讲，不能违反纪律干扰同学听课；在游戏中遵守游戏规则；在劳动中完成自己分担的任务等，都可能是小学生在与同伴交往中形成的观念。

（3）家庭关系影响小学生品德形成和社会性发展。家庭成员间的关系是学生最早建立起来的人际关系，这种关系的好坏不仅影响他们以后形成的各层次的人际关系，也影响他们的品德形成和社会性发展。

父母或其他家人的素质、经验和阅历蕴涵课程资源，如学生经常通过爷爷、奶奶或父母等长辈了解过去的社会、从前的生活，和睦的家庭关系让学生感受到生活的温暖，健康、文明的生活方式让学生养成良好的生活习惯，家庭事务的处理让学生学会料理自己的生活，等等。

（4）与社会人士的交往影响小学生品德形成和社会性发展。在小学阶段，对学生品德形成和社会性发展产生主要影响的是家人、老师和同学。社会人士对小学生影响相对较小，但我们不能低估社会人士成为课程资源的可能性。了解学校的变迁，问一问多年看门的老爷爷；了解商业知识，去商店采访一下商店服务员；了解医护知识，可以去问问大夫；了解战争时期的故事，可以走访老革命家……不同阶层、不同行业的社会人士都能成为学生有价值的课程资源。

2. 文本资源

图书（包括教科书及教辅）、报刊、地图、图表等文本资源。

3. 音像资源

影视节目、录音、录像、网络、软件等。

4. 社区、环境资源

课程资源还可以分为校内课程资源和校外课程资源，校外课程资源主要包括博物馆、教育基地、图书馆、实验室、纪念馆、文化馆、自然和人文景观、各种社会组织和政府机构、乡土资源等。社区、环境资源便属于校外课程资源，主要指学校所在社区的自然生态和文化生态方面的资源，包括乡土地理、民风民俗、传统文化、生产和生活经验等。这些资源可以有选择地进入校本课程、地方课程乃至国家课程中，成为师生共同建构知识的平台。

二、课程资源开发的主体

从一般意义上来说，课程资源的开发主体主要是少数专家，特别是学科专家。他们开发的课程在内在的学术性品质上可能是很好的，但在反映不同地区、不同学校和学生的差异性与多样性方面，他们的课程可能就有局限性了。因此，新课程的结构要适应地区差异和不同学校的特点以及学生的个体差异，为学生提供更多的选择，那么就必须充分发挥地方、学校和教师乃至学生、家长等在课程资源开发中的主体作用。学校和教师对于教材的使用，更多地应该强调把教材作为课程资源来使用，根据自身实际创造性地使用教材，用出个性化的风格和特点，而不是生搬硬套地教教材。

开发课程资源的过程有两步。第一步由课程标准到教材，这一步开发的主体是教材编写者，编者根据对课程的理解开发课程资源。第二步是由教材到学生，这一步开发的主体是教师和学生，教师要根据对课程标准的理解，以教材作为"例子"，整合学生周边的课程资源，通过一定方式、方法达到课程标准的要求。

（一）教材编写者开发课程资源

过去在设计教材时，教材编写者更多地考虑怎样为教师提供一个清晰的教学思路；在教学参考书的制作上，也更多地把关注点放在教师身上。新课程在课程资源的开发上应有开放的理念，即要打破教科书神圣不可变的认识，提倡"用教科书教"而不是"教教科书"。这样，在给教师带来更大的自主空间的同时，要求教师要关注学生的实际生活，关注学生的学习兴趣，关注学生的个性差异，要通过互动使教学过程成为师生共建知识体系的过程。这些都给教材的编写提出新的要求。新课程理念要求教材、教参不仅要有利于教师的引导、操作，更强调教育教学方式的变革——以学生为主体来组织教学活动。因此，在教材、教参的编写上，我们需要把更多的关注投向学生，把更多的关注点放在怎样便于师生互动、怎样给教师创造性开展教学提供便利上；更多地考虑教材怎样有利于学生学习活动的组织，怎样有利于学生合作时共同使用，怎样进一步引起学生探究的兴趣和愿望，等等。比如，传统的教辅图书停留在教学挂图、磁带等教具的制作上。这些教具制作的出发点是帮助学生理解、记忆知识，训练技能。而新课程从价值观、能力、知识的三个纬度提出课程目标，所以教辅图书的编写不仅要从有利于学生能力上下工夫，更应从有利于学生想象力、创造力的发展，有利于丰富儿童的情感、启迪儿童心智等方面入手。

（二）教师开发课程资源

新课程对教师角色提出新的要求，要求教师由知识的传授者向学生发展的促进者转变，这一转变对教师教学观念、教学行为、教学策略等提出了挑战。如何适应这一挑战，是摆在广大教师面前的重要课题。站在知识的传授者的角度看，教师的主要任务是让学生掌握知识，教师教学行为的最大技巧在于如何更快、更好地让学生掌握课本知识。站在学生发展的促进者角度看，教师的重要任务是促进学生的发展，教师的教学行为不再以知识传授为目的，也不再有过细的知识目标去牵制，教师完全可以根据学生实际去创造性地开发课程资源。因此，有人讲"教材仅仅是一个例子"，教师应成为课程资源的开发者。

在执教《爱护花草树木》一课时，一位老师是这样导入教学的。上课伊始，老师摆出一副非常神秘的样子，问学生："今天，老师给小朋友们带来了一件礼物，你们猜猜是什么？"学生兴致勃勃地猜，答案应有尽有，可老师却连连摇头。在小朋友们绞尽脑汁却没有收获之时，老师忽地把升降黑板往上一推，顿时满满一黑板色形兼美的鲜花绿草图呈现在学生眼前。原来这便是老师带给大家的礼物。"哇！真漂亮！"学生情不自禁地赞叹道。在此起彼伏的惊叹声中，老师趁势揭示课题，图文结合，形象生动，使学生对学习课文内容产生了浓厚的兴趣。然后，老师并没有按照教材的体系授课，而是带领学生去教室外寻找花草树木，体验它们给人类带来的美好，探索保护它们的原因和方法。这位老师就是对课程资源进行了有机地转化和开发。

同样的案例还有很多，再比如，教学《我爱家乡》一课时，教师可组织学生通过参观、访问、看新闻等形式，找出家乡5年中的变化。活动中，学生收集了大量资料，拍摄了许多幅照片，同时也深深感受到了家乡日新月异的变化。作为家乡的一员，他们都希望自己快快长大，用科学知识和勤劳的双手，把家乡建设得更加美好。而在教学《注意交通安全》一课时，教师把学生带到离学校不远的十字路口，看红绿灯的指示和交警叔叔的指挥，学生针对自己的疑惑还现场采访了交警叔叔。半个小时后，教师问他们知道怎样过马路了吗，学生纷纷发言，而且都跃跃欲试，于是教师让他们都试一试，学生都按规则走过十字路口。在回来的路上，学生畅所欲言，情绪高涨，因为他们不但学到了知识，更重要的是他们在生活中得到了锻炼。这些都是教师对课程资源有效开发的范例。

（三）学生开发课程资源

与让儿童参与教学活动的设计一样，在活动资源的选择上，也应当让儿童参与进来。儿童参与选择课程资源正是为了确保儿童在教学活动中的主体性，增强教学活动的针对性和实效性。一方面，儿童知道的许多事物，教师不一定知道，儿童参与资源的选取可以丰富活动资源；另一方面，儿童参与选取，会更适合他们的特点和需求，会增强他们参与活动的兴趣，从而提高教学效率。

《水被污染了》教学设计

一、导入

师：通过上一节课的学习，我们知道了水对于我们的重要性。我国是一个缺水的国家，可是这有限的水资源也遭到了严重的污染。为了了解水污染的现状，我们设计了家乡水污染考察活动和资料搜集活动。下面就请各考察小组汇报考察情况，然后进行讨论交流。

二、各考察小组分别汇报考察情况

（小组汇报，有奈河组、梳洗河组、家庭水污染组）

师：为了了解我市工业污染的情况，老师从市环保局找到了部分录像资料。（播放录像资料）你认为我市水资源污染已经到了一个什么程度？造成污染的原因有哪些？

师：同学们通过自己的努力，了解了我市水污染的大体情况，很了不起。我市是一个水资源极度匮乏的城市，而污染又造成了水资源的极大浪费，实在令人痛心。其他地方的水污染情况又是怎样的呢？

三、资料交流

（学生交流自己搜集并经过整理的资料，以2～3分钟为宜）

师：老师也搜集了关于长江、黄河污染情况的部分资料。（通过课件展示文字资料）你认为我国水资源污染状况已经到了什么程度？谈谈你了解了这些污染现状后的感受。

（学生讨论交流）

四、讨论

师：水是可再生资源，因为天上总是会下雨的，所以有人说，我们不用担心地球上会没水，浪费点也没有关系。你对这个问题是怎么看的呢？

（学生小组讨论，集体交流）

师：大气污染导致了酸雨形成。酸雨不仅危害农作物，还直接污染了土地、河流和湖泊，再加上人们对河流、湖泊的直接污染，使大量的水资源变得不可利用。

五、总结

师：水资源的危机已经严重地威胁到了人类的生存。怎么办？这是摆在我们面前的一个迫切需要解决的问题。同学们课下就自己感兴趣的问题继续搜集资料进行研究，下面是问题提示。（指导学生继续搜集资料，为下一个活动作准备）

学生参与课程资源开发的方式是多种多样的，在《水被污染了》一课的教学设计中，学生通过调查获取资料，可以说就是开发课程资源了。其他的方式也有很多，比如教学《春天在哪里》一课时，课前，教师安排学生去寻找春天，在郊外、校园等场所，学生通过自己的所见所闻获得春天的信息，从而确立了认知经验，春天的景象深深地印进学生的脑海中。教学《我的家》一课前，教师指导学生在家中与家人交流，使学生通过自身的体验对所关注的问题获得直观的印象和更加深入的了解。教学《今天我值日》一课前，教师积极引导学生从实践中获得体验，为课堂活动打下良好的基础。这些活动虽然形式简单，但是都让学生在具体的课堂教学实践中参与了课程资源的开发。

整体上看，课程资源开发的主体是参与课程教学的每一位成员，他们在教学活动中的分工或者责任的不同，可以从不同层次、不同方面来开发课程资源。当然，课程资源的开发与课程建设并不是一个同等的概念，所以不同的开发者所开发的课程资源在具体的教学实践中所具有的价值也是不同的。

三、课程资源开发的途径

第一，开展当代社会调查，不断跟踪和预测社会需要的发展动向，以便确定或揭示学生有效参与社会生活和把握社会所提供机遇应具备的知识、技能和素质。

第二，审查师生在日常活动中以及在实现自己目标的过程中能够获益的各种课程资源，包括知识与技能、生活经验与教学经验、教与学的方式和方法、情感态度和价值观等方面的各种课程素材。

第三，开发和利用课程实施的各种条件，包括图书馆、实验室和各种活动场馆、专用教室的合理建设。

第四，研究一般青少年以及特定受教育学生的情况，了解他们已经具备或尚需具备的知识、技能和素质，以确定制订课程教学计划的基础。

第五，鉴别和利用校外课程资源，包括自然与人文环境，各种机构、各种生产和服务行业的专门人才等资源，使之成为促进学生学习和发展的财富。

第六，建立课程资源管理数据库，拓宽校内外课程资源及其研究成果的分享渠道，提高课程资源使用效率。

第七，发挥网络资源的作用。现代信息技术的发展正在突破各种资源的时空限制，使得课程资源的广泛交流与共享成为可能。为此，教师一方面要充分利用各种网络资源为教育教学工作服务，同时也要积极参与网络资源的建设，运用网络技术与广大同行交流和分享自己的教育教学经验和成果；另一方面，还要鼓励和引导学生学会合理选择和有效利用网络资源，增加和丰富自己的学习生活经验。

除此之外，教育工作者还要根据各地和各学校的实际情况，广开思路，发掘校内外更加具有针对性和适应性的课程资源，更好地发挥它们的作用。

对于课程资源的利用，《品德与社会课程标准》提出明确的要求，即"本课程的资源是多样的，课程资源的利用应为教学服务，力求切合实际"。

四、课程资源开发和应用的原则

新课程标准强调课程资源的丰富性，目的是为教师开发多样化的课程资源拓展思路，但是，应该注意反对课程资源的泛化倾向。什么样的课程资源能进入教科书、进入课堂，是教科书编写者和教师应该认真思考和把握的关键问题。在这一问题上应该坚持几个原则：（1）课程资源要有利于实现教育理想、体现学校办学宗旨，适应社会的发展需要；（2）课程资源要与学生学习的内部条件相一致，符合学生身心发展的特点，满足学生的兴趣爱好和发展需求；（3）课程资源要与教师教育教学的现实水平相适应。因此，课程资源开发，特别是素材性课程资源开发，必须反映教育的理想和目的、社会发展需要、学生发展需求、学习内容的整合逻辑和师生的心理逻辑。只有充分利用每一种经验，才有可能使教学更加富有成效。

为使课程资源的筛选机制更好地发挥作用，必须注意以下两点原则：

其一，优先性原则。学生需要学习的东西很多，远非学校教育所能包揽。因此，必须在可能的课程资源范围内和在充分考虑课程成本的前提下突出重点，精选对学生终身发展具有决定意义的课程资源，使之优先得到运用。比如，学校教育要承担自己的责任，要帮助学生学会能够建设性地参与社会生活的各种本领，那么教师就必须对有效地参与社会生活所应该具备的知识、技能和素质以及社会为个人施展才能所提供的机会进行综合了解，作出恰当的判断，筛选出重点内容并优先运用于课程。

其二，适应性原则。课程的设计和课程资源的开发利用不仅要考虑普通学生的共性情况，更要考虑特定学生的特殊情况。如果要为特定教育对象确定恰当的目标，那么仅仅考虑他们已经学过的内容还不够，还需要考虑他们现有的知识、技能和素质背景。

五、课程资源的来源

（一）从生活中汲取营养

从某种意义上说，走向生活就是走向了课程资源的开发。从《品德与生活》《品德与社会》课程教学本身的任务来看，它所承载的不仅是知识的传承与授受，还要完成对学生综合素质的培养，这就需要课堂教学以开放的系统环境来综合调动影响学生发展的各种因素，从生活中汲取营养。

《我会好好地吃》教学设计意图

本课是《品德与生活》一年级上册第三单元"我的一天"中的第三个主题。《品德与生活》课程是以学生生活为基础的活动型综合课程。让儿童健康、安全地生活是儿童生活教育的前提和基础，它旨在使儿童从小懂得珍爱生命，养成良好的生活习惯，获得基本的健康知识和生活能力，为其一生身心健康地发展打下基础。在设计"我会好好地吃"这一课时，我先后安排了由学生生活入手导入新课、寓教育与活动之中、回归生活三大环节，努力体现本学科的特点，把广泛、抽象的理性说教变成了真切的、具体的、生动的生活体验，创设了开放、互动、活泼的教学情境，营造了愉悦的课堂气氛，充分体现了学生是学习主人的理念。这样，学生就参与了整个课程资源的开发过程。

体现生活性。《品德与生活课程标准》认为，只有源于儿童实际生活和真实道德冲突的教育活动才能引发他们内心的而非表面的道德情感、真实的而非虚假的道德认知和道德行为，良好品德的培养必须在儿童的生活中进行。本课内容与儿童生活密切相关。教学时，我以学生生活为切入点，让学生谈谈自己喜欢吃的东西，激发学生兴趣，自然地导入课题。在活动过程中，通过让学生互相介绍自己知道的生活中各种食品的小知识和发生在自己身上的一些小例子，丰富学生的生活常识，使学生深切体悟到良好的饮食习惯对自身健康、对他人、对社会的重要影响。

体现活动性。《品德与生活课程标准》要求："在开展活动时，要创设条件，力求让每个学生都能平等地体验、经历活动过程，让所有学生都能够获得参加学习活动的机会和权利"；"切实调动儿童参与的积极性、主动性，让儿童尽可能多地体验到成功感，增强自信心"；"创设儿童自主选择活动的主题、内容、材料、方式，制订活动计划，表达自己的观点的机会，提供比较充分的自主探究、运用已有知识经验的时间和空间"。同时倡导学生的主动参与，强调寓教育于活动之中，让学生在参与中进行体验、感触，受到教育。本课通过"分一分""演一演""吃自助餐"等小活动，把社会大生活搬到课堂小生活中，让学生在逼真的生活情境中真切体验，增强认识，受到熏陶，进而懂得珍爱生命。

体现开放性。《品德与生活》面向儿童的整个生活世界，重视地方、学校、教师与儿童的创造性。教学本课时，我并不是仅仅限于课堂。课前，我安排学生留意自己家的一日三餐情况，留意周围人的用餐习惯，向家长了解一些常见蔬菜、水果及其他食品的营养情况；课后，安排学生与家长共同设计家庭配餐并做情况记录；学期末，评选不挑食、不偏食、文明、节俭的好孩子，实现由知到行的转变。另外，在教学中，我依据教材但不拘泥于教材，创造性地对教材进行了删除、增添、调整等处理。如教材一开始让学生把自己喜欢的东西画下来，我改成让大家都来说一说，使导入简单明了，一下子把学生兴趣激发起来；豆类食品也是人们经常食用的，在课本食品分类图中没有，我增添了相关内容；教材主题目标没有突出对学生文明用餐、勤俭节约以及由"吃"引发的环保意识的教育，教学中我补充了这方面的内容，使学生的思想认识得到进一步升华，使他们产生热爱生活、珍爱生命的情感。

从教学设计来看，学生的已有经验与实际生活体验是不可忽视的重要教学资源。关注教学效率就必须从关注学生已有生活经验出发，换句话说，学生学习的有效性起点是其自身的生活经验，这是课堂教学中必须充分关注的教学资源。从另一个方面来说，学生的学习结果只有延伸到学生的实际生活中去，才能使学习结果得到拓展和迁移，才能使学生的发展获取持续的动力支持。《品德与生活》教学提出从生活中汲取营养，旨在强调建立课堂教学与学生生活世界之间的联系；强调课堂教学从学生的生活实践经验出发，以课堂教学的生活化为载体，使学生生成学习智慧；强调课堂教学的拓展要回归学生的生活世界，构建起以学生生活为背景的生态化课堂教学大系统。

从生活中汲取营养，前提就是将课堂教学适当向前展开，一方面从学生的生活经验中汲取课堂教学所需要的东西，并使之成为教学的起点或依托；另一方面就是让学生在真正的课堂教学开始之前，有意识地从生活中获取学习所需要的资源。这两点构成了《品德与生活》教学对学生生活世界关注的前提性理论，在教学实践中，这就成为学生学习生活化的支点。

有一位教师在执教《我国是一个发展中的国家》一课时，发现课本上所列举的诸如"我国钢产量、棉花产量等10年来的变化图"虽然醒目，但是离学生的生活世界太远，于是组织学生在课前进行了"寻找生活中的变化"活动，让学生亲身感受自己生活所发生的巨大变化。

学生通过调查、了解，获得了这样一些资料：（1）听我爸爸说，以前人们住的是低矮的茅草房，现在大部分人都住楼房了。（2）我爸告诉我，他小时候上学要走好远的路才到学校，都是步行的，我们现在不仅有自行车，而且有摩托车，有的同学家里还有汽车，可方便了！（3）以前人们都吃煎饼、窝窝头，只有到过年时才能吃上饺子，现在，鸡、鱼、肉、蛋一点都不稀罕，有时都感到吃腻了。（4）妈妈说，她小时候天气热，人们都扇扇子，现在我们不仅有了电风扇，还有空调呢！（5）以前人们耕地都用牛，现在都有拖拉机、播种机、联合收割机了。（6）过去东西少，买肉、买粮食还得用票，现在想买什么都有……

这些变化虽然涉及的只是衣食住行，却是学生对生活的加工与再现，体现的就是《品德与生活》教学对学生生活的关注。

很显然，从学生生活体验获取教学资源的方式具有积极的教学意义，实现了教学空间以及实施渠道的开放性。

从生活中汲取营养，更重要的是在整个课堂教学过程中创建一种生活化的教学环境。课堂教学环境的生活化是一种重要的教学组织理念，强调的是一种课堂生活重建的理论，构成这一理论的核心也是《品德与生活》教学的价值追求。综合起来看，课堂教学的生活化应当从这样几个方面努力：

（1）创建生活化的教学情境，使课堂教学充满浓厚的生活气息。在这一过程中，教师可以有意识地使用一些直观性的教学手段，使学生在课堂上也能获得类似生活的感受。当然，走进课堂的生活场景并非生活原型，而是经过教学加工的、有利于学生的生命体验与认知发展的生活化情境。

（2）营造一种生活化的平等信任的心理状态。品德学科教学致力于对学生学习心态的呵护，以"师生心态的自由开放"作为基本特征。自由开放体现的就是一种具有生活状态的心理，这是课堂生活重建的一种内在动力机制。自由组合的生生合作、漫谈式的师生对话、全员参与的积极评价等，都是实现课堂教学心理状态生活化的有效方式。

（3）激活学生已有的生活经验，给予学生思维和想象的空间。教师不可能将有限的教学空间与广阔的生活场景互换，生活中的大量信息很难直接进入课堂，所以在课堂上，教师就要有意识地激活学生已有的生活经验，使课堂上的知识与学生的生活经验在思维与想象的空间里穿行。

（4）沟通课本知识与学生的现实生活。这是最为直接的教学策略，构成了课堂教学生活化本质层面。在学生依据教材参与教学的过程中，教师应当拓宽教材的实施空间，使其与学生的现实生活紧密联系，增加学习的生活意蕴。

值得注意的是，《品德与生活》《品德与社会》课程教学特别强调将课堂教学的问题、情感、认知、价值等向课外有效拓展，即向学生生活世界延伸。这样就构成了一个完整的课堂生活化的循环，使学生的学习始终处于现实生活与理性世界的交互作用之中，使学生在生活中获得课程，在生活中得到综合发展。

（二）实现学科综合化

知识不再具有单一学科门类的特征，而是以综合性的形式在不同学科间进行着不断地融合。我们认为，知识的综合化不仅体现在人文学科或自然学科内部，而是贯通于所有学科的。历史证明，一位杰出的科学家，往往拥有丰富的人文艺术领域的知识，这是学科知识综合化体现的范例。在教学中，我们更应当打破不同学科之间"老死不相往来"的现状，以多元的视角，为学生的学习构建综合化的学科知识氛围，使学生的创新发展、综合发展得到良好的支持。

《纲要》强调，基础教育课程改革的一个重要目标，就是要"改变课程结构过于强调学科本位、科目繁多和缺乏整合的现状"。由此，有人就提出了一个"课程综合化"（亦称"课程整合"）的问题，那么对此究竟应当如何理解和把握呢？有学者指出，狭义上的课程整合更多的是指一种组织课程内容的方法，整合的对象集中于学科知识；而广义上的课程整合则不单指学科或知识的小整合，更是课程三大要素（知识、学生和社会）的大整合。广义上课程整合的内涵包括相邻知识系列的整合、性质相近学科之间的整合、人文学科与自然学科的整合、教育内容变化与文化发展的整合、儿童与文化的整合等。[①]

强调课程内容的综合化，既是学生身心得到全面和谐发展的需求，也是知识的创新与发展日益呈现出愈来愈明显的整合化趋势的必然要求。随着科学现代化程度愈来愈高，学科之间的交叉、渗透与融合的趋势亦变得愈来愈突出，原有的学科之间孤立存在的状况就受到了愈来愈猛烈地冲击。这种局面也就决定了我们的课程内容也必须要打破原有的单一化的孤立状况，走向综合化，否则就将影响学生知识结构的完善以及他们在愈来愈激烈的竞争形势下的生存与创新能力的发展。

在小学《品德与生活》综合实践活动的安排中，要突出体现综合实践活动的整体性、实践性、开放性、生成性和自主性。必须坚持学生的自主选择和主动探究，为学生个体充分发展创造空间，要以学生的生活世界和社会实践为依据确立研究及活动内容，帮助学生体验生活并学以致用；要求学生在综合实践活动中理解生活，向生活索取信息并为生活作出贡献。首先，重视社会实践课的开发与实施，创造一切条件，让学生走向社会，走向大自然，深入生活，参与实践。如建立家庭图书架、节假日专题参观、影视短评、"手拉手联系会"等活动，都可作为综合实践活动课的形式加以实施。其次，突出课堂内外的结合，多组织课内外活动，如手抄报活动、文学社活动、故事会、表演课本剧、"童年实录""小记者一日行""作文门诊部""新闻发布会"等。当然，我们反对单纯的脱离学科教学的实践性活动，因为在当前的教育体制及班额限制之下，过于理想化的活动设计往往容易流于形式而难以发挥真实的作用，没有生命力。

事实上，学科知识综合化还体现在对学生的大量生活经验的加工整合。在课程建构基础上学科知识综合化的过程是指导学生有效地进行自主、合作、探究，学习知识，形成能力，实现自身价值的发展过程。

（三）开发校本课程

在必要的情况下，教师要以规定课程为前提，进行校本课程的开发，设计出具有

---

① 郑金洲．基于新课程的课堂教学改革［M］．福州：福建教育出版社，2003．

特色的、更加适应自己学生使用的课程，作为规定课程的补充。可以说，学校校本课程的开发就是一种典型的课程资源的开发方式。当然，很多时候，一所学校不会围绕一门学科去开发校本课程，而是综合性地开发。在此，我们选取一个以《品德与生活》和《品德与社会》学科为主体的校本课程开发的案例。

"绿色"系列校本课程开发案例

山东省临沂市罗庄区罗庄中心小学在课程资源开发方面进行了积极的探索，这是他们的校本课程开发简介：

经过充分论证，我们认识到，良好的社会公德、强烈的环境意识、较高的人文素养、健康的审美情趣和生活方式已成为我们塑造人才不可或缺的"标尺"。以临沂罗庄地方特色文化背景为依托，以地方环境资源为载体，进行校本课程开发，拓宽课堂教学的培养渠道和途径，对多维度达成新的人才培养目标有着积极的作用。为此，我们创造性地提出了开发"绿色"系列校本课程、提高课堂教学效率的思路。

"绿色"系列校本课程是指建立在国家、地方课程基础上的，以学校及周边课程资源为依托，以自然绿色、人文绿色为核心内容，学生在教师的指导下所进行的各种活动的总和。我们学校的"绿色"系列校本课程的内容结构从两个方面来确立，一是学生身边的植物、动物等大自然绿色课程内容，二是校园内外的人际、道德等人文绿色课程内容。本课程开发与实施的核心内容是"用生命关怀生命"，具体内涵是：在教师的指导下，通过课程的实施，引领学生全身心地融入课程，用生命与自然对话，用真情与他人交流，在对话与交流中实现生命个体的丰富与提升，获得自然生态与人际生态的双重平衡，进而获取可持续发展的素养积淀。

我们已经形成了如《寻找四季的脚步》《我们的动物园》《与环保同行》《沂蒙历史名人》《生活中的规则》《诚信天地》《礼仪满校园》等20多门课程，教师自主设计，学生自由选择，一个开放的、探究的课程文化氛围已经形成。

"绿色"系列校本课程带给教师课程开发的实践机会，不仅构建了学校课程体系，更重要的是帮助教师形成了课程资源开发的意识，为教师的课堂教学水平的提高提供了重要的发展平台。

以校本课程开发来提升教师课程资源的开发能力是一个成功的案例。当然，教师课程资源的开发都是基于学科课程教学需要的。在课程的开发与建构过程中，教师应坚持实事求是的原则，从实际出发，结合自身的业务专长及学生的实际需要开发课程资源，不是每一节课的内容都需要重新整合，也不是每一位教师都要自编补充课程。

（四）在主题活动中实现

合理地开发和利用课程资源能使《品德与生活》和《品德与社会》课程教学设计更加丰满与深厚，而丰富多彩的主题活动设计则为课程资源的有效利用和价值体现提供了良好的载体，使整个教学过程呈现出灵动与生机。

1. 游戏类活动

游戏是人们自愿参加的以娱乐为主要目的的活动。几乎所有的人都是伴随着游戏长大的，儿时的游戏往往在人的大脑中留下难以磨灭的痕迹，可以说游戏是少年儿童生命成长中的重要组成部分，对小学生的发展有着积极的、不可替代的作用。游戏不仅是娱乐的过程，还是学习的过程，是探求信息、开发大脑潜能的过程，所以也是《品德与生活》和《品德与社会》活动设计中重要的组成部分。心理学家根据游戏过程中游戏者的互动程度和性质把游戏分为独自游戏、平行游戏、互动型游戏。我们在教学中主要是设计互动型游戏，目的是为学生提供更多的合作、交流的机会，在游戏中激发学生求知的欲望和对学习的兴趣。兴趣是成长的助推器，有兴趣爱好的人，就会感到生活丰富多彩、人生充满欢乐，从而视野开阔、心胸豁达，保持乐观情绪和蓬勃朝气。有了兴趣，学生就能体验到愉快和满足，即使付出很大的体力或精力也不感到疲倦。因此，兴趣对活动具有始动、定向和动力的作用。

2. 社会热点类活动

社会是一个大学校，其内容是五彩缤纷的。社会的一切现象都在不同程度地影响着学生的发展，学生最终要成为这个社会的主人，所以处在世界观形成关键时期的小学生就应当关注这个社会，观察、思考社会呈现出来的各种现象，逐渐培养适应社会的生存能力。感受现实世界、关注社会和国家大事、剖析生活中的热点问题等行为对学生成长有积极的影响。时政大事往往是社会聚集的热点、有争议的问题、疑难问题，具有很大的思维量，学生要形成独到的见解就需要更多的事实来支持自己的观点，所以学生需要更广阔的社会实践天地。学生的调研过程就是搜集、整理信息的过程，学生通过对大量信息的分析、比较、判断，学会用辩证的方法来分析问题，领悟是非的标准、问题的曲直，增强责任感和事业心，从而培养远大的理想、不畏艰险的勇气和锲而不舍的意志，形成正确的人生观。

在这类活动中，如"对世界人口问题的思考""生活垃圾的分类及处理""对空气状况的调查""对水污染的调查""谈谈沙尘暴"等，学生通过亲身体验和冷静的思考，感受到环境保护的重要性。空气质量的下降、水资源的短缺、沙尘暴的肆虐、人口数量的暴增……与迅速发展的人类文明形成极大的反差，从中学生意识到环保的紧迫性，积极将"人类只有一个地球""救救地球"的呐喊付诸行动。

3. 生活类活动

设计这类活动的目的是让学生品味丰富多彩的生活，培养学生的参与意识、竞争意识、冒险意识，了解现在生活发展的状况，加深对社会生活的理解，增强自我保护能力，对一个未来的"新我"进行构建，从"现实的我"走向"发展中的我"，为踏入社会做积极的准备。

设计的主要活动，如"今天我当老师""今天我当交通安全员""今天我当家庭采购员""与名人对话"等，旨在培养学生的参与精神，使学生学会变换角色生活。"出租房经营状况的调查""校园规划""为学校发展绘蓝图"等活动，主要是让学生了解生活现状，努力想出改变现状的策略，为将来服务社会奠定基础。"竞选节目主持人""竞选校长助理""野外自我救护""远离车祸"等活动，主要是培养学生的竞争意识、生存能力，为其成长为创新型人才做准备。

4．审美类活动

《品德与生活》和《品德与社会》课程强调培养学生健全的人格和较高的审美素养，而艺术素质是提高审美素养的重要素质之一。

结合《品德与生活》《品德与社会》教学内容，教师可设计如"植物贴画""根茎造型""欣赏诗词绘意境""班级文化形象设计"等活动，通过工艺制作、欣赏、插图配诗、艺术策划等形式，激活学生的听觉、视觉、感觉，陶冶学生的情操，培养学生参加文学艺术活动的兴趣，让学生感受美、发现美、创造美，提高审美能力。

5．创新品格类活动

培养学生动脑筋、有创意地生活是品德学科课程的主要内容之一。创新品格是创新的动力和源泉，创新性观察、创新性质疑、创新性探索、创新性研究、坚强的意志和良好的抗挫心态是创新品格的重要表现。少年儿童正处于形成科学志趣的关键期，学校要不失时机地抓住这一契机，把创新品格的培养作为实施素质教育的核心内容。学生创新的萌芽是从幼儿开始的，幼儿的好奇心和创新性想象的发展是创新形成的两个重要表现，随着年龄的增长，学生的创新心理逐渐觉醒，他们开始对创新充满憧憬和渴望，较少受传统习惯束缚，敢想敢说，不被权威、名人吓倒，思维活跃，敢于标新立异，所以在教学实践中我们要培养和保护学生的好奇心和求知欲。

6．思维类活动

我们应在教学实践中为学生的发展提供一个良好的环境，不但要培养学生的创新精神，还要培养学生创新思维的能力与品质，所以活动课程的教学更应当重视创新思维能力和思维品质的训练。对于中高年级学生来讲，品德学科教学中有效的思维活动对他们的思维发展非常有益。因此，思维训练类创新活动是我们设计的主要内容，其中有创新思维品质的训练、创新想象的训练和创新思维方法的训练。

（五）做教科书的主人

每一位教师都应当成为课程与教材的主人，应当肩负起教材与学生学习的中介作用。教师是课程的实施者，教师对教科书应当最有发言权，我们在实施课程时要结合自身的阅历、经验与能力，对教科书进行高屋建瓴地超越与建构，使教科书内化为教师授课行为的一部分。可以这样说，没有对课程充分开发与重新建构的教学过程是不完整的，也是没有生机的。在今后新课程实施的过程中，不能对教科书进行深入把握与有效组织的教师，是无法胜任教学任务的。

对《环境保护》这一课的教材处理，有的教师就从四个方面做了努力：

1．"世界环境日"主题。教材中只介绍了世界环境日是哪一天和联合国确定世界环境日的意义。为使学生获得更多更深的感性认识，教师在教学中还可向学生介绍世界环境日的由来，把保护全球环境和学生身边的环境结合起来，从小培养学生的全球观念和环保意识。

2."让环保进入每一个家庭"主题。应让学生在获得大量事实信息的基础上进行分析和推理。可改变教材直接从 1994 年世界环境日的主题引入的方法，让学生通过观察自己周围的环境，查阅有关全球环境污染的资料，深刻体会全球环境与每一个家庭的关系，培养学生的分析、推理能力。在教学过程中，还可根据情况介绍一些全球性的重大环境问题。

3."做环保小卫士"主题。教材中只强调了两点：一是保护环境责任重大；二是以身作则，做环保小卫士。在教学时，可增加一些环境保护的知识和环保的小事例，并开展"人人争做环保小卫士"的活动，激发学生的责任感，培养学生的实践能力和可持续发展的观念。

同时，教学中可适当渗透对目前全球最新的环保措施的介绍。

由这一教材处理的案例可见，教师对教材有着直接的加工权利，这也应当是教师教学的责任。教科书有机整合与处理应当体现在多个层面，教师应在不同的方面对其进行加工处理，使其更符合学生的学习需要。体现在具体教学过程中，教师应把教学的全过程视为教科书的重新开发与创新过程，不但理解并把握教科书，发挥教科书应有的作用，还要在探究、反思与设计中重新整合教科书。

专题五　对学生学习方式的指导能力

在教学过程中，教师与学生分别构成教与学的主体，并且教师的教学要服务于学生的学习，这也是学生学习方式转变的前提。转变学生的学习方式是一项具有持续价值的系统工程，教师必须对学生的学习进行细致的指导，而这就对教师的专业能力提出了新的要求。

一、指导学生合作学习

学习是个体化活动还是社会性活动，对此不同的认识决定了不同的学习基本方式。传统学习方式把学习建立在人的客体性、受动性、依赖性的一面上，从而导致人的主体性、能动性、独立性不断被削弱。转变学习方式就是要转变这种他主性、被动性的学习状态，把学习变成人的主体性、能动性、独立性不断生成、张扬、发展、提升的过程。这是学习观的根本变革。学习不是一种异己的外在控制力量，而是一种发自内心的精神解放运动，是一种对话交流的社会性行为。基于此，本次课程改革提倡以弘扬人的主体性、能动性、独立性为宗旨的自主学习、合作学习和探究学习，也就是让学生的学习走向更广泛的对话与交流。

在《品德与生活》《品德与社会》教学中，改变学生的学习方式具有积极的现实意义和理论意义，但是学习方式的改变如何实现，却成了一个理论与实践脱节的问题。有专家指出，有效的学习方式有"研究性学习""动手活动""在计算机环境中学习""小课题和长作业"等几种，这些学习方式似乎都可以游离于学科教学之外而单独组织。然而，我们不可否认的现实却是学生的学习最主要的精力是用在学科学习上的，并且是课堂内的学科学习，改变学生学科学习方式才是最主要的。因此，在新课标指导下，《品德与生活》《品德与社会》课程强调学生的自主学习、合作学习、探究学习和体验学习。

关于合作学习的问题已经成为当前新课程改革关注的焦点之一。王坦研究员认为："合作学习是以现代社会心理学、教学社会学、认知心理学、现代教育教学技术学等为理论基础，以开发和利用课堂中人的关系为基点，以目标设计为先导，以全员互动合作为基本动力，以班级授课为前导结构，以小组活动为基本教学形式，以团体成绩为评价标准，以标准参照评价为基本手段，以全面提高学生的学业成绩和改善班级内的社会心理气氛、形成学生良好的心理品质和社会技能为根本目标，以短时、高效、低耗、愉快为基本品质的一系列教学活动的统一。"[1]

在《品德与生活》和《品德与社会》课程中，师生之间的合作学习大都是一种活动式的合作，都是在特定的活动中结成活动小组。通过调查发现，教师对于设计师生的合作活动，是能够接受的，并且都有各自的设计视角和实施策略。但是，一种微观上的合作方式却成为困扰品德学科教学设计的突出问题，即课堂上的"讨论"。如何使讨论具有有效性是新课程实验教师所期待解决的问题。

王坦研究员在关于合作学习的完整定义中，提供了一个重要的教学设计信息，即"以小组活动为基本教学形式"。这是教师设计合作学习时应突出关注或者说重点关注的问题。师生活动、生生活动都可以列入活动设计的范畴，唯独小组活动，特别是教师参与的学生小组活动，是需要在合作学习中重点设计的。小组活动，尤其是课堂教学中的小组讨论，具有非常现实的实践意义，理应成为教师每堂课前都需要思考的核心问题，我们在此想在这一方面给予教师更为全面、系统的理论与实践指导。事实上，《品德与生活》《品德与社会》课堂上的"讨论"日渐成为一种时尚，大部分教师都乐于让学生通过讨论的方式来解决问题、交流思想。

从讨论本身所具备的特征来看，它应当是课堂教学的有效选择。这是因为：（1）讨论具有合作性。无论是同桌的双向讨论，还是小组讨论，及至班集体内的大讨论，都是人与人之间的一种合作行为，这种合作性提升了课堂教学的探究氛围。（2）讨论具有交流性。通过讨论，学生之间、学生与教师之间可以交流思想、交换意见，实现课堂内的互动，为课堂教学带来了动态发展的特质。（3）讨论具有探究性。课堂讨论本身就是一项研讨行为，有利于思维的碰撞、新的观点的生成，也有利于个体在讨论中反思自己的行为和观点，并加以更正。（4）讨论具有平等性。不管讨论的最终结果如何，实施课堂讨论的前提便是给学生平等的对话机会，在讨论过程中，每个学生都是主人，都有责任发表见解，讨论能够最大限度地调动每一个学生参与的积极性。上述特征决定了课堂教学中"讨论"的应用空间和价值，也进一步使"讨论"成为一个值得长期关注的话题。

斯蒂芬·D. 布鲁克菲尔德与斯蒂芬·普瑞斯基尔在其著作《讨论式教学法》中，列举了讨论式教学法的 15 点好处，分别是：（1）有助于学生思考多方面的意见；（2）增强了学生对含糊或复杂事情的关心和容忍度；（3）有助于学生承认和研究他们的假设；（4）鼓励学生学会专心地、有礼貌地倾听；（5）有助于学生对不同意见形成新的理解；（6）增加了学生思维的灵活性；（7）使学生都关心所谈的话题；（8）使学生的想法和体验得到尊重；（9）有助于学生了解民主讨论的过程和特点；（10）使学生成为知识的共同创造者；（11）发展学生清晰明白地交流思想和看法的能力；（12）有助于学生养成合作学习的习惯；`（13）使学生变得心胸博大，并更容易理解他人；

① 王坦. 合作学习：原理与策略 [M]. 北京：学苑出版社，2001.

（14）有助于发展学生分析和综合的能力；（15）能够导致学生思想转变。

由此观点我们可以断言，讨论对于课堂教学是至关重要的，也是实现《品德与生活》《品德与社会》课程教学最优化的有效途径之一。

有专家曾提出"瞻前""顾后"话"讨论"，即关注讨论活动的前期准备与后期强化。他们认为，在讨论开始前，要让学生做好角色准备，并且强调提供良好的问题准备以及观点准备，在这三个方面的准备做好之后，一场有效的"讨论"便可以展开。同时，又强调留意讨论的后期强化，即：（1）适当"偏心"，让每一个学生都能够参与讨论；（2）彼此点评，为学生提供大的对话背景及反思的机会；（3）留有"余音"，鼓励学生将自己在讨论中的认识付诸笔端。这都对如何实现讨论的实效性作了较为深入的探讨。

关于讨论教学的设计问题，许多专家与教师通过大量的实验与研究，提出了课堂讨论有效性的四点建议。

（一）只有"责任"、没有"榜样"的关系

小组学习构成的机制和动因来自小组成员之间的互补、共享和提高。一般认为，小组合作学习应当是不同层次学生的有机搭配，即异质建构，而我们所谓的"异质"则主要看成绩之"差异"，最多是看能力之"差异"。由此而组成的小组就聚合了处于不同学习层次上的学生，优、良、差均而有之，在整个班集体内则实现了小组间的"同质"，即均衡性。

对于整个班级教学来说，如此划分的小组既有利于小组内的"结对"帮扶，又有利于小组间的对等评价。但就某一个小组而言，这个小组中的学生的学习状态是否得到了充分关注，小组成员内部是否有一个良性发展的秩序，都成为我们要思考的问题。

在一节初中历史课上，小组学习的任务是讨论"官渡之战"中曹操胜利的原因，并分析"赤壁之战"中曹操失败的原因。教师要求每个小组内 A 同学（注：A 是成绩最优者）分析原因，其他同学补充，并且由 A 同学选择小组成员进行展示。在接下来的小组合作中，A 几乎具有所有的话语权，而在选派上台展示的同学时，A 派了 D，因为按评分要求，在全班评价时，A 对 1 题得 1 分，而 D 对 1 题则得 4 分。笔者发现，在整个讨论过程中，A 完全控制了小组成员的思考、探索，而 D 则只是机械记忆，上台复述，几乎没有动脑探索这一具有实效的学习过程。问之，D 说："A 学生说得很完整，我再想也没有用，记住就行。"

在这样的小组讨论中，整个小组有一个"权威"，这个"权威"具有"榜样"的力量，大家亲之信之，然而却在对话中退居到了等待者的角色上。其实，榜样的力量也是会极端化的，一方面会形成正向的引领力，在大家的信任中带领大家一起进步；另一方面，更会产生消极力量，让身边的人变得暗淡，并使他们自我退缩，特别是对学生群体来说，还会使他们产生依附性，不利于每个人的积极性的发挥。

那么，小组内的关系应当是怎样的呢？就是每个成员都应承担自己的责任。既然

组成了一个有共同目标的小组，每个人都应该公平地成为小组中的一员，也应该获得公正地对待，所以维系小组内成员关系的因素就是责任感，而不是从属感。

建立责任的途径在于分工负责。学习成绩有差异是现实的状态，但是小组成员间在合作中的分工不应有差别，都应该是各尽其能的，并且不断实现角色转换，即便是小组长，也应轮换由不同学生担任。

（二）只有"对话"、没有"训话"的交流

因为在小组内地位的不同，学生的话语性质也是不尽相同的。虽然合作是在"对话"中进行的，可是被异化了的"对话"比比皆是，特别学生之间的"说教"，已经成为一种另类的"对话"方式进入小组合作与交流之中。

对话意味着平等，意味着坦诚，特别是在对话中双方畅所欲言，都能够做到倾诉与倾听；而训话则恰恰相反，它标志着一方侵占另一方的话语领域，使双方都得不到正常的反馈，从而使信息闭塞、情感阻滞，而学生对学生的训话则加剧了这种信息与情感交流的不畅。

为什么学生之间会有训话呢？这要从小组合作互助学习的出发点来看。作为一个学习共同体，小组本来是一个合作共进的团体，然而因教学评价的需要，教师往往将其打造为一个利益共同体、荣誉共同体，从而使小组之间面临着分秒必争的局面，对小组荣誉的渴望越大，则心态越容易失衡。有时候成年人都容易急功近利，更何况学生，特别是成绩好的学生在面对成绩差的学生时，帮助之心肯定会增加，但在帮助过程中难免会出现急切之情。

其实，小组中成员间的"训话"是一个常见的教育现象，在小学里较为普遍，甚至高中也有。如果不能调整学生的心态，让小组内充斥"训话"，那么学生的学习心态仍旧会以封闭的形式出现，至少不能够将自己真实的学习状态和认识全部展示出来，小组内的学习效果难以保障。

让对话成为小组内研究与交流的主要方式，需要的是教师的引导，所以教师首先具有一种包容的教学情怀，以调整学生的心态；进而要在小组内构建一种合作大于竞争的交流文化，让学生体会到共同解决一个问题、攻克一个难关远远比获得一些分数、战胜一个相邻小组更快乐。小组内的积极对话还源自小组成员的统一目标，大家在一起努力时，相互间就能够多一些理解与关怀，特别是在进行开放性研究时，每个人的不同观点自然会得到尊重和关注。

让"对话"得到充分肯定，还在于小组成员间产生的是一种立足于"说出"而不是"说教"的交流。"说出"即可，无须"说教"于人，这是教师构建小组内合作与交流的良性对话关系的立足点。

（三）只有"需要"、没有"越位"的帮助

帮助的前提是什么？显然是受助者的需要。但是传统的中小学课堂长期以来"先入为主"，教师往往以主观的重点、难点判断来对学生施予帮助。还好，教师虽以主观

认识切入教学，但毕竟有专业知识和学科素养的支持，使得这种主观认识具有较强的科学性和针对性，而且教师的判断是建立在对学生充分了解、理解基础之上的，对学生的成长能够起到积极的引领作用。

另一方面，主观施予的帮助对于学生来说也会产生消极的影响。学生会因被动受助而对学习过程感到茫然。学生所接触到的是教师强加于自己的帮助，这会成为一种心理暗示，让学生感觉到自己在这一方面不行。如果这种施予过多，学生只能深刻地体验到了自己时时、处处的不足，却不能清晰地认识自己的优势、现状与发展潜力。这对于学生来说，其学习心理受到了抑制，他们将不能从整体上认识自己，不能主动地扬长补短。

教师帮助越位后尚且如此，同学之间呢？学习也是一种需要，而且是一种高级心理需要。在学习过程中，学生不仅会获得知识、汲取成长的力量，而且也如马斯洛所说，会有"高峰体验"。而这种"高峰体验"只有在人的需要被充分满足，并达到极致的状态时才会产生。有了这种体验，学生才能充分地领略学习之美，才能把全部身心投入学习，学习过程便也成为他们生命中最美好的过程之一。但是，这种体验是在学生个体需要得到满足后才产生的，如果没有"需要"，会有"高峰体验"吗？不会，甚至连"山脚体验"也没有。如此一来，当同学之间的帮助不能着眼于受助者的需要，不能理解受助者认知与情感深处的呼唤，一切帮助皆为徒劳。

事实却是，在教学过程中，在小组合作互助过程中，受助者没有说话的权利，没有表达需要的空间，受助者的一切活动都在外力的约束与调控下。学生从知识到能力，甚至到道德因素，都会受到来自于其他同学的越位相助时，他们的心态已经偏离了正常的生命轨道，合作也变异为施予和抵御的较力。帮者劳神，受者劳心，二者丢失了天然、内在的心灵沟通。

我们的小组合作应让每一个学生把自己的需要清楚明白地呈现出来，让每一个学生都能找到自己学习与生命之中的兴奋点。求助是一种正常的学习心理与学习需要，帮助满足的应当是学生的"需要"，这样才能充分发挥小组合作的作用。

（四）只有"为什么"、没有"你错了"的评价

犯错与受罚总是联系在一起的，惩罚错误与惩罚犯罪是人类的历史传统。在教育领域，人们的惩罚越来越坚持"人性原则"，从肉体的戕害到精神的折磨，乃至今天以更加隐秘的方式进行的各种各样的惩罚，是人类"权力意志"下的"本能"。

学校也是一个"权利"场所吗？课堂也是一个"权利"组织体吗？起码，今天看来，仍有 40% 的中学生认为教师像领导，仅有 30% 左右的学生认为教师像朋友。[①] 师生之间还存在不平等现象，仍有四成的学生感觉自己的学习是在一个"权利场"中进行的，造成这种感觉的主因是他们在评价中的不平等感。在传统教学中，大多数学生

---

① 檀传宝等．中学师德建设调查十大发现［J］．中国德育，2010 年，（4）．

都会有随时接受惩罚的心理准备和心理惊惧，而这也直接影响了学生健康人格的形成和他们的学习质量与学习效率。

惩罚是有两面性的，一方面帮助学生改正错误，另一方面造成学生的自我封闭和对学习的逃避。如何运用评价策略让惩罚也有益于学生学习，对于师生、生生之间交流的作用也极为关键。

学生之间的惩罚方式可能更复杂，除去"校园欺负"之类的极端现象，单就学习过程而言，强势学生与弱势学生之间的相互评价也能给一些学生造成心理乃至精神上的负担。而这种惩罚的不确定性以及"权力意志"下的"非权威性"，可能会使评价者与被评价者之间不能坦诚相待，失去交流与沟通机会。

如果学生之间的评价更多的是"你错了"，那么被评价者会努力向评价者证实自己的"非错"或"错之因"，而不是主动内省自己的"错之因"。错误既成隐私，又成缺陷，如此一来，"你错了"的评价就会变成一种惩罚而使生生之间形成对立，教学乃至教育效果就会大打折扣。

其实，学生之间更加清楚对方的弱点与不足，在学习过程中也是如此。一个成功的亲历者，总是能看到同伴在亲历这一过程中出现的问题，而此时，明确地指出来是非常及时且重要的。面对"错误"而进行的指正，应当是能够促进"犯错者"或出现问题者产生反思与自我认知并积极主动改进的。

什么样的指正与评价方式能有这种效果呢？显然，让被评价者反思也是需要外力的，外力应当是一种"为什么"的引领。学生毕竟是未成年人，其有意注意力是比较弱的，而一种"为什么"的评价引领，可自然地生成促进反思的力量，而且能够让学生在没有惩罚压力的状态下直面自己的问题或者错误，这便是良好评价的作用。

生生之间追问的"为什么"，超越了合作中的互助交流层次，进入了一种相互的价值引领境界。

二、指导学生体验学习

从学生生命存在的角度来考察课堂教学，显然是一种主体性的教学价值取向，更是对于课堂教学结构的一种人性化解读。走进生命课堂，就意味着品德学科教学更多地体现出人文关怀，重视学生的生命体验；其教学的出发点不在于课程的严谨性与教学结构的规范性，而在于学生的可接受性，其目标与归宿自然是学生的生命需求。

《品德与生活》《品德与社会》课程教学必须从主体经验走向生命体验，这标志着课堂教学又跨越了新的一步，完成了从关注"人"到关注"人的生命活力"的进步。品德学科教学以学生生命体验为基本特征，重视学生经验的参与，应当体现一种具有综合功能的教学观。

实现体验学习，带给学生有生命的品德学科教育要从这样四个方面入手：

一是建立整体体验教学的意识。整体教学是相对于断裂性的、分割为部分的教学

145

而言的，这种整体教学意识既指给予学生连续性的教学，让学生置身于一个持续的刺激场中，从课程中不断得到促进自身发展的信息；同时，整体性的另一内涵便是指学生整体生命的投入，学生能够全身心地融入教学，为其自身发展建构起良好的平台。

二是建立教学的人文意识。教学过程自然是一个科学理性的过程，是教育者主动传递信息与学生主动获取信息的平衡过程，打破这种平衡，教学便不再具有积极的意义。那么，单纯从科学理性角度来实施《品德与生活》《品德与社会》课程教学，其教学便在很大程度上失去了对学生自然生命的关注。唯有在教学中融入更多的人文情怀，才能使学生从冰冷的教化中走出来，进入一个主动体验的情感化空间，所以从某种意义上来说，人文意识便是生命课堂的最大特征。在这样的课堂上，学生便具有"意义学习"的成分，也就是说，学生的学习"不是指那种仅仅涉及事实累积的学习，而是指一种使个体的行为、态度、个性以及在未来选择行动方针时发生重大变化的学习。"① "意义学习"无疑是课堂教学人文性建立的一种必然结果，从这一意义上来说，生命课堂最终以转变学生的内在学习结构为实践基点，生命课堂不再是一种理想和单纯的理论体系，而是具有操作性的教学模式。

三是建立教学的个体体验意识。个体意识与整体教学在逻辑关系上是一致的，我们要求课堂教学要实现每个学生个体的生命参与，并且使每个学习个体都得到整体发展。对于学生来说，在课堂上，认知与情感都来自自身的主体价值意识，即自己是否得到了足够的关注。只有让学生切实感受到自身生命的存在意义，才能使他们不再随波逐流、人云亦云。教学的个体意识，就是让每个学生都成为学习的主体。这里的学习主体不仅是认知的主体，更应当是一种情感的主体和意识的主体。让每个学生都能意识到自己对于自己的重要性，自己对于整个教学系统的重要性，是实现学生方面发展的必然渠道。

四是建立教学的交往体验意识。不可否认的是，生命存在于交往，与人交往不仅是学生的一种本质需要，更是一种实现和呈现生命价值的方式和渠道。我们的教学过程往往是在交往与对话中展开的，当然，这里的交往与对话应当是心灵之间的对话以及学生心灵与文本教材、学习环境之间的多维对话，是一种情感上的交流，而不是形式上的沟通。无论是文化的传承，还是教学的组织，都只能是一种途径，而其目标则在于学生生命个体的发展。教学作为一种社会化的交往活动，也唯有在交往中才能实现学生的生命发展。

《秋天的消息》教学片段

1. 观察发现

师：秋天是迷人的，天高云淡，大雁南飞，枫叶似火，硕果累累。课前老师已经布置让大家去寻找秋天的任务，你们完成了吗？

---

① 施良方．学习论［M］．北京：教育科学出版社，2001.

2. 畅谈感受

几名学生谈自己眼中的秋天，初步感知秋天的特征。

3. 交流评选

师：这么多小朋友都想说，看来你们在课前都认真观察了、精心准备了。现在就请大家把成果展示给你的好朋友，好吗？同时要评选出"观察小博士"。好，开始吧！

4. 精品展示

师：现在我们请每个小组的"观察小博士"上台来，把你们找到的秋天展示给同学们，让我们共同分享。谁先来？（随机将好的图画、照片贴在黑板上，并对展示的小朋友及时表扬奖励）

引导学生从以下几个方面展示自己搜集的资料：

（1）秋天到了，树叶变化：我从这些树叶上找到了秋天，枫树的叶子红了，大多数的树叶变黄了，轻轻地落下来。

（2）秋天到了，动物变化：秋天到了，昆虫变少了；一群大雁往南方飞，一会儿排成一字，一会儿排成人字；小松鼠急着把松树的果子往洞里塞。

（3）秋天到了，人们变化：秋天到了，天气慢慢地变凉了，人们开始添衣服了；还有些人忙着去观光旅游，欣赏秋天的美景。

（4）秋天到了，果实丰收：秋天是丰收的季节，大家看，这是我收集的丰收果实——红彤彤的苹果、黄澄澄的梨、雪白的棉花、金黄的玉米。勤劳的农民伯伯一边摘果子、收粮食，一边自豪地说："今年秋天又是一个丰收的季节！"

（5）秋天到了，景色迷人：我把我们全家国庆节旅游时拍下的录像进行了整理，请看，这都是我找到的秋天的美丽景色。

让秋天走进课堂，还是让学生走进秋天，在这一节课中，显然并不重要，重要的是学生真正走进了生活世界。在对生命课堂的现实解读中，有一个不可忽略的问题，就是生命课堂对于生活的依赖。生活是品德学科课程赖以存在的基础，是课程与教学的源泉，也应当是学生生命发展的源泉，在生活空间中，生命才能真实地存在。当我们以整体性的教学视角来关注人文性、个体性、交往性的时候，一个生活的场景自然展开。生活不能等同于教学，但是经典的生活就是教学的模型，就是生命课堂的结构支撑，在生活化课堂上，学生的生命得到和谐地发展。

三、指导学生自主学习

不可否认的是，当前的《品德与生活》《品德与社会》课程教学仍然存在学生不真实的"自主学习"。学生热热闹闹地活动，实际上是在教师的控制下亦步亦趋地进行程式化的模仿或执行，而没有自主发挥的空间和时间，这是不具备自主学习价值的。从某种意义上说，学生的自主学习更需要教师的精心设计与组织，教师积极有效地参与是学生自主学习目标得以实现的前提性保障。

在学生的自主学习中，教师以给予学生自主学习时间为前提，以学生自己组织学习活动为核心，以促进学生自主发展为目的。综合中西方学者的观点，我们可以发现学生的自主学习方式有这样一些基本的特征：（1）学习者参与确定对自己有意义的学习目标，自己制订学习进度，参与设计评价标准；（2）学习者积极发展各种思考策略和学习策略，在解决问题中学习；（3）学习者在学习过程中有情感的投入，有内在动力的支持，能从学习中获得积极的情感体验；（4）学习者在学习过程中对认知活动能够进行自我监控，并作出相应的调适。[①] 这是一种高品质的自主学习，也是完全意义上的自主学习，是品德学科自主学习教学所要体现的基本特征。

在《品德与生活》《品德与社会》教学中，实现真实的课堂自主学习，给予学生自主学习的权利是第一位的，同时教师要激发和调动学生的自主学习动机，并积极探求有效的活动方式。

（一）给予学生自主学习的时间与空间

传统的"满堂灌"和"满堂问"是不足以让学生进行自主学习的，这是因为学生的活动时间没有保证，他们缺乏属于自己支配的课堂时间，自主学习也就不可能实现。因此，给予学习自主权，最根本的一点就是给予学生自主学习的时间。给予学生自主学习的时间，就是指在教学中给予学生可以自主支配的时间，教师在这段时间内，要提出带有价值引导功能的建议或问题，而不限定学生的学习活动方式和学习活动目标。当然，给予学生的时间，一定是要让学生去"自主"的，是由学生自己支配的。小学教学实践中的许多案例都反映了给予学生学习时间的有效性。品德学科课程教学同样也可以让学生去尝试体验，并使其在尝试中获得知识。给予学生自主学习时间，从本质上来说是学生拥有自己可以支配的活动时间，在教师所给的课堂教学时间内有事可做，有自己想做的事可做，这才是自主学习的真正体现。

（二）给予学生自主选择的权利

决定以什么样的方式投入学习是学生个体的权利，一种方法不可能会适合所有的学生，适合每一个学生的方法绝对不是一个，所谓最好的方法对不同的学生来说不都是最有效的。品德学科课程的教学是一种生活化、活动式的教学，在教学设计中，理应给予学生更广阔的学习方式选择空间。学习方式让学生自己选择，表面来看是弱化了教师的教学设计功能，而事实上，只有教师进行了充分的设计，才能使学生真正有选择的机会和选择后的实施空间，否则，一切选择只能是一种空泛的设想。

学生对学习内容的选择是实现其自主学习活动的核心因素，但是对于教师来说，让学生选择学习内容，组织的难度较大，所以许多教师并不重视这一方面的工作，学生往往得不到选择学习内容的权利，自主学习的实效性便打了折扣。事实上，让学生

---

① 钟启泉，崔允漷，张华. 为了中华民族的复兴，为了每位学生的发展——《基础教育课程改革纲要（试行）》解读［M］. 上海：华东师范大学出版社，2001.

选择学习内容可以拓展到课外，可依托教材让学生选择。

山东省临沂市罗庄区罗庄中心小学的"自选性教学设计"研究，实现了学生的自主选择学习内容的设想。他们根据《品德与生活》《品德与社会》课程以单元设计课程模块的特征，让学生自由地选择自己下一节课想学习的单元、活动主题，然后师生共同为下一节课作准备。具体的实施过程是：在每学期的开学初，教师就与学生一起抽出一节课的时间来读教材的目录，并随意翻看整册教科书，然后教师组织全班学生共同讨论。讨论的话题是对哪一单元的学习内容最感兴趣，最想先学习哪些内容，然后确定本学期首先要学习的活动单元。在这一活动单元中，教师让学生自由选择第一节课要学习的活动主题，根据大多数学生的意见来确定需要学习的活动主题。最后师生在课下共同为这节课的学习作准备，教师进行活动设计，学生进行学习信息收集及学习心理的准备。这一过程就是"自选性教学设计"的过程。

由于师生针对某一个活动主题或主题活动做了大量的准备，所以学生有了一定的学习基础，在学习过程中往往能够自由驾驭教学内容，学起来得心应手，大大提升了课堂教学效率。因此，他们的教学设计往往将课堂教学宏观地规划为两大时间段：在前 30～35 分钟的时间，师生按既定教学设计进行正常的课堂学习活动；在剩余的 10 分钟或 5 分钟的时间里，师生再一次共同总结本次活动，然后分析、确立下一次活动主题。这种分析过程要依据学生的爱好进行有针对性的选择，并且初步研讨确定下一次主题活动，研讨的内容包括课堂教学需要哪些信息资料、什么教学方法等，然后课下师生分头为下一次活动作准备。这样的教学设计使得每一节课都相互联系，每一节课都是教师与学生所期待的，使品德学科教学充满了生命的活力。有些教师戏称这一教学是"长篇评书式教学"，意指每节课都停留在师生的兴奋点上，使课堂教学永远充满期待。这一过程就是"自选性教学设计"的"连续性设计"过程。

在进行"自选性教学设计"时，他们提出，有些单元需要特定的学习背景，如《银色的冬天》《夏天的故事》等章节，就应当在季节来临时学习，不宜随意选择安排；有些单元内活动主题有内在的逻辑关系，就不宜打乱。这些都需要教师进行适当地调控，在保护学生自主学习权利的基础上，使教学过程保持科学性。

由罗庄中心小学的具体实践，我们可以看到，真正让学生自己选择学习内容不仅是可行的，而且是行之有效的，而我们缺乏的就是激发学生主动参与动机的策略。无论从何种意义上说，品德学科教材只是学生学习的凭借，而不是学生学习的全部，允许学生在教材的基础上进行有选择性地学习，是给予学生自主权的良好表现。

四、指导学生问题探究学习

探究是课堂教学的真谛，是《品德与生活》《品德与社会》教学思维的源泉；问题是思维的起点，是探究学习的载体；问题探究是学生科学理性学习的途径，也是学生社会性发展的载体。问题探究的实质就是在教学中充分发挥学生的主体作用，使学生参与和体验知识、技能由未知到已知的过程，并在这一过程中激发和培养学生的独立探究能力。

（一）合理设计问题

问题是问题探究教学的首要因素。那么，什么是"问题"？早在1945年，卡尔·登克尔（Karl Duncker）就曾提出问题的定义，指出"问题产生于当某一生物具有一个目标，但不知如何达到这一目标之时"。美国哲学家杜威也曾指出，问题存在于人们遇到困难时。目前西方心理学界比较流行的问题的定义是由美国心理学家纽厄尔与西蒙提出的，即问题是这样一种情境，个体想做某件事，但不能即刻知道做这件事所需采取的一系列行动。[①] 我们认为，问题产生于人的认知冲突，产生于思维与行动障碍，对学生来说，问题始终是客观存在的。

问题探究教学模式在其外在形态上，突出体现为以问题作为驱动教学过程的核心要素，每一节课或者每一次学习活动都借助问题来展开或完成。课堂教学过程往往围绕一个或者多个核心问题进行，并且以问题的驱动作为课堂教学动态发展的必要条件。这样就赋予了问题更重要的价值和作用。因此，问题必须具备足够的驱动力，它应当是有一定难度的，足以让学生进行一番苦苦思索；它又是有一定的成果的，每一个学生都可以通过自己的努力体验到问题解决的喜悦。只有这样的问题才具备足够的驱动力，调动学生的求知欲和探究动机，使他们自觉地投入对问题的探究中。同时，课堂上的问题应当是有层次的、持续不断的，足以让学生不断地借助问题提升自己的思想及认识，并生发出新的、值得探究的问题。总之，问题应当是有思维价值的。什么是有思维价值的问题？我们认为，有思维价值的问题必须是能够引起学生认知冲突的问题，否则教师所设计的问题，就很难达到激发学生探究兴趣、培养学生创新思维能力的作用。

（二）渗透科学探究的策略

问题探究教学要以类似科学研究的方法来组织教学过程，可以采用一种微型探究教学策略。所谓"微型"，是指这种探究教学所包括的问题探究空间比较小，学生在课堂教学过程中生成问题、探究问题、解决问题。教师要有效地组织好这种探究教学，必须注意以下几点：

（1）要给学生提供充足的探究活动时间。教语文，要跳出"繁琐分析""肢解文章"的怪圈，让学生有足够的时间读书、感知、理解、领悟；教数理化，应该组织学生自己读题、分析、观察、比较，自己得出结论，避免琐碎重复的练习。我们来看《熟悉的学校》教学设计案例。

活动一：（略）

活动二：把握进展情况，教师适时指导。

如果研究性学习的核心是改变学生的学习方式，那么实现这一转变的关键是"课

---

① 高文.教学模式论［M］.上海：上海教育出版社，2002.

题实施"阶段。因此，本次活动充分发挥学生的主动性，让学生自己解决出现的问题。比如说，古代学校的资料学生很难搜集到，可让学生各抒己见，寻求解决问题的途径和方法。同时，让学生充分体验到进行课题研究不是一件容易的事情，要经历很多挫折。一个人的力量毕竟是弱小的，这一活动需要小组成员的合作来完成，合作更容易使人获得成功。在这一活动中，教师根据学生研究的进展情况予以适时点拨，动态管理，到位而不越位，使各研究小组始终在一种宽松、和谐、民主的氛围中进行研究。研究性学习的结果并不重要，最重要的是研究过程本身，要让学生通过参观、调查、访问等方式获得真实的情感体验。

活动三：班内交流

1. 创设谈话情境

师：同学们，上一节课大家根据学校时期和地区的不同确定了各自的研究课题，各个小组在认真讨论的基础上制订了具体的研究计划，并按计划开始了研究。老师发现有些小组带来了大量的资料，这是非常令人高兴的。这节课，我们先把搜集的资料向大家汇报汇报，好不好？（由于本次活动旨在交流资料，实现资料共享，所以以谈话形式直接导入，既节省时间又便于调动学生对活动的积极性）

2. 小组整理资料

师：你们先把资料在小组内整理一下，然后由每个小组推选出最有价值的资料，选出小组代表上台汇报。（教师走到小组内与学生一起整理）

3. 小组代表汇报资料

师适时出示课题，播放清华、北大等名校的录像，激发学生对未来学校的憧憬。

新课程理念要求教师做活动的组织者、引导者、合作者，学生是学习的主体。因此，本次活动教师只作为一个组织者、参与者的角色出现。为了加强师生互动、生生互动，教师特意让其他小组的成员对汇报内容进行质疑。"探究先行，以学定教"，大量的资料不仅丰富了课堂教学内容，开阔了学生视野，更重要的是通过让学生走出书本和课堂，利用各种方式搜集资料，将课内与课外、学校与社会有机结合了起来。

总之，教师要切忌把知识嚼碎给学生吃，应把有限的课堂教学时间尽量多地留给学生，让学生自主学习、自主发现、自主解决问题。

（2）教师要留给学生探究学习的广阔空间。教师拟组织学生探究的问题，要具有某种不确定性，如条件不充分、答案不唯一、解决问题的途径多种多样等。

（3）要注意培养学生进行探究思维的方法。在这里，教师必须处理好两个前后相连的关键环节。一是教师必须与学生共同创设一个有思维价值的问题情境。教师只有下工夫设计出一个有较高思维价值的问题，才有可能打开学生的思维空间。二是教师要运用一系列思维策略来打开学生的思维空间。常用的思维策略有发散思维法、逆向思维法、集体讨论法、反思假设法、延缓评价法、比较思维法、想象法、辩证思维法等。

与其他学习方式不同的是，学生在采用问题探究教学倡导下的学习方式时，必须借助相对科学的探究方法，获取足以证明问题的证据或相关解释。学生的学习自然不同于科学家真正意义上的科学探究活动，但也需要以足够的证据来说明或解释所要探究的问题。所谓证据，来自从探究过程中获取的可靠信息，为了得到真实、可靠的信息，学生需要学到科学研究的方法，掌握课堂探究的基本步骤。一般认为，课堂上的探究教学大致应经历六个步骤，即"第一，提出科学的问题；第二，根据已有的知识和经验，提出假说或猜想；第三，搜集证据；第四，解释；第五，评估；第六，交流和推广"①。中小学生的课堂探究必须在上述基本步骤的指导下，进行有益地拓展或压缩，有时学生的课堂探究学习会在某一步骤中进行反复，会远远超过其他环节，所以大多数情况下，教师不必拘泥于特别完整的步骤，可以灵活处理，但必须是以领悟探究学习的科学方法为前提的。

（三）以培养学生亲身的主动探究为核心

课堂教学的过程理应成为"人类智慧的复演"过程，这需要学生亲身的探索、研究，并以自己的探究来经历一个相对完整的科学知识的发生过程，在这一过程中实现自身的主体意义建构。对于知识来说，教学过程是知识演绎与归纳交替出现的过程。如果学生在课堂上经历的教学过程仅仅是知识的演绎过程，那么无论学生的自主性发挥到何种程度，对学生探究精神、创新能力的培养也是不利的。重视对知识的归纳过程体现了问题探究课堂教学的过程观。对于学生来说，教学过程是学生情感投入与探究发展共进的过程。课堂教学目标除知识、技能外，还包括情感、态度与价值观，而学生的情感投入是实现一切目标最根本的动力源泉。在这一前提下，学生的学习过程则需要经历"问题——结论——问题"的循环过程，课堂教学的理想境界在于学生永不停止的探究与问题源源不断的产生。

问题探究教学以学生对学习过程的全面参与为导向，强调学生在学习全过程中的真实建构，可以说，学生新知的获得及能力的培养都是在参与学习过程、亲身经历学习过程中实现的。因此，问题探究教学并不仅仅追求探究结果的成功、有效，而是强调学生在探究过程中的亲身体验与主动建构，这才是教学的价值所在。正因为如此，问题探究教学就实现了学生对自身知识、技能、情感等方面的内在建构，同时也使学生在探究学习的过程中，形成了自己科学的价值观以及积极的学习品质、学习态度等，从而实现综合发展。这就从根本上避免了传统"授——受"式教学中目标达成度狭窄、单一的弊端。

《熟悉的学校》教学设计

（一）略

（二）班内交流

1. 谈话激趣

2. 小组交流（有意识地组织学生进行组内交流，给学生一个缓冲的机会，同时让

---

① 柴西芹．对探究教学的认识与思考［J］．课程·教材·教法，2001，（8）．

学生理清思路)

3. 班内交流

学生用自己喜欢的方式，如"广播站""资料卡""画画""录音采访""主持节目"等方式，将收集的信息在班内交流。老师出示课件，播放学校举行活动的录像资料，让学生重温学校生活的快乐。

（调查活动的结果以"广播站""资料卡""画画""录音采访""主持节目"等各种方式呈现，无疑是对学生创造力和表现力的体现。活动内容非常广泛，涉及学校的方方面面，调查的足迹遍布学校的角角落落，让学生获得一次难得的真实的情感体验机会）

4. 出示录像

出示介绍学校的录像资料，让学生重新感受学校的美丽，进一步激发学生对自己学校的热爱之情。

（三）拓展延伸

让学生为学校的发展献计献策，并将建议整理，在下一节举行学校发展座谈会。

（学生是学校的主人，设计这一环节，不仅体现学生的主人翁意识，还激发他们建设学校的情感）

问题探究教学注重对学生基于问题情境的探究性学习活动的组织，在对学生角色地位的认识上，存在这样四个必要的假设条件：一是相信学生具有探究的能力，是可以进行主动学习的；二是相信学生在探究中能够实现自身的发展，是可以在学习中进步的；三是相信学生对问题具有足够的认识、判断、解决能力；四是相信学生可以成为学习过程中的主体力量，并处于中心地位。上述四个假设反映了问题探究教学以学生为教学主体的理念，为问题探究教学寻求到了实践的基点，那就是培养并依靠学生的创新精神和创新能力来完成科学探究过程中的创新学习。

《品德与生活》《品德与社会》课程教学所坚持的"双主体"教学理念，同样适用于"问题探究"教学。只是，教师的主体要服务于学生主体需要，成为学生问题探究过程中的合作者，与学生平等对话，帮助学生以最佳的方式来完成对问题的探究过程。在合作的同时，教师还应承担起学生探究过程中促进者和引导者的责任，使学生的学习更具理性，提高学生探究的效率。

五、指导教学中的交流

新课程改革强调了师生之间的互动，而这一理念无疑将师生、生生之间的交流凸现了出来，所以每节课我们都能发现师生之间的交流，其中最有价值的部分便是探究学习之后的成果交流。交流的过程不仅仅是单纯的经验或知识的分享，而是一种心灵的沟通与情感的交融，只有真诚的交流，才能促进学生道德的建构与认识水平的提升。因此，在《品德与生活》《品德与社会》课程教学中，就必须充分关注交流方式，让学生能够相互信任地倾诉与倾听。具体的交流策略可以从这样五个方面来确定。

（一）让学生学会陈述

陈述式交流是一种最常见的成果交流形式，指学生以个人或小组为单位将自己的认识与情感直接陈述汇报出来，教师和其他学生以旁观者的身份进行倾听，并作出判断。陈述式交流适用于有较为单纯、明确结果的问题。

陈述式交流的形式具有典型的优势：

（1）利于交流双方明确问题的结论或探究结果。这种交流突出体现了对探究结果的关注，有利于学生形成对知识的积极建构。

（2）使学生得到了充分发言的机会和权利。学生的心态是放松的，思维是积极的，能够建立起参与成果交流的信心，特别对于学习暂时有困难的学生，直接交流让他们得到了交流机会。

（3）对于交流双方来说，这是一个汇报与倾听的过程，利于交流双方相互借鉴。

（4）有利于师生在交流过程中对知识进行归纳。在交流中，教师可以准确把握学生的学习程度，而采取相应的教学策略。

当然，陈述式交流的局限也是极为明显的，一方面它无法形成有效的对话交流机制，思维与观点得不到碰撞。另一方面，陈述式交流对于学生吸引力不够明显，学生参与交流的动机不强。

（二）让学生学会辩论

在学生进行了充分的自主学习之后，他们往往会产生不同的观点，在交流的过程中，学生往往会各执一词、各述己见。面对这种情况，有的教师急于给出一个主观的判断，然后草草收场；有的教师则抓住机会，让学生进行针锋相对地辩论，这样，辩论式交流的教学情境便形成了。事实上，辩论是一种良好的教学组织形式，真理愈辩愈明，而学生的辩论则是其个性化的观点得以张扬的具体体现。因此，教师不但要抓住契机，引领学生进入到辩论的场景之中，更重要的是，教师要设计辩论式教学活动、辩论式交流活动，让学生的成果交流在辩论中逐步升华。

在组织辩论的过程中，教师充当着极为重要的角色，既要让学生的辩论稳定、积极地持续下去，又要使辩论方向集中指向问题解决本身。在通常情况下，教师不宜过分控制辩论的进程，要尽量使学生在互辩中逐步达成共识，即使达不成共识，也不必强求，允许学生暂时求异，允许个性化观点的存在；但在形成最终的价值观等的判断上，该统一的还需要统一，在一些道德领域人生观、价值观、世界观及重大历史问题的认识上，必须有一个原则性的标准。这体现了辩论过程中开放与统一的结合。

（三）让学生学会竞赛

竞赛式交流也可称为竞争式交流。学生喜欢竞争、喜欢比赛，充分满足学生的好胜心和争强欲望，并将这种良性的竞赛机制引入到成果交流中，会收到意想不到的效果。

竞赛式交流可以极大地调动学生参与交流的积极性，同时，如果在学生探究学习之前就明确竞赛的形式和具体的要求，那么学生的探究热情便可以得到极大激发。特别是在小组合作背景下的探究学习，由于受到竞赛的激励，学生的分工合作欲望强烈，参与意识自然形成，其效果较好。语文教学中的竞赛比较多，也广为教师选用，在此不再赘述。

竞赛式交流的局限性体现在三个方面：一是容易引导学生过度追求探究的结果，从而忽视学习过程中的材料积累；二是在竞争心理的作用下，学生心态紧张、急迫，急于求胜，从而影响了思维的严密性，在探究的过程中产生浮躁心理；三是竞赛容易造成学生过度坚持己见，有时难以正面认识自己的不足。这就要求教师应慎重采用竞赛式交流。

（四）让学生学会研讨

成果交流的最理想境界是使交流过程也成为一次探究的过程，所以研讨式交流的设计与组织便显得尤为重要。研讨式交流的具体方式有很多，易于操作而又比较常用的研讨式交流方式主要有三种。

1. 补充式

补充式交流是指由一个学生或一个小组的学生对探究的成果进行汇报交流，然后其他学生或小组对此再展开讨论，并且进行补充、完善，直到获得一个相对准确、满意的结论。在补充式研讨交流的过程中，教师的意见也应当恰如其分，以引导学生的探究向更深入处延伸。最终形成的结论或成果，虽然体现了全部师生的思维方式和积极性，但也不应当是终结性或单一性的，还应当留有开放的空间和余地。

2. 建议式

建议式交流是提在一个或一个小组的学生汇报交流之后，其他学生或教师可以对比提出建议或修正的方案，让这部分学生完善自己的见解。建议式研讨交流适用于个人或各小组之间探究的问题不相同、无法直接提供有效的结论时。此交流方式能够体现师生之间的坦诚相待，课堂教学的探究、交流气氛和谐。

3. 质疑式

这是一种积极有效的研讨交流方式，当一个学生或一个小组汇报交流其探究的结论之后，其他学生和教师可以对比进行质疑、提问，让其进行答复、解释。这一形式，不但有助于问题的解决与结论的完善、升华，更为重要的是培养了交流双方思维的灵活性和敏捷性。无论是提出问题的学生，还是汇报成果并进行答复的学生，在交流的过程中，都需要展开积极的思维，以使自己的发言具有可信度，让其他同学认可。因此，积极组织质疑式研讨交流，是解决一些具有发散性的问题的重要形式，是课堂教学恢复活力和思辨色彩的有效手段。

（五）让学生进行个性化交流

个性化交流是指学生可以采用自己喜欢的方式汇报或展示自己的探究成果，这一方式可以是自己选取的，也可以是在教师的指导、安排下选取的。个性化交流在许多学科中均有体现。

　　个性化交流是以学生自由展示为基点的交流方式，其理论核心是学生具有不同的思维方式及个性化的心理体验。可以肯定地说，每一个学生都有倾诉的愿望，特别是经过自己努力获取的学习成果，都希望拿出来展示，并希望得到别人的评价。在展示过程中，让学生以个性化的方式自由交流，可以保证学生的交流热情，并使学生能够从中获取交流的方法。应当说，个性化的交流方式也是学生探究学习的一部分。

小

Xiao Yue Pin De、Sheng Huo Yu She Hui Jiao Shi Zhuan Ye Neng Li Bi Xiu

学品德、生活与社会教师专业能力必修

专题六　教与学的评价能力

"什么样的课才算好课？"这是实施新课程以来，教师们比较关心的问题。在新课程评价体系的研究中，对于学生的评价，各地相继出台了不少评价方案；对于教师的评价，从管理的角度也积累了许多经验；对于课堂教学的评价——师生、生生互动的教与学活动的评价，各地也在积极努力地提出方案。可以说，评价这个新课程发展的"导向轮"，牵动着许许多多教师和教学研究人员的神经，推出实验、早出成果是大家的共同追求。

一、《品德与生活》《品德与社会》课程评价的原则

《品德与生活》《品德与社会》的评价不带有甄别和选拔的性质，其根本目的是激励和促进学生发展，帮助教师改进教学，保证课程目标的实现。它的功能一是评价教师的教学行为，考察其是否能够落实教学目标、恰当地运用教学方法、激励每一个学生参与学习并有所进步；一是对学生在学习过程中各方面的表现进行综合性评价，教师利用评价对学生的学习进行反馈，强化其积极因素，对于学生的不足提出了改进建议，使他们明确努力方向。

《品德与生活》课程将针对学生的评价与对教育教学活动过程的评价结合，对学生进行综合评价。《品德与社会》课程评价的内容则包含了学生的学习态度（即学生在学习过程中主动参与和完成学习任务的态度）、学习能力和方法（即学习中观察、探究、思考、表达的能力，搜集、整理、分析资料的能力，与人合作完成学习任务的能力等）及学习结果（即完成学习任务的质量和进步程度）三方面。明确把学习态度、能力和方法列为评价内容，是为了确保全面实现课程目标，这也与课程改革的方向一致，体现了对学生个体全面发展的关注。

过去，评价只看学习结果，而且这个结果又是偏重于对当时知识的掌握情况，并不管学生的进步程度。新课程评价内容的变化，体现了品德学科教学评价重心的转移，从过去对学习结果的关注逐步转向对学习过程的关注。关注结果的终结性评价往往只看学生的答案正确与否，而不关心这个答案是如何获得的，也容易只以一个标准来衡量有差异的个体，而忽略了学生的主观努力与不同发展。关注过程的形成性评价，是面向未来的、重在发展的评价。这种评价要了解学生在发展中遇到的问题、做出的努力和获得的进步，它能有效地帮助学生形成积极的学习态度、科学的探究精神和正确的情感体验与价值观。这样，评价促进发展的功能才能真正发挥作用。当然，对学习

态度、学习能力和学习方法的评价，尤其是像品德学科这样的综合课程的评价，有一定的难度，目前还没有一套现成的、成熟的评价方案。无论是对教育研究人员还是一线教师来说，这都是新的课题、新的挑战。新课程标准只是提出了要求，如何实现，需要教师结合自己的教学实践不断努力，以形成成熟的理论。

即使是有关社会科学知识方面的评价，也要探究新方法，要注重学生对于知识的理解、掌握与应用，防止死记硬背以加重课业负担。

在评价方式与方法方面，《品德与生活》《品德与社会》课程以质性评价为主、量性评价为辅，采用多主体、开放性的评价，强调在评价过程中的参与与互动、自评与他评的结合。评价的主体，不仅有教师、同学和自己，还可以有家长和社会力量。综合各方面的意见，才能对学生作出较全面的、准确的评价，所以必须改变过去教师评学生一个人说了算的评价模式。品德学科课程更强调质性评价，新课程标准中倡导的几种方法都属于质性评价。当然，教学评价的方式方法并不是固定的，每种方法都有其适用的范围，教师应根据具体情况灵活地、综合地运用这些方法，并在教学实践中不断探索创新，使其更加完善，以实现评价方法的多样化。[①]

二、《品德与生活》《品德与社会》课程评价的方法

(一)《品德与生活》课程的评价方法

《品德与生活》采用的评价方法主要有观察、访谈、问卷、成长资料袋、作品分析等。

(1) 观察。教师观察并记录儿童在活动中的各种表现，如儿童的行为、情绪情感、动手的情况、活动的状态等，以此对儿童进行综合评价。

(2) 访谈。教师通过开展与儿童各种形式的谈话，获得有关儿童发展的信息，并了解儿童思想情感的变化。

(3) 问卷。教师设计问卷和组织儿童回答问卷，获得有关儿童发展的信息。

(4) 成长资料袋。用成长资料袋或活动记录册等方式收集儿童成长过程中的各种资料，并根据这些资料全面评价儿童。

(5) 作品分析。通过对儿童各种作品、活动成果的分析，了解儿童的活动过程和发展状况。

(二)《品德与社会》课程的评价方法

《品德与社会》课程的评价是从学生原有的基础出发，尊重学生的个性特点，强调以鼓励为主的发展性评价，所以这种评价是主体性、开放性的评价，教师可以根据具体情况和具体需要采用不同的评价方式，如教师评价、学生自评、学生互评、家长评价、社会评价，等等。当然，也可以综合运用不同的评价方式。

---

① 吴慧珠. 学习和实施《品德与社会》课程标准 [J]. 中小学教材教法，2003，(31).

简言之，评价方式要改变过去单纯采用教师评价学生的方式，以适应《品德与社会》课程教学的需要。根据《品德与社会》课程评价目的、功能、内容、方式等，教师所选择评价的具体方法应当是多样化的。

（1）教师观察记录。在《品德与社会》课程的教学中，教师的观察记录占有特殊的地位。在多样化的活动中，学生的品德和社会性都会通过他们的各种行为表现出来，这种表现是最为真实和具体的。凭借观察，教师可以准确地了解和把握每个学生品德与社会性发展情况，将这些观察结果简要而持续地记录下来，这对于有目的地、有针对性地教学是极有价值的。

（2）描述性评语。对于学生各种作业，教师通过描述性语言给予评价，经常能够发挥分数或等级评价所无法发挥的作用。通过描述性评语，教师可以详细具体地肯定学生的优势和进步，更可以明确清楚地指出和分析学生的错误和不足。接受这样的评价，实际上意味着学生接受一次来自教师的个别指导，对自己学习的进行一次全面的反思。当然，评语的语言应适合这个年龄段学生的阅读水平，应当是便于他们理解的。

（3）学生自评。要求学生对自己的学习行为或者学习结果进行自我评价，实际上就是帮助学生反思自己的学习。小学阶段是养成良好学习习惯的关键时期，自我评价可以有效地促进他们在这方面的发展。但是毕竟小学生自我意识尚未成熟，自我评价的能力也处于较低的水平。因此，在学生进行自我评价的时候，教师的指导帮助格外重要。教师指导和帮助的重点应放在让学生将评价的重心指向自己的学习过程上，而不再是只关注具体的成绩或分数。

（4）学生互评。学生互评除了具有与学生的自我评价相似的优势外，还能够使学生体验到自我评价与他人评价之间的差距，从而发展自我认识。此外，通过彼此之间的相互评价，学生对于学习活动及其结果也能够体会和认识得更加全面和充分。由于年龄和认知水平的原因，小学生的相互评价很容易流于形式，也容易偏离评价目标，尤其是陷入名次和成绩之争中。因此，教师要重视这个问题并且善于引导学生，使他们通过评价学会相互尊重和彼此欣赏。

（5）作品评价。在《品德与社会》课程中，与教学活动多样化相一致的是学生作业形式的多样化，教师可以根据自己学生的具体情况，对学生在教学活动中所完成的各种作品进行评价。通过作品评价，一方面让每个学生充分地展示自我，体验成功和进步；另一方面让学生在比较和交流中进一步学习。

（6）个案分析。根据学生在教学活动中反映出来的带有共性和普遍性的问题，教师可以采用个案分析的方法进行评价，如选择典型性的作业或成果，面向全班进行分析，说明优缺点所在以及原因，等等。由于所选择的个案具有很强的代表性，针对个案所作的评价实际是以全体学生为对象，能够使全体学生从中受益。[1]

---

[1] 马乃根．《品德与社会》课程的实施建议［J］．人民教育，2002，（S）．

另外，作为一门课程来讲，《品德与社会》课程不排除纸笔测试方式，但反对考查死记硬背的知识或刻意追求难度以及将学生的品德用卷面成绩衡量，而是通过纸笔测试的方式对学生在知识、能力等目标达成情况进行有助于学生发展和为教师教学提供参考指标的评价。

三、《品德与生活》《品德与社会》课堂教学三维立体评价方案

教学评价作为教学过程的一个环节，执行着一种特殊的反馈机制，是克服教学活动对目标的偏差，使教学活动保持稳定发展的重要手段。评价主体应该认识到，一个简单的分数，如 58 分或 94 分，其作为反馈信息的质量是不高的，只有在这个分数之外，再加上适当的描述性的评语（描述该生的具体知识的掌握情况、能力的发展水平），才能真正发挥评价的反馈功能。

评价是主体在事实基础上对客体的价值所作的观念性的判断。因此，评价是价值判断主体在先有的价值信念和价值目标的引导下进行的，价值信念和价值目标在评价活动中具有核心的地位和作用。一般来说，评价主体具有不同的价值信念就会产生不同的评价结果，人们对评价活动的展开深深地植根于对评价对象的认识之中。具体到课堂教学活动中，评价主体持有不同的课堂教学观，就会形成不同的课堂教学和评价，产生不同的教学评价结果。

评价指标是衡量事物的角度或维度。评价指标的确定是以评价对象的属性和特征为依据的。素质教育思想指导下的课堂教学的属性和特征是教师的主导为学生的主体发展服务，其教学活动是促进全体学生发展、展现个体生命活力的，师生、生生关系是平等和谐的。因此，教学评价应该分成评教与评学两大块，课堂教学评价的一级指标应该是二维的，一个维度是教师的教，另一个维度是学生的学，在这两个维度下再分别分解出符合素质教育特征和学科的特点的二级指标。

（一）《品德与生活》《品德与社会》课堂教学评价方案设计的基本理念和思路

1. 坚持以学生的发展为本

基础教育课程改革的核心理念是"以学生的发展为本"，所以要发挥教学评价的教育功能，就要"建立促进学生全面发展的评价体系"。确定中小学课堂教学评价体系，要从学生全面发展的需要出发，注重学生的学习状态和情感体验，注重教学过程中学生主体地位的体现和主体作用的发挥，强调尊重学生人格和个性，鼓励发现、探究与质疑，以培养学生的创新精神和实践能力。

2. 注重考察体现素质教育特征的基本要素

课堂教学是一个"准备——实施——目标达成"的完整过程，是一个复杂多变的系统，要全面反映这个过程需要罗列很多的因素。确定课堂教学评价体系，既要着眼于课堂教学的全过程，又不能面面俱到，要突出体现素质教育课堂教学不可缺少的基本要素，以利于在评价中对学生进行有针对性的诊断和正确的引导。

3. 坚持评教与评学相结合

课堂教学是教师组织和引导学生进行有效学习的过程，是师生互动、生生互动共同实现具体发展目标的过程。评教，建立促进教师不断发展的评价体系，大面积提高教学质量。评学，建立评价学生的学习状态和学习效果的评价体系，以具体评价一堂课的教学效果。课堂教学评价要以评学为重点，以此来促进教师转变观念，改进教学。

4. 体现开放性

课堂教学具有丰富的内涵，学科、学生、教师、教学条件诸方面的不同，使课堂教学情况千变万化。确定课堂教学评价体系，既要体现课堂教学的一般特征，又要为不同学科和不同条件的课堂教学留有可变通的余地。提倡创新，鼓励个性化教学。

5. 坚持可行性

可行性是实施评价的前提，课堂教学评价体系要符合当前课堂教学改革的实际。在评价体系中，评价标准是期待实现的目标，但又必须是目前条件下能够达到的，以利于发挥评价的激励功能；评价要点必须是可观察、可感受、可测量的，便于评价者进行判断；评价办法要注重质性评价和综合判断，力求简单、易于操作。

6. 形成"三维三边"的评价模式

课堂教学评价之所以方案众多、各有所长，与评价项目的选取有关。以什么标准来选取评价项目值得研究，大多数人采取随意抽取的方式选取，譬如"教学目标"与"教师素质"甚至"板书设计"并列，造成了评价内容的不周延。我们说课堂教学所包含的因素很多，各种因素混杂在一起，势必引起评价工作的盲目和混乱。因此，我们选取"教学质量要素""教学进程要素"和"课程特性要素"三个面，三个面各自包容的品质内容尽量"纯净"，立体组合后共同作用于课堂教学评价的过程。其结构图如下：

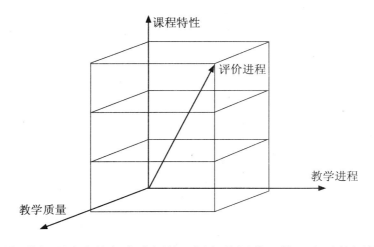

课堂教学评价的形式有教师自我评价、同行的评价、管理人员的评价、教研人员或专家的评价及学生的评价，实际上可以归纳为教师自我、学生、其他三种人的评价。

"三边"就是这个意思。在诸多的评价活动中，教师是主体，只要教师充分理解课堂教学评价的目的和意义，才能乐于接受并积极参与课堂教学评价，并参与评课、研究课、观摩课等课堂教学活动，自觉提高课堂教学的质量。

（二）《品德与生活》《品德与社会》课堂教学评价的指标体系

1. "教学质量要素"的评价指标

"教学质量要素"评价共设置 6 个评价项目，15 个评价要点（见表1）。"评价项目"从影响课堂教学质量的基本要素出发，设置项目。"评价要点"列出了对各个项目进行评价的主要内容。"对评价要点的特征描述"采用描述性语言对评价要点中具有典型性的特征进行列举和描述。

表1

评价项目	评价要点
教学目标	※（1）符合课程标准
	（2）符合学生实际
	（3）可操作的程度
	（4）目标的整体把握
学习条件	（5）学习环境的创设
	※（6）学习资源的处理
学习活动的指导与调控	※（7）学习指导的范围和有效程度
	（8）教学过程调控的有效程度
学生活动	（9）学生参与活动的态度
	※（10）学生参与活动的广度
	（11）学生参与活动的深度
课堂气氛	※（12）课堂气氛的宽松程度
	（13）课堂气氛的融洽程度
教学效果	※（14）目标任务完成情况
	（15）教师、学生的精神状态

注：※标示的是衡量课堂教学最基本的评价要点

对评价要点的特征描述：

（1）教学目标

①符合课程标准：符合课程标准的要求，包括知识、能力、情感态度与价值观等方面。

②符合学生实际：与学生的心理特征和认知水平相适应，关注学生的差异。

③可操作的程度：教学目标明确、具体。

④目标的整体把握：能够对主题活动教学目标、单元教学目标……直到小学段的

培养目标有较为清醒的认识。

（2）学习条件

①学习环境的创设：有利于学生身心健康，有利于教学目标的实现。

②学习资源的处理：学习内容的选择和处理科学，学习活动所需要的相关材料充足，选择恰当的教学手段。

（3）学习活动的指导与调控

①学习指导的范围和有效程度：为每个学生提供平等参与的机会，对学生的学习活动进行有针对性的指导，根据学习方式创设恰当的问题情境，及时采用积极、多样的评价方式，教师的语言准确，有激励性和启发性。

②教学过程调控的有效程度：能够根据反馈信息对教学进程、难度进行适当调整，合理处理临时出现的各种情况。

（4）学生活动

①学生参与活动的态度：学生对问题情景关注，参与活动积极主动。

②学生参与活动的广度：学生参与学习活动的人数较多，参与学习活动的方式多样，参与学习活动的时间充分。

③学生参与活动的深度：学生能提出有意义的问题或能发表个人见解，能按要求正确操作，能够倾听、协作、分享。

（5）课堂气氛

①课堂气氛的宽松程度：学生的人格受到尊重，学生讨论、回答问题和质疑问难得到鼓励，学习进程张弛有度。

②课堂气氛的融洽程度：课堂气氛活跃，师生、生生交流平等、积极。

（6）教学效果

①目标任务完成情况：基本实现教学目标，多数学生能完成学习任务，每个学生都有不同程度的收获。

②教师、学生的精神状态：教师情绪饱满、热情；学生体验到学习和成功的喜悦，产生进一步学习的愿望。

2. "教学进程要素"的评价指标

"教学进程要素"评价共设置 5 个评价项目，10 个评价要点（见表2）。

表 2

评价项目	评价要点
准备	（1）充分程度
	（2）有效程度
导入	（3）精彩性
	（4）实用性

评价项目	评价要点
学习	(5) 自觉性
	(6) 效益性
应用	(7) 实践性
	(8) 灵活性
总结	(9) 提升性
	(10) 迁移性

3. "课程特性要素"的评价

"课程特性要素"评价共设置 3 个评价项目，8 个评价要点（见表3）。

表3

评价项目	评价要点
综合性	(1) 品德教育的有效性
	(2) 社会性发展的积极性
经验性	(3) 生活性
	(4) 儿童性
	(5) 活动化
基础性	(6) 基本观点
	(7) 基本能力
	(8) 基本知识

(三)《品德与生活》《品德与社会》课堂教学评价方法

1. 课堂教学评价的指标

（1）教学目标（看教案）：①是否符合课程理念、符合课标在三维培养目标上的要求（培养人的角度）；②是否符合学生的实际，与学生的心理特征、认知水平相适应；③可操作程度如何（教学目标是否明确、集中、具体）；④有没有从单元、学期、学段（课标）整体把握。

（2）学习条件（看准备）：①学习环境的创设是否成功（学生身心健康、教学目标的实现）；②学习资源的处理是否合理（学习内容的选择、学习材料的准备、教学手段的选择）。

（3）学习活动的指导与调控（看教师）：①学习指导的有效程度如何（公平性、针对性、适应性、激励性）；②教学调控的有效程度如何。

（4）学生活动（看学生）：①学生参与活动的态度如何（关注程度、参与度）；

②学生参与活动的广度如何（人数、方式、时间）；③学生参与活动的深度如何（个人见解、问题的意义和价值、协作和分享）。

（5）课堂气氛（看交流）：①宽松程度如何（人格受到尊重、学习进程张弛有度、积极的学习得到鼓励）；②融洽程度如何（活跃、有序、平等、积极）。

（6）教学效果（看结果）：①教学目标实现情况、学习任务完成情况怎样（教师定位准确，展示有特色、创新的教学；学生主体鲜明，实现学生有个性、充分的发展）；②师生的精神状态怎样（教师情绪饱满、热情；学生体验学习和成功的喜悦，学生有进一步学习的愿望）。

2. 直观感受评价——"教学进程要素"的评价

（1）准备：①教科书的处理，手段的选择；②程序的设计，环节的斟酌（包括目标的制订、教法学法的准备、教学结构的设计——教学过程的整体性和合理性）。

（2）导入：①情境设置，课堂控制；②从"今天"开始。

（3）学习：①课程理念的逐步落实，课程特性的逐步实现；②教学策略的执行（a. 学生参与自主学习的人数、时间比例是否达到最佳，学生自主学习的形式与效率是否得到统一，是否尊重学生不同意见。b. 是否以学生自我评价和相互评价为主，其学生评价的质量如何，教师评价是否以鼓励、表扬、诱导为主；是否引导学生多角度思考问题。c. 课堂讨论与课堂作业设计的难易是否符合教学要求和学生实际，综合性问题和开放性问题所占比例是否合理。d. 是否从教学实际需要出发，有机选择和运用常规媒体和现代教育技术）；③在学生能够接受的前提下，教学节奏最快，教学容量（信息量、思维量、活动量）最大；④教师的素养问题。

（4）应用：与现实联结、整合，具有探究性和开放性。

（5）总结：①学习的回顾与自我评价；②有"一个漂亮的尾巴"。

3. 意义评价——"课程特性要素"的评价

（1）综合性：①教育的有效性（品德教育看需要和可能，不求"高大全"）；②社会性发展的积极性（帮助学生适应社会、学习做人）。

（2）经验性：①生活性（以儿童的社会生活为基础，使儿童在与自己密切相关的社会环境、社会活动、社会关系中发展自我）；②儿童性（积极营造儿童文化，创设儿童乐于接受的学习氛围）；③活动性（主动参与式学习）。

（3）基础性：①基本观点（关注正确的态度和价值观的形成，使学生既学会做事，更学会做人，在做事中学做人，在做人的指导下学做事）；②基本能力（培养学生具备参与现代社会生活的能力）；③基本知识（道德、法制、国家、集体、社会主义、国情、历史、文化、地理、环境等综合性的基础知识）。

根据以上评价方法，我们可以制定一个评价表，如下：

《品德与社会》课堂教学评价表

			准备												他评	自评	备注
			导入			学习			应用								
总结教学目标	1	课程理念	3	2	1	3	2	1	3	2	1	3	2	1			
	2	学生实际	3	2	1	3	2	1	3	2	1	3	2	1			
	3	可操作性	3	2	1	3	2	1	3	2	1	3	2	1			
	4	整体把握	3	2	1	3	2	1	3	2	1	3	2	1			
学习条件	5	环境建设	3	2	1	3	2	1	3	2	1	3	2	1			
	6	资源处理	3	2	1	3	2	1	3	2	1	3	2	1			
指导调控	7	学习指导	3	2	1	3	2	1	3	2	1	3	2	1			
	8	教学控制	3	2	1	3	2	1	3	2	1	3	2	1			
学生活动	9	学习态度	3	2	1	3	2	1	3	2	1	3	2	1			
	10	参与广度	3	2	1	3	2	1	3	2	1	3	2	1			
	11	活动深度	3	2	1	3	2	1	3	2	1	3	2	1			
课堂气氛	12	宽松程度	3	2	1	3	2	1	3	2	1	3	2	1			
	13	融洽程度	3	2	1	3	2	1	3	2	1	3	2	1			
教学效果	14	目标任务	3	2	1	3	2	1	3	2	1	3	2	1			
	15	精神状态	3	2	1	3	2	1	3	2	1	3	2	1			
其他	16	创新施教	3	2	1	3	2	1	3	2	1	3	2	1			
	17	动态目标	3	2	1	3	2	1	3	2	1	3	2	1			
评价结论											打分						

说明：课程特性因素评价融合在质量与进程交互评价中。

（四）课堂教学评价应注意的问题

1.“面向全体学生，全面提高学生素质”是评价课堂教学的根本标准

对课堂教学进行评价，首先要观察分析这节课是否面向全体学生，是否立足于全面提高学生的素质；是否把握学科的特点、结合学生的实际，把素质教育的要求具体化为这节课的教学目标，并确保绝大多数的学生能达到基本要求并在原有的基础上有所提高。那些尚未摆脱“满堂灌”、学生活动量过小，少数“尖子生”活跃、绝大多数学生“陪读”、学习有困难的学生得不到应有“照顾”的课，是不符合素质教育要求的。此外，实施目标教学是教学改革的重大课题，必须进行深入研究和实践，要注意防止形式化。

2. 自觉性、主动性、创造性是“素质型”课堂教学的主要特征

评价一节课时，要注意观察和分析这节课是否将培养学生自主学习的精神贯穿于

教学过程的始终；教学活动是否有利于调动学生学习的积极性，启发学生动脑、动口、动手，培养学生探索创新的精神；是否有利于促使学生将其所学"内化"，积淀为个体素质的组成部分。值得注意的是，学生的学习主体地位与教师的教学主导作用是辩证统一的，对那种变"满堂灌"为"满堂问""一切从学生嘴里挤答案"的倾向，应审慎对待。应正确地认识"讲"与"练"的关系，反对"满堂灌"并不等于排斥讲解，只要"讲"能有利于学生思考，仍符合启发式的原则。

3. 不能忽视课堂教学氛围的评价

心理学研究及教学实践表明，学生被动消极地听讲，吸收率是偏低的，压抑、呆板的学习氛围影响学生的学习效果，不利于学生生动、活泼地发展。观察分析一节课时，要注意这节课是否形成了一个民主、和谐的学习氛围。这个氛围的基础是相互平等、相互尊重、相互协调的师生关系。从某种意义上讲，这种师生关系是教师正确的学生观和良好素质的反映。值得注意的是，"生动活泼"与"严肃守纪"是辩证统一的，生动活泼不等于放任自流，主要表现在思维活跃、积极主动、敢于创新等方面，而不是片面的、形式上的"活"。

4. 注重对课堂教学的考查

虽然作用于学生发展的课堂教学，其效益如何是需要综合评价的，甚至是在一个较长的时期后才能显示出来，但是就一节课来讲，仍然有个效果问题。教学内容的容量、教学活动的密度、教学进程的速度等，都是影响教学效果的重要因素。教学是循序渐进的，而教学的整个序列是由一个一个的"点"构成的。对于一节课来讲，必须使一定的教学任务在规定的时间内完成。此外，值得注意的是，使用现代教学技术也有个实效如何的问题，不能忽略。

5. 把握评课的基本步骤和要求

评价结果的客观与公正，一方面受评价指标的制约，另一方面受评课人的主观因素影响。这就要求评课人熟悉课程标准及教科书，懂得教学规律，掌握评价的标准和方法，提高秉公办事的自觉性、责任感，消除评价中可能产生的"晕轮效应"误差、"趋中效应"误差、系统偏见误差等。具体到实际工作中，评课人应这样做：

（1）评课前，评课人认真阅读评价方案，熟悉评价要点的特征描述。

（2）评课前，评课人一般要对被评教师的教案进行分析，并根据需要拟订检测试卷或调查问卷。

（3）评课人在评课过程中，根据评价要点作好听课记录。

（4）评课人按照评定等级办法，根据教学实施情况、学生测试或问卷结果、教师自我评价等评定等级，再写出简要的、有针对性的评语。

（5）评课人评价时不要追求完美，把创新机会还给教师，让教学充满勃勃生机。

（6）评课人不要以一节课来衡量教师的优劣，要善于发现教师的进步，要用动态的发展的眼光鼓励教师不断反思、不断前进，从而获取成功。

（7）评课人要把定量与定性评价、教师自身与学生及他人的多元评价、形成性与终结性评价有机地结合起来，使评价更加客观、真实、有效，具有促进意义。①

四、《品德与生活》《品德与社会》课程中学生的学力评价

（一）什么是学力评价

假如有一座冰山，浮在水面上的不过是"冰山的一角"。这个浮出水面的可见部分就是"知识、理解"，还有"技能"，这是基础性学力；而隐藏于下的不可见部分是支撑浮出部分的基础，这就是"思考力、判断力、表现力"以及"兴趣、动机、态度、行为"，这是发展性学力和创造性学力。学力的"冰山模型"清楚地告诉我们学力的概念。正如冰山由浮出水面与未浮出水面两部分组成一样，学力评价就是根据一定学力的标准，对学生的学习过程及结果进行价值判断和价值选择的活动，即测定或诊断学生是否达到目标及其达到目标的程度。

《中小学评价与考试制度改革的基本框架》指出，要注重对学生综合素质的考查，强调评价指标的多元化，要促进学生的全面发展。因此，新课程对学生的评价关注的是学生知识与技能、过程与方法、情感态度与价值观等方面的全面发展，注重的是学生的基础性学力、发展性学力和创造性学力的全面评价，实现评价主体的多元化和评价方法的多样化。

（二）品德学科课程学力评价中的主要问题

首先，现行的学业评价存在严重的片面性。主要表现在：在评价范围上，重认知领域的评价，轻情感、行为操作的评价；在评价方式上，重总结性评价，轻日常性、阶段性即形成性评价；在评价主体上，重他人评价，轻自我评价；在评价基准上，重绝对评价，轻个体差异评价。长期以来，对学生品德学科课程的评价大多限于书面答卷，重知轻行的评价方式使学生进入死记硬背的误区，长此以往，学生的基础性学力、发展性学力和创造性学力就会弱化。品德学科的评价制度与素质教育和课程改革的要求还存在一定的距离。

其次，不当的评价严重伤害了学生的身心。

一名"差生"在作文中这样写道："我是差生行列中的一员，经受着同其他差生一样的遭遇，然而我并不想当差生，我也曾努力过、刻苦过，但最后却被一盆盆冷水浇得心灰意冷。每次考试都拿不到好成绩，一次老师骂我是蠢猪，我一生气，下决心下次一定要考好。于是，我起早摸黑，加倍努力，牺牲了多少休息时间也不记得了。好在'功夫不负有心人'，期末预考时，我真的考了英语第一名。当时我心里的高兴劲儿就别提了，心想这次老师一定会表扬我！可是出乎意料，老师一进教室就当着全班同学的面问我：'你这次考这么好，不是抄来的吧？'听了这话，我一下子从头凉到脚，

---

① 张茂聪．小学社会课教学初论［M］．北京：中国地图出版社，1999．

心里感到一阵刺痛，那种心情真是比死还难受一百倍。难道我们差生就一辈子都翻不了身了吗？"

显然，像这种只重学业成绩、僵死的、缺乏尊重的评价方式给学生的身心带来了极大的伤害。如果我们的评价方式再不进行改革，就将妨碍学生的发展。新课程的评价改革就是要解决上述问题，促进学生素质的全面发展。

（三）《品德与生活》《品德与社会》学力评价的新探索和实践

新课程的评价改革并非从零开始，国内外在品德评价方面已有不少经验可供借鉴。如国外有用发"优点单"的方法增强学生的自信心，用档案袋记录学生成长的足迹，还有"反体系、个性化的评价""无等级激励性评价"等；国内则有少先队的"雏鹰争章"活动等。这些活动融学校、社区、家庭评价为一体，注意幼儿园、小学、中学的相互衔接，方法多样，重在激励，是一种符合小学低、中、高年级不同年龄段学生需要的新型评价模式。

我们在参考国内外经验和地方品德学科课程评价改革的实践经验基础上，设计并初步实施了新课程的学力评价方案。现以上海版的《品德与社会》第一册为例作一下介绍：

我们将学生学力评价与争章活动结合起来，根据教材内容设计了"信息章""手工章""孝敬章""小岗位章""进步章"等活动，并将相关内容加以综合。如"信息章"的内容是：（1）经常向家人介绍自己学校情况；（2）收集教学需要的学习信息；（3）收听、收看新闻并进行交流。评价要求分三个等级：能够坚持，态度认真并且经常进行交流；基本坚持，态度较认真且能够交流；很少收集，态度不够认真且很少进行交流。除了争章评价外，我们再辅以"学习单"评价法（类似国外的"档案袋评价法"）。如第一单元就采用了"学习单"评价法。教师明确了单元的评价重点后，可根据教学的具体情况选择或设计不同的教学活动，但在活动中要有意识有计划地进行记录，这种记录就被称为"学习单"。

第二单元第 7 课"你快乐，我快乐"中的学习单是这样设计的。

评价目标：让学生体验丰富的集体生活，初步了解个人与他人的关系，学会关心帮助同学。

评价要点：（1）学习、尝试与伙伴交往的不同形式；（2）用自己的方式关心帮助小伙伴。今天，你帮助小伙伴了吗？每做一件帮助小伙伴的事，就给花环上的一朵花涂上颜色，学期结束时，同学将会把这个美丽的花环送给你。小伙伴给我带来快乐，我要画张美丽的图画送给他（她）。

＿＿＿＿＿＿＿赠 ＿＿＿年＿＿月＿＿日

学习单可以由教师设计或师生共同设计，并根据具体活动要求在活动前、中、后各个环节自由穿插。在单元学习完成或学期结束时，教师对学习单进行汇总整理，加上其他学科的特色记录（如优秀作业、创作，对个人有意义的试卷、录音、录像及学科竞赛奖状、奖章等），就形成了一份富有学生个人特色的"学习成长记录袋"。它可以生动地反映该学生的成长历程。这套评价方案，能够有效地促进学生的发展性学力和创造性学力的发展。

（四）《品德与生活》《品德与社会》学力评价的特点

1. 评价内容的全面性

学力评价包括情感态度与价值观、过程与方法、知识与技能等各方面素质的评价。它很好地整合了新教材内容与低年级"雏鹰争章"活动内容，打破了单元的界限，注意评价内容的整体性和连续性。如把会整理书包和文具的自我服务要求、在家设定小岗位和在学校设定小岗位三部分内容整合，促使学生明确本学期的学习任务，让学生做到有的放矢。

评价不仅注重知识与技能的培养，还要重视行为习惯的培养。下面一年级"我的小书包"一课的评价方式值得研究和借鉴。

（1）动动小手整理书包，爸爸妈妈评一评。小朋友可要争取让爸爸妈妈每天能送一朵小红花啊！

（2）一个月后开展整理书包文具竞赛活动，比一比谁整理得又快又好，请同学相互评一评。

另外，我们注重对学生情感态度与价值观的评价，并增设了"信息章"和"个性章"。这是在教材之外扩展的部分。经验告诉我们，孩子在幼儿园就参加"小小看新闻"活动，上中学后参加"时事信息交流"活动。一年级学生的认知特点属于具体运算阶段，为做到小幼衔接，我们对一年级"信息章"提出了具体要求：（1）学会收集信息；（2）能用一两句话说一说收集的新闻。我们可把每节课前2～3分钟时间拿出来让学生进行信息交流，收集的信息可以是国际、国内、生活中、校园内的，也可以是听到的、摘要的、网上下载的。

学生通过争取"信息章"，不仅学会关心国内外时事，学会关心周围事物，还扩展了知识面，丰富了学习的途径，培养了收集信息的能力，掌握了多种学习方法。

"个性章"设置的作用有三点：一是寻找学生身上的闪光点，让亮点闪耀；二是给学生一个弥补错误的机会；三是鼓励学生的进步和成长，不让一个学生掉队。

有一次，一（2）班学生以小组为单位，针对家庭活动进行评价。根据个人汇报、家长评价反馈和小组同学意见，大家一致认为小王同学家务劳动考核不及格，因为家长反映他在家里什么也不会干，书包也要父母整理。可是该同学不服气，他说："我虽然在家不干活，但我经常唱京戏给爸爸妈妈听，帮他们消除一天工作的疲劳。我想，这也是一种服务，我也合格，也能得章！"小组成员听后，觉得很有道理，商量之下，作了一个明智的决定：他的"家务劳动章"下次再考核，今天给他一个"个性章"，并希望他以后要以学京戏的毅力学做家务，争取家务劳动评价得到好成绩。一个月之后，这位同学不仅得了"家务劳动章"，还被大家推选为劳动委员。

由此可见，"信息章"和"个性章"的设置能对学生产生极大的激励作用，有助于促使学生养成热爱学习和生活、学会学习和生活的态度和能力，使学生形成一定的发展性学力和创造性学力。

2. 评价形式的针对性

评价内容具体明确、具有针对性，是使评价"评之有物，评之有效"的重要保障。例如，我们可制订一学期的《小学生成长记录册》，不仅让教师明确本学期的评价方案，具体科目的评价目标、评价要点和评价参考形式，而且针对学生的特点，使评价形式注重儿童化、情趣化。如你想为班级做多少好事？每做一件，就给自己一颗星；又如，写一写你想用怎样的方式来表达对老师的爱。

3. 评价时机的全程化

评价要伴随教学活动的全过程，包括对教学目标、准备、过程、结果的评价。评价不仅注重结果，更加注重过程，因此我们非常注重形成性评价。如"我们的班级"评价设计为：（1）写一写你的岗位；（2）一个月后，请你评一评在自己的岗位做得怎么样；（3）学期结束前，小组同学相互评一评。

4. 评价主体多元化

评价主体是同学、教师、家长，还可以是自己。实践证明，学校、家庭和社会都是影响学生素质发展的不可忽视的重要因素，要提高教育教学水平就必须注重学校开放和社会参与。学校要创设条件和机会，使家庭、社区积极参与对学生的评价过程，关心学生的发展。根据小学生的品德发展规律和认知特点，我们在重视学生的自我评价、小组评价的同时，还要重视家长的评价。考虑到评价的实效性，教师在设计评价标准时，应特别注意操作的可行性和简易性。如"做理财小能手"一课设计为：（1）您的孩子这个月有没有额外的花销？如果没有，请您把他得到的五颗星星涂上颜色。（2）对于孩子一月来自我理财的状况，您有哪些感受和建议？

5. 评价方法多样化

评价要注重定性与定量的结合。为了发挥学生学习的主动性和积极性，培养学生的创造力和想象力，教师可发动学生一起讨论，共同参与，共同制定章名以及过程性评价的载体。如采用金、银、铜章；采用色彩、线条；采用花瓣得多少；采用今天的"丑小鸭"、明天的"白天鹅"等标准区分学生成绩。根据争章要求及争章情况，对学生完成的具体情况进行量化，当然，为了鼓励学生，应主要采用相对模糊的量化。[1]

---

① 秦红. 试论《品德与社会》新课程学生的学力评价 [J]. 小学德育，2003，（13）.